Nodi

Titolo originale: *Steak barbare*
Traduzione dal francese di Federico Cenciotti

I edizione: novembre 2021

Castelvecchi è un marchio di Lit Edizioni s.a.s.
Via Isonzo 34, 00198 Roma
Tel. 06.8412007
info@castelvecchieditore.com
www.castelvecchieditore.com

ristampa anno

8 7 6 5 4 3 2 1 2021 2022 2023 2024

Gilles Luneau

CARNE ARTIFICIALE? NO, GRAZIE

La prima grande inchiesta sulle lobby del cibo in provetta

Introduzione di Giorgio Cantelli Forti

Traduzione di Federico Cenciotti

CASTELVECCHI

Ai diecimila anni di amicizia tra gli esseri umani e gli animali

Si ringraziano Barbara Berak-Pelletier, Dominique du Jonchay
e Gaud Luneau per la trascrizione delle registrazioni.

Introduzione

Gilles Luneau è un acuto osservatore e, da giornalista di lungo corso, è molto attento nell'annotare, prima degli appunti dell'intervista che si accinge a fare, anche i luoghi in cui si trova. La descrizione dello spazio che percorre è sempre così accurata da far pensare che il suo taccuino sia dotato della tecnologia 3D. Scherzosamente faccio riferimento a questa avanzata tecnologia di stampa in quanto il lettore troverà nel testo molti riferimenti al ruolo che il sistema 3D potrà avere nel futuro, anche dell'alimentazione umana, se i descritti proclami di moderni filosofi naturalisti, ambientalisti e vegani, per lo più sostenuti da grandi gruppi di pressione sia economici che sociali, obbligheranno l'uomo a nutrirsi con alimenti stampati al momento dell'uso con proteine di origine vegetale coltivate *in vitro*.

Il testo *Carne artificiale? No, grazie. La prima grande inchiesta sulle lobby del cibo in provetta* è un'opera del tutto originale che accompagna il lettore in profonde e, a mio avviso, accurate riflessioni su quanto di temibile potrebbe accadere in futuro all'uomo nella sua nutrizione quotidiana se grandi gruppi d'interesse, che cavalcano le possibilità offerte dall'ingegneria genetica e utilizzano centri di ricerca dotati di preparati scienziati, riuscissero a creare una vasta rete di pressione per orientare le volontà politiche di Paesi in termini di origine della materia alimentare autorizzata. In particolare, il testo documenta in maniera ampia un'operatività falsamente democratica che fa uso di gruppi ideologici di pressione, di ONLUS create appositamente, il più delle volte da grandi magnati che hanno poi come non mascherata finalità l'investimento dei loro enormi profitti, e anche di associazioni che conquistano consensi proponendo obiettivi etici quali il benessere dell'animale, la lotta ai cambiamenti climatici o la fine della fame nel mondo.

L'opera del nostro Autore può essere paragonata a un "polittico" composto da vari pannelli ben strutturati con precisi riferimenti alla realtà e, al fine di dare all'opera una struttura architettonica, racchiusi in una cornice quale è, appunto, la descrizione dei luoghi che l'Autore percorre per raggiungere i noti personaggi da intervistare. La lettura fornisce una perfetta visione di paesaggi, ad esempio, dalla California fino alla Costa Est degli USA, accompagnando il lettore nel tempo e negli spazi che precedono l'intervista, come se fosse lui stesso poi a farla. Questa tecnica risulta molto efficace perché permette di affrontare temi impegnativi per gli abbondanti riferimenti e i tanti nomi difficilmente memorizzabili. Si tratta quindi di un'utile maestria descrittiva.

Il racconto affronta una documentata descrizione delle start-up impegnate a realizzare "carne e prodotti della carne" da proteine vegetali per un mondo vegano e rispettoso del legame uomo-animale. L'obiettivo è quello di stravolgere la Storia dell'umanità, in quanto è a tutti noto che l'uomo per sopravvivere ha iniziato il suo percorso come cacciatore-raccoglitore e poi, con l'osservazione dei fenomeni terrestri, è diventato agricoltore-allevatore e, anche grazie al fuoco, ha sviluppato nei millenni una cucina sempre più raffinata che ha raggiunto dal secolo scorso una perfezione costruttiva dotata di sapori e composizioni tali da renderla una vera arte, arte che a pieno titolo caratterizza la cultura del Paese di appartenenza. Molto dell'intenso turismo internazionale è oggi attratto non solo dall'arte e dall'interesse dei luoghi, ma anche dalla cucina.

Strumentalmente utilizzando e incentivando le catastrofiche informazioni previsionali sulla fine del mondo imputate a cambiamenti climatici, alla desertificazione, alla fame di quasi dieci miliardi di bocche nel 2050 (ma non era stato annunciato che il mondo sarebbe finito il 31 dicembre 2000, cioè 21 anni fa?), e attraverso i sistemi mediatici di associazioni variamente "naturaliste", l'Autore documenta come la globalizzazione abbia prodotto un colossale sistema speculativo, quindi non solo americano. La finalità di questo sistema è di spingere la sensibilità dell'opinione pubblica a preferire la sostituzione dei prodotti dell'agricoltura e dell'allevamento con alimenti proteici definiti "identici" e con falsi prodotti "tradizionali" ottenuti in laboratorio tramite tecniche biotecnologiche rivolte alla produzione di "carne animale" da cellule proteiche vegetali, per poi servire nel piatto, ad esempio, un hamburger o un pollo vegani dotati dello stesso look e possibilmente dello stesso sapore. I costi di tali prodotti sono ancora proibitivi per sostituire la carne, le uova, il latte e tutti gli alimenti di origine animale, ma questa industria "da guerra", forte di una rete ideologica incosciente, tenderà a distruggere il mondo agricolo con quel che consegue a livello dell'economia dei Paesi e del lavoro di milioni di addetti. Azzerato l'attuale mondo dell'agricoltura-allevamento, quali certezze scientifiche (e non algoritmi o proiezioni previsionali) si offrono per garantire una sufficiente disponibilità di alimenti vegetali o vegani tale da soddisfare le bocche degli abitanti della Terra nel 2050, assicurando nel contempo la sussistenza di ogni umano?

Nel 1953, con la scoperta da parte di James D. Watson, Francis H.C. Crick e Maurice H.F. Wilkins della struttura del DNA e con la tecnologia del DNA ricombinante, si è aperta la possibilità di modificare in modo specifico alcune funzioni geneticamente controllate degli organismi per ottenere rapidamente i risultati desiderati, cioè progettati. Tale tecnologia permette di raggiungere l'obiettivo in modo controllato, costituendo la base delle "biotecnologie avanzate", cioè tecnologie che utilizzano organismi viventi o loro parti per ottenere beni e servizi così da migliorare la vita dell'uomo e dell'ambiente. Ciò ha consentito di produrre in minor tempo, in maggiore quantità e a minor costo nuovi farmaci, nuovi approcci diagnostici e terapeutici, nuovi prodotti industriali e alimentari, nuove risorse energetiche, nuove razze animali e varietà vegetali. Dobbiamo però osservare che, mentre l'opinione pubblica con leggerezza accetta senza riserve le innovazioni e le promesse che le biotecnologie portano nel campo della salute, mantiene forti remore di fronte alle stesse innovazioni introdotte nel campo agro-alimentare. Alla base di tale atteggiamento vi sono dubbi e timori alimentati da informazioni tutt'altro che equilibrate, tali da creare situazioni di allarmismo paradossale. In altri termini, con l'avvio di questo secolo la guerra ai cosiddetti OGM ha impedito l'uso in Italia di piante transgeniche, nel tempo risultate sicure e utili anche per l'ambiente, pur importando dall'estero i prodotti derivanti da quelle stesse piante (mais, soia, cotone, ad esempio) per uso alimentare umano e animale.

L'opera di Gilles Luneau porta quindi a riflettere sul temibile paradosso che oggi si presenta di fronte alla volontà di surrogare gli alimenti proteici di origine animale con proteine "similari" create in laboratorio utilizzando le stesse tecnologie già definite "del terrore"!

L'ingegneria genetica con le biotecnologie è una grande ricchezza per l'umanità e per il suo futuro, quindi, sia chiaro, io ne sono a favore e non le incrimino! Va temuto, e quindi controllato, l'uso improprio ai soli fini speculativi di business industriale.

Un'ultima semplice riflessione su quanto è anche riportato nel testo: l'omologazione di tali alimenti vegetali garantisce la loro sicurezza nutrizionale? Non si tratta solo di corretto apporto di Vitamina B12, acido folico, ferro, ecc. come deve conseguire a un pasto di carne animale rossa, qui si tratta di avere dati sperimentali certi e indipendenti che dimostrino la stessa biodisponibilità di ogni nutriente, come è garantita anche dall'interazione complessa tra i vari tessuti che compongono la carne animale e confermata dallo "studio di popolazione" durato millenni, che rileva come la corretta alimentazione sia tra i fattori determinanti per l'aumento della vita media dell'uomo. L'omologazione di queste proteine definite "uguali" dovrebbe quindi avvenire solo dopo un adeguato "studio di popolazione" che dimostri con certezza che dalla digestione della carne da proteine vegetali consegue un corretto apporto quali-quantitativo degli aminoacidi, e in particolare degli otto essenziali, nonché degli altri fattori nutrizionali indispensabili per la salute dell'organismo umano.

Augurando una buona lettura, con la speranza che queste mie considerazioni siano condivise dal lettore, mi fermo, anche se questo testo, oltre ad avermi fornito tante risposte, mi ha suscitato tante altre curiosità; in particolare mi ha fatto riflettere sull'attenzione civile che deve essere prestata a questa impegnativa partita che si sta giocando sull'alimentazione futura e sulla sua certezza e sicurezza.

Giorgio Cantelli Forti
Presidente dell'Accademia Nazionale di Agricoltura

Carne artificiale? No, grazie

Premessa

Ciò che leggerai farà sorprendere, irritare o sussultare più di un lettore. I contadini, gastronomi o comuni cittadini di cultura europea sono immersi in una rappresentazione del cibo, sia vegetale che animale, frutto di una natura addomesticata da diecimila anni di agricoltura, di cucina casalinga e, in tempi più recenti, di gastronomia. Da sempre la fattoria è la fonte sacra del cibo quotidiano, e i contadini ne sono i sacerdoti. Nutrirsi è anzitutto un gesto agricolo, prima di diventare un atto gastronomico. Quello che ti racconterò in questo libro annuncia la fine di un'epoca, oltre a far luce su un movimento emergente ma molto forte che proclama la fine delle fattorie e ne acquisisce i mezzi scientifici, tecnici e finanziari. Ciò che riferisco in queste pagine è frutto di una lunga inchiesta giornalistica, con interviste ai protagonisti, verifica delle fonti, documentazione. Per comprendere appieno le mie osservazioni, per evitare confusione e interpretazioni ideologiche o complottiste, voglio fornire ai lettori e alle lettrici poco informati sull'agricoltura una breve panoramica storica e filosofica della situazione attuale.

Nel 1967, il sociologo Henri Mendras annunciava, in un libro omonimo, «la fine dei contadini». Il libro vedeva nella modernizzazione dell'agricoltura il nodo della sua industrializzazione. E nell'industrializzazione la fine della sua singolarità sociologica e culturale. Con il trattore che surclassava i buoi, grazie ai fertilizzanti chimici che rendevano obsoleti il maggese e il concime organico, usando sementi ibride che spazzavano via le varietà locali spesso autoprodotte, e i pesticidi che distruggevano gli elementi vitali dell'ecosistema, l'industria orientava i suoi sforzi e i suoi appetiti per impadronirsi del mercato alimentare. Per far entrare i contadini nel redditizio mercato del «mondo da nutrire». Farceli entrare e tenerceli. Niente a che vedere, ovviamente, con la produzione locale all'aria aperta. Edifici qualificati, macchine agricole, prodotti chimici per la crescita, prodotti chimici per contrastare i parassiti, prodotti chimici di difesa... Produttori di sementi, addetti alla lavorazione, banchieri, funzionari, meccanici e benzinai, commercianti di ogni sorta fiutarono il bottino di denaro pubblico investito nella "modernizzazione". In breve, c'erano tanti soldi da guadagnare per molti: tanto da ottenere profitti in percentuali a due cifre. Il denaro, fino a quel momento così raro in campagna, sarebbe scorso a fiumi, alimentato dalle politiche pubbliche nazionali ed europee.

Il vantaggio – innegabile – di faticare meno, produrre di più, migliorare la salute di uomini e animali addomesticati, avere acqua ed elettricità, concedersi dei periodi di pausa, aveva un suo costo: la dipendenza e il frazionamento dei compiti. La dipendenza innanzitutto dalle banche, e poi dall'elenco dei fornitori di macchinari e di prodotti, per attraversare infine le Forche caudine della vendita, dove le centrali d'acquisto e le cooperative agricole rimpiazzarono i mediatori. Il frazionamento dei compiti fu introdotto con forza dagli ingegneri agronomi, che con il loro titolo e il loro eloquio fecero precipitare di nuovo i contadini nelle radici profonde dell'"assegnazione" alla quale obbedivano da così tanto tempo. Assegnazione al proprietario, all'instabilità meteorologica, alla cerchia familiare, con un senso di fatalità che spesso andava a braccetto con l'obbedienza all'ordine delle cose, del potere e della società. Il progresso tecnologico gli permise di continuare a obbedire con l'illusione di liberarsi dal passato. Assegnazione al progresso. Nessuno si è commosso quando le verdure sono state ibridate per soddisfare le caratteristiche tecniche dei macchinari che le raccolgono, le smistano o le imballano. *Idem* per la selezione genetica e gli innesti degli alberi perché producano frutti delle stesse dimensioni. Qualcuno si è anche dilettato a comandare a tal punto la natura. Assegnazione ai macchinari. Non starò qui a indagare le radici psicologiche che portano l'essere umano più spesso a seguire la scia che ad agire in maniera autonoma.

"Contadino" era un'assegnazione sociologica, o meglio antropologica, diceva Mendras; "sfruttatore agricolo" divenne un mestiere sottoposto a prìncipi tecnologici ed economici. Il termine – scelto alla Liberazione dall'associazione sindacale, allora unica[1], dei contadini per darsi un nome – porta in sé il proprio veleno: lo "sfruttamento" agricolo. Secondo la migliore tradizione mineraria, lo spirito industriale ha saputo ispirare abilmente ai contadini ciò che dovevano diventare: degli estrattori di materia; degli sfruttatori della natura[2]. Ne furono fieri! Fieri di non essere più dei "coltivatori", nonostante questo nome sia tanto bello! Le arti testimoniano da diecimila anni l'apporto intellettuale dell'agricoltura alla civilizzazione umana. Su ciascun continente, quanti racconti, dipinti, canzoni e favole hanno tratto ispirazione, basato la loro narrazione o delineato una morale a partire dai lavori e dai lavoratori della terra?

Per chiarezza, non è necessario scivolare nel concetto che «la terra non mente»[3]: morale tra le più reazionarie di cui almeno la Francia fece dolorosa esperienza durante il terribile regime di Vichy[4]. *A contrario*, potrei dire che la terra mente ogni giorno. Mente a chi ignora il funzionamento dell'ecosistema; mente per spirito di selvatichezza; vale a dire che, per sua natura, in senso filosofico, il selvaggio è impensabile. Altrimenti non sarebbe più selvatico. In effetti, la terra, con o senza T maiuscola, è amorale. È così, tutto qui. Al di là del bene e del male. E l'essere umano è soltanto una delle manifestazioni della vita sulla Terra, tra milioni di altre: né al di sopra, né al di fuori.

Non è questa la tesi fornita dalle religioni monoteiste, che attribuisce a un intervento divino la nascita della nostra specie, con la missione di dominare sulle altre[5]. Il Rinascimento, i Lumi, l'Empirismo,

1 La FNSEA: Federation nationale des syndicats d'exploitants agricoles ["Federazione nazionale dei sindacati degli sfruttatori agricoli", NdT], creata nel 1946.

2 In Francia, «il termine "minerale" (minerale di pollame, minerale di suini, minerale di carne) è utilizzato nell'industria agroalimentare per designare la quantità di ritagli utilizzati per produrre le carni macinate» (Jocelyne Porcher, 2004).

3 «Odio le menzogne che vi hanno fatto tanto male. La terra, lei, non mente mai. Resta la vostra salvezza. È la patria stessa...». Tratto dal discorso di Philippe Pétain del 25 giugno 1940, scritto da Emmanuel Berl, in cui annuncia ai francesi le condizioni dell'armistizio con i nazisti.

4 La Corporazione contadina è fondata il 2 dicembre 1940 dal regime di Vichy.

5 Genesi, 1, 26: «Poi Dio disse: "Facciamo l'uomo a nostra immagine, a nostra somi-

il Positivismo, l'Umanesimo, il Marxismo (e ne dimentico altri), diedero filo da torcere a quella favola per bambini dell'Antichità che è la Genesi, ma mantennero il presupposto della superiorità dell'essere umano sulla natura. Doveva metterla al suo servizio, organizzare il mondo attorno a sé. Piegarlo ai propri bisogni. Dai fiumi e dalle rocce agli schiavi. Dal villaggio alle colonie. Si trattava di costruire il proprio Paradiso terrestre.

Da questa arroganza fondante delle civiltà occidentali e mediorientali discese l'idea che l'essere umano è in grado di forgiare il proprio destino. Che "lo deve a se stesso" per dignità, perché è scritto nella storia, se non addirittura per missione divina. Sotto questa luce, allora la Storia può avere un senso. Il "senso della storia" è un concetto di cui si sono appropriati tutti i partiti politici. L'applicazione pratica di questa idea ha fatto credere al dogma del progresso, con i suoi rappresentanti, che sono la scienza, la tecnologia, l'economia e lo Stato. Dogma che non smetterà di modellare le società occidentali, tanto capitaliste quanto comuniste. Tutte altrettanto drogate di progresso: le prime per i conti in banca; le seconde per l'"uomo nuovo". Tutte altrettanto estrattive e produttive, poiché la dinamica del progresso si alimenta con la crescita, e quest'ultima con il consumo.

Le quattro rivoluzioni industriali (del vapore e del carbone; del petrolio e dell'elettricità; dell'atomo, dell'elettricità e della bomba; dell'informatica, dell'automazione e della realtà virtuale) sono frutto diretto del connubio tra la spinta alla conoscenza e la logica del progresso. In quest'ottica, la conoscenza non può limitarsi a migliorare la relazione tra l'essere umano e il mondo: deve avere necessariamente un'applicazione pratica (è il motivo per cui le imprese finanziano la ricerca). Avere un impiego tecnico ed economico, sfociare in un brevetto o fornire un vantaggio in termini di competitività. Quanto al progresso sociale, da questo punto di vista, non può che passare per il progresso tecnologico e l'aumento della capacità di consumo individuali. Il progresso consiste nella capacità di sfruttare l'essere umano e la natura fintanto da lasciare al primo un potere d'acquisto sufficiente a permettere al sistema tecnologico di continuare a girare. È in questo spazio che si gioca il dibattito

glianza, e che abbia dominio sui pesci del mare, sugli uccelli del cielo, sul bestiame, su tutta la terra, e su tutti i rettili che strisciano sulla terra"».

politico tra socialdemocratici e liberali. Quanto alla natura, i più ferventi sostenitori di questo progresso sono pronti a modificarla geneticamente per continuare a produrre; a sintetizzarne le proteine quando l'avranno sfruttata fino all'esaurimento; a "migliorare" l'essere umano per ibridazione, trapianti, mutazioni genetiche, per continuare a vivere in un ambiente che gli è divenuto ostile.

Il progresso è un'idea di movimento perpetuo alimentato dalla tecnologia e dal denaro. Intendiamoci bene: il denaro, non i soldi. Abbiamo bisogno di soldi per fare degli scambi, ma non necessariamente di denaro come mezzo di speculazione e di tesorizzazione. Va notato che la finanziarizzazione dell'agricoltura ha fatto un balzo considerevole dopo la crisi borsistica del 2008, quando gli operatori di borsa hanno ripreso a investire sulle materie prime agricole. Grazie agli algoritmi, i computer speculano nel tempo di millisecondi sugli acquisti a termine[6]. Oggi esistono milioni di tonnellate di cereali virtuali che cambiano proprietario senza mai essere consegnati in nessun luogo. Dei carichi fantasma che fanno e disfano i prezzi reali… La bolla si sta gonfiando da anni. Tutti sanno che un giorno scoppierà, ma per un operatore di borsa dirlo significherebbe già provocare un crollo.

Non so se Henri Madras avesse letto Jacques Ellul, ma possiamo dubitarne, salvo pensare che il sociologo disdegnasse l'infausta sorte dei contadini meno di quanto lasciasse intendere. Che acconsentisse a ciò che si stava compiendo, al senso della storia. In *La Technique ou l'enjeu du siècle* ["La tecnica o la sfida del secolo", NdT], Jacques Ellul sostiene che la tecnica non è più un semplice intermediario tra l'essere umano e la natura, ma una somma di «organizzazioni indipendenti» che costituiscono un sistema: industriali, bancarie, finanziarie, educative, scientifiche, di presa del potere o di governo, oggi le tecniche impongono il loro principio di «organizzazione efficace» a tutta la società (Ellul, 1954). Durante la seconda metà del XX secolo, le tecniche si sono unite, coordinate, e hanno fatto sistema. In nome della Tecnica, il potere politico pone dei veti. In nome della Tecnica, l'economia non è più al servizio dell'essere umano, ma accade il contrario. In nome della Tecnica, un impiegato non può più soffermarsi sulla peculiarità di un contesto sociale; non è colpa sua: "è

6 Questa tecnica è nota come "*trading* ad alta frequenza".

colpa del computer". In nome della Tecnica, bisogna rientrare in delle categorie. Essere una cosa o l'altra, e non qualcosa con molto qualcos'altro e un pizzico di altro ancora. In nome della Tecnica, chi vive in contesti rurali avrà degli "infermieri computer" a distanza al posto dei medici di campagna. L'allevamento industriale inquina l'acqua dolce, l'aria e il mare, e rende schiavi allevatori e animali? La Tecnica fornirà cisterne per il letame, iniettori per sotterrare la giusta quantità di escrementi nel luogo adatto, metanizzatori per produrre energia; l'allevatore potrà prendere un prestito per automatizzare i compiti più gravosi, gli animali avranno qualche centimetro quadrato in più per muoversi e gli eletti locali dei macchinari specifici per la raccolta delle alghe verdi. La Tecnica non sbaglia mai: si perfeziona all'infinito grazie ai problemi che pone. Cosa desiderare di più? Forse il gusto del buon senso; il coraggio di riproporre la questione e di evitare l'errore fatto in partenza: abbandonare il modello industriale e virare verso un allevamento ecologico. L'avete capito: la Tecnica non è più uno strumento come lo furono il martello, la ruota e l'aratro, ma un'ideologia che impone alla nostra mente la sua logica, che acquisisce, difende e aumenta la propria autonomia a danno della nostra libertà di scelta, di azione, di cittadini.

Il male è talmente grande che, nella ricerca ontologica del senso della loro vita, gli esseri umani oggi idolatrano la Tecnica. Per convincersene, basta guardare l'inquietante spettacolo delle migliaia di persone che nel mondo intero fanno la fila, in date e ore fissate da un produttore, per acquistare a peso d'oro il suo ultimo modello di smartphone. O la correlazione tra l'aumento dei disturbi d'ansia e l'utilizzo dei suddetti smartphone. Ancora peggio se parliamo di pesticidi. Gli agricoltori e le loro famiglie ne sono le prime vittime, insieme agli operai che lavorano alla produzione e alla trasformazione[7]. Insetticidi, acaricidi, fungicidi, erbicidi sono, come indica il loro suffisso "-cidi", dei biocidi: prodotti che danno la morte. Non è necessario aver studiato Medicina per comprendere che ciò che uccide gli esseri viventi – insetti, funghi, vegetali – uccide o danneggia tutte le cellule viventi,

7 Basta leggere le relazioni scientifiche sulle patologie cancerose, le malattie neurologiche e i problemi di riproduzione a cui sono soggetti. Vedi *Pesticides* ["Pesticidi", NdT], 2016.

comprese quelle umane. Allora perché tanta resistenza da parte degli agricoltori ad abbandonare i pesticidi sintetici[8]? Poiché attendono dalla dea Tecnica prodotti mortali di nuova generazione! Potranno morire a dosi più inferiori: è comunque meglio che morire a grandi dosi, non è vero? Che cecità! Si direbbe una setta! Il dogma del progresso perpetuo nella maniera di uccidere li abbaglia al punto di non rendersi conto che il guru della tecnica porta alla morte! Cantano in coro l'attesa del nuovo veleno come altri agitano i loro amuleti per proteggersi dalle avversità. La Tecnica è diventata l'amuleto del secolo. E come i pesticidi sintetici, l'ideologia della tecnica è un veleno invisibile.

L'ideologia della tecnica – stavo per scrivere "la religione della tecnica" – ha un proprio vocabolario, e grazie alle parole inquina la mente. I veleni sono diventati "prodotti fitosanitari". La malattia si sviluppa all'insaputa delle persone e della loro piena volontà. È sufficiente «"credere" nella scienza», dicono gli adepti. Ma la scienza, per definizione, consiste nell'interrogarsi, non nel fornire soluzioni pratiche! La scienza rappresenta una sfida per comprendere il funzionamento del mondo. Si pratica con l'osservazione, la sperimentazione (quindi contempla il rischio di sbagliare), la quantificazione esatta e la deduzione di leggi riproducibili che vengono verificate. La scienza avanza grazie a continui errori. La scienza non fornisce verità insuperabili. Gli immondezzai della Storia sono pieni di teorie scientifiche obsolete. La scienza è inseparabile dall'etica con la quale viene praticata. In altre parole, la curiosità di fondo non ha alcun limite, ma i metodi d'indagine scientifica possono e devono darsene, in base alla morale e ai bisogni della società. Il biologo Jacques Testart parla di «una scienza circoscritta dai limiti della dignità umana e della democrazia reale» (Testart, s.d.).

Le parole, dunque, e ciò che destano nell'immaginario per eludere la verità, addormentare l'intelligenza. Vale per gli antiparassitari, con fabbriche agrochimiche che non parlano più di pesticidi ma di "pro-

8 I pesticidi sintetici sono formati da molecole sintetizzate in laboratorio: alcune costituiscono la "materia attiva"; altre sono "additivi" preposti a velocizzare l'effetto mortale. Soltanto alla materia attiva è imposta una certificazione, mentre sono gli additivi, da soli o combinati con la materia attiva, a essere pericolosi. Certo, i pesticidi naturali sono altrettanto mortali, ma le loro molecole agiscono in maniera diversa.

dotti fitofarmaceutici": espressione che fa pensare alla "cura delle piante" di cui i contadini possono andare fieri. Così possono, in buona fede, giocare al dottore nei loro campi e allevamenti. Non c'è niente di meglio che dare al cliente l'impressione di compiere una missione in cui fregiarsi di un nuovo sapere tecnico e che lo elevi nella scala sociale. E soprattutto neanche una parola sullo sterminio della vita presente in superficie e nel sottosuolo.

Numerare per oggettificare. Vale per l'allevamento, dove gli animali hanno perso il loro nome e sono diventati bestie, e poi, grazie alla numerazione, oggetti al servizio dell'industria. Fino alla fine del XIX secolo, gli animali addomesticati erano parte integrante della società rurale, del territorio (razze locali, gastronomia), dell'armonia del sistema agricolo e sociale. Avevano una collocazione e un nome. Jocelyne Porcher, direttrice delle ricerche presso l'INRA, ricorda:

> Con lo sviluppo del capitalismo industriale e l'avvento della zootecnia, l'animale d'allevamento ha progressivamente perso il suo posto a livello sociale. Ha perso la propria identità. Era un animale; è diventato una bestia. Addirittura peggio di una bestia: un oggetto (Porcher, 2004).

Sostiene la sua dichiarazione con queste parole di André Sanson, zootecnico:

> Sappiamo che, allo stato attuale della scienza, gli animali devono essere considerati come macchinari che occorre produrre e alimentare per trarne lavorazioni utili, materie prime o forza motrice (Sanson, 1888, 330).

Questa destrutturazione dell'animale come essere vivente, con un proprio rapporto con il mondo e con gli esseri umani, ha permesso in seguito di procedere alla destrutturazione del contadino. Anche in questo caso, l'armamento semantico ha incorniciato l'oscuro lavoro dell'industria.

Anche per fare di un contadino in sintonia con l'ecosistema un produttore agricolo è necessario destrutturarlo. La questione è delicata, e passa innanzitutto per l'autostima. La suddivisione del lavoro che era riuscita con la metallurgia e l'industria automobilistica, non senza resistenze da parte degli operai, si diffuse nelle fattorie grazie all'entusiasmo per "la professione", come ama ancora farsi chiamare presso il ministero dell'Agricoltura francese. I tecnici oracoli ripartirono l'attività delle fattorie in segmenti di unità di produzione specializzate: produttori di latte, allevatori di pulcini, allevatori di maiali, allevatori di pollame da carne o di galline ovaiole, di manzi da macelleria, di capre da carne, ecc. La missione diede agli "sfruttatori agricoli" una veste tanto elegante da prendersi una rivincita sulla città e le sue luci. L'immagine del contadino fu gettata alle ortiche. La campagna, che per tanto tempo aveva sofferto nell'essere vista dalla città come sottosviluppata (un giorno bisognerà raccontare che la città nacque da realtà contadine e che senza agricoltura non esiste città vivibile, mentre al contrario...), la campagna, dunque, si fece paladina della "rivoluzione verde" come di una rivincita sociale. Il contadino attingeva il suo orgoglio dal sapiente dialogo che aveva con la natura; il produttore agricolo attinge il proprio dalla capacità di mantenersi sempre al passo con le più recenti innovazioni tecniche. Non c'è nulla di più comodo dei paraocchi della tecnica: dei paraocchi da specialista.

Le due guerre mondiali avevano aperto una breccia nell'isolamento rurale. Una breccia di umanità sanguinante (riempita da operai agricoli immigrati in zone di alta cultura) e una breccia intellettuale nella rappresentazione del mondo, fino ad allora spesso limitata al villaggio. Di ritorno nei loro Paesi, i soldati ridivenuti rurali ebbero voglia di futuro e di altrove. Un desiderio di evasione riempito dalle promesse di un mondo necessariamente migliore dopo tanto odio e i tanti orrori della guerra. Una voglia di credere. Tanto più facile poiché la maggior parte dei contadini era cattolica, e i pochi che non lo erano credevano al futuro celebrato dai sostenitori del Marxismo. Occorre ricordare che le due guerre permisero un considerevole balzo in avanti del sistema tecnico industriale. La meccanizzazione e l'utilizzo della chimica in agricoltura ne furono due sbocchi.

Così, a passo di marcia, si cominciò a produrre molto "per nutrire il mondo", e non più per il mercato locale, il villaggio, la regione o il Paese. Senza un volto, senza una consapevolezza delle ragioni e dei bisogni, la fame mondiale è arrivata a pesare sulle spalle di ciascuno sfruttatore agricolo. Questo fascino del contadino per la modernizzazione permise la nascita indolore e la crescita rapida dell'industria agroalimentare, fino ad allora sviluppata essenzialmente a livello regionale. L'industria si organizzò in filiere sul modello delle linee produttive manifatturiere (automobile, plastica) e nel quadro nazionale ed europeo con la possibilità di esportazione. Filiere concorrenti – i consumatori non possono mangiare di tutto ogni giorno – ma che si accordano per ordinare a monte – al produttore agricolo – cosa e come produrre. Il contadino, ormai scomparso, è diventato un elemento nel processo di produzione. Un anello nella "catena del valore". Gli Stati generali dell'alimentazione[9] hanno mostrato fino a che punto gli sfruttatori agricoli siano orgogliosi di far parte alla catena del valore. Dimenticando che nell'espressione coniata dalla tecnica economica c'è la parola "catena": quella che lega gli schiavi al loro padrone.

Padrona a monte (sementi, genetica, macchinari) e a valle (mercato dell'industria della lavorazione, distribuzione), l'industria detta la sua legge agli sfruttatori agricoli. La logica del sistema si è rapidamente imposta come l'unica via di scampo per tutti i contadini europei: senza adesione al modello unico non si ha diritto a lavorare. L'Occidente ha deriso l'autoritarismo del Comunismo e le sue proprietà agricole collettive (*kolchoz*), ma ha fatto la stessa cosa in altra maniera. Del resto, storicamente, i modelli agricoli sovietico e americano nascono dallo spirito industriale, e tra le due guerre vedremo ingegneri statunitensi condurre esperimenti nei *kolchoz* sovietici prima di intensificare l'industrializzazione delle campagne americane (Fitzgerald, 2003). Da entrambi i lati del Muro di Berlino, il produttivismo ha preso il sopravvento. In Europa e negli Stati Uniti, le eccedenze agricole, grazie alle politiche dei governi, sono servite a rifondare la colonizzazione. L'hanno chiamato "ingresso nel mercato mondiale", "educazione alla libera concorrenza", "vantaggio competitivo"... Gli ex Paesi coloniali sono rimasti in uno stato di dipendenza grazie all'agricoltura (e non solo). Colture redditizie (canna da zucchero, caffè, cacao, ananas, ecc.) in mano alle multinazionali. Smantellamento dei mercati alimentari locali e rovina dei piccoli contadini a causa dell'importazione degli eccessi produttivi occidentali a basso costo.

Perché produrre un po' di tutto in una policoltura o in un alle-

9 Gli Stati generali dell'alimentazione si sono svolti dal 20 luglio al dicembre 2017.

vamento misto quando si può produrre molto e meglio di una sola cosa? Furono in pochi a segnalare che la gestione di una fattoria non corrispondeva a quella di una fabbrica (Charbonneau, 1973) e che dipendeva da una conoscenza della natura acquisita generazione dopo generazione. Troppo pochi e inascoltati. Il progresso ha una risposta a tutto. Sempre attraverso la tecnica: una tecnica per sempre meno contadini resi solvibili con dei prestiti. Poiché, sempre a rigor di logica, l'efficienza ha spinto alla concentrazione della produzione. Non era necessario dichiarare guerra al proprio vicino per appropriarsi delle sue terre, no; ci fu più scaltrezza. Il sistema prestito-scelta tecnica, su consiglio della Camera dell'agricoltura, spinse alla sovrapproduzione che provocò fallimenti, all'incapacità di essere competitivi sul mercato, al ristagno tecnico. I falliti erano considerati incapaci di "mantenere un percorso tecnico", di "gestire un allevamento intensivo", di condurre un'azienda agricola. Pessimi tecnici o gestori incapaci, e quindi in colpa; fu questo che esonerò dal sentimentalismo coloro che ne assorbirono le fattorie. E provocò molti suicidi. In terre cattoliche, si approfittò dell'errore dell'altro per benedire il proprio peccato di cupidigia. A cuor contento, i contadini fecero un sol boccone dei più "deboli" tra loro. In quel contesto storico, questi ultimi, i più restii a industrializzarsi, erano forse i più saggi. In Francia, di dieci milioni di lavoratori agricoli attivi in 2,3 milioni di fattorie alla fine della Seconda Guerra Mondiale, oggi restano soltanto 885.000 lavoratori agricoli attivi in 450.000 fattorie.

Così abbiamo percorso settant'anni d'industrializzazione agricola in Europa e in America del Nord. Negli altri continenti le situazioni sono più diversificate, ma la logica di fondo è la stessa. Meccanizzazione, chimica, mercato globale, sotto l'egida delle soluzioni tecniche.

L'ultimo tassello da aggiungere a questo affresco dell'industrializzazione dell'agricoltura e dell'alimentazione in ordine temporale è il nuovo orizzonte aperto dalla "coltivazione cellulare", dalla "coltivazione acellulare", e dalla "carne prodotta con sostituti vegetali". Alcuni di voi non ne hanno mai sentito parlare. O la notizia non ha superato il limite del fugace interesse per un breve servizio al telegiornale.

Era il 5 agosto 2013, a Londra. Quel giorno, Mark Post, un biologo olandese, presentò alla stampa la prima bistecca *in vitro*. Una prima mondiale. Quanto alla bistecca, era una piccola frittella di carne, apparentemente macinata, nata dalla coltivazione di cellule staminali. Il principio è semplice: prelevare delle cellule da un muscolo vivente, poi coltivarle perché crescano e si riproducano in laboratorio come accade nel corpo dell'animale (o dell'essere umano). Il prelievo è facile, ed è simile a una biopsia, ma la coltura delle cellule è più complessa, in particolare per quanto concerne la loro alimentazione. Ne riparleremo.

Per ottenere questo successo, Mark Post beneficiò dell'appoggio dell'Università di Maastricht (Paesi Bassi), dove dirige il progetto Manzo coltivato, e del sostegno finanziario di Sergey Brin, cofondatore di Google. Il costo dei tre mesi di durata del progetto è stimato tra i 250.000 e i 290.000 euro. Certo, è un po' caro per 142 grammi di bistecca, dirà qualcuno, ma non è questo l'importante. L'esperimento di Mark Post e della sua squadra crea una rottura sostanziale nella visione della produzione di cibo. Per la prima volta nella storia umana, la bistecca macinata di Mark Post introduce la possibilità di emanciparsi dai vincoli della natura (caccia, pesca, agricoltura) per procurarsi proteine animali. Una rivoluzione nel modo di mangiare.

Sei anni dopo, diverse decine di laboratori e start-up producono in via sperimentale "carne coltivata", che alcuni chiamano anche "carne pulita". Alcuni ne annunciano l'introduzione sul mercato nei prossimi tre o quattro anni. Cioè domani. A dicembre del 2018, Didier Toubia, amministratore delegato di Aleph Farms (Israele), comunicava di essere riuscito a coltivare non più delle cellule, ma un muscolo, con le fibre e il grasso che lo caratterizzano. I passi in avanti nella produzione di carne *in vitro* sono rapidi, molto rapidi. È materia dei biotecnologi. La biotecnologia è l'arte di coniugare la biologia cellulare, l'ingegneria genetica, le nanotecnologie e l'intelligenza artificiale. Un nuovo sistema tecnico emerge, s'impone e spinge verso il macero l'industria delle rivoluzioni precedenti. I risultati di questo connubio tecnico sono esponenziali. Sono il marchio di questa quarta rivoluzione industriale. Quella che trasforma il volto della produzione e del consumo, e che oggi promette di far scomparire l'allevamento.

1
L'uovo senza la gallina

San Francisco, California, 4 settembre 2019, ore 9 del mattino. Scendo dal BART – *Bay area rapid transit*: una specie di metropolitana rapida locale – alla fermata 16th Street Mission... Niente di eccezionale; soltanto un riferimento storico al fatto che sto attraversando il quartiere più vecchio della città: il primo *barrio* della conquista spagnola in questa zona del Nuovo Mondo, nel 1776, da parte di una spedizione guidata da José Joaquín Moraga. Mi lascio alle spalle la *Misión de San Francisco de Asís*: la prima chiesa dell'epoca e l'unica ancora in piedi. Eh sì, l'uomo che parlava con gli uccelli e con il lupo di Gubbio, il primo ecologista conosciuto, ha dato il suo nome alla città. Case basse, a due o tre piani, strade alberate, poco traffico di automobili, un aspetto provinciale. Vedo una casa azzurra, con le cornici bianche alle finestre, screziata da una tubatura antincendio arancione che fa un effetto straordinario, fiancheggiata da due *Washingtonia filifera* – la palma locale – che la superano di due piani in altezza. C'è il sole, e la temperatura è mite. Il quartiere ha mantenuto un po' di atmosfera latina – maledetto yankee – perfino nei brani di conversazioni che mi giungono dai clienti che si attardano sulla porta dei negozi. Risalendo Folstom Street, l'aspetto residenziale cede poco a poco a quello industriale. Capannoni, piccole e medie imprese, cantieri, furgoni. Mi sto recando al mio primo incontro con dei pionieri della "carne coltivata": Josh Tetrick e la sua squadra di Just. Sono soprattutto i primi ad aver risposto positivamente alla mia richiesta di fargli visita.

La "carne coltivata" è quella che i biologi chiamano carne prodotta per coltura *in vitro* di cellule animali. Si prelevano tramite biopsia delle cellule staminali[1], che vengono messe in un terreno di coltura (proteine, aminoacidi, grassi, zucchero) in un ambiente sterile in cui si differenziano in cellule muscolari e si moltiplicano. È un'applicazione della tecnica utilizzata in medicina per la coltivazione delle cellule di pelle dei grandi ustionati, per trapiantargli la loro stessa pelle. Nel caso della carne, produrre un muscolo è un po' più complicato. Per il momento, siamo in grado di produrre della carne che somiglia a carne macinata.

Un edificio industriale bianco-grigio, basso, a un piano; una porta di cristallo in un'ampia facciata di pannelli di vetro costituisce il modesto accesso a Just, inserito tra le serrande metalliche di due box. Superata la portineria al piano terra, l'accettazione si trova al primo piano. Grande sala d'attesa: nessuno... Perlustro la stanza accanto, evidentemente una grande cucina-sala relax dell'azienda: cibi a disposizione, tè, caffè, marmellate, frutta, verdure. Sembra che siano tutti impegnati altrove. Un ragazzo viene per prepararsi un tè, mi saluta e si prende cura di me. Arriva Alexandra Dallego, gentile; ci siamo scritti per e-mail. In attesa del capo, mi propone una visita all'azienda.

Just deve il suo successo alla messa a punto di sostituti vegetali delle uova. I prodotti sono garantiti senza glutine, senza OGM, senza derivati caseari, senza colesterolo. Dopo Just Egg, c'è stata,

1 In biologia cellulare, una cellula staminale è una cellula indifferenziata in grado di generare per differenziazione cellulare delle cellule specializzate e di riprodursi all'interno dell'organismo per proliferazione o divisione asimmetrica. In medicina, le cellule staminali (di pelle, di muscolo, di fegato, di intestino...) si prelevano, si coltivano e si reinnestano nel paziente. Oltre alle cellule staminali, la ricerca lavora anche con le cellule staminali perinatali (che possono differenziarsi in cellule ematiche), le cellule staminali embrionali (che possono essere coltivate all'infinito e trasformarsi in tutti i tipi di cellule del corpo umano: pelle, muscolo, intestino, ecc.), e le cellule staminali pluripotenti indotte, dette IPS (che sono cellule staminali adulte "riprogrammate" per dargli le qualità delle cellule staminali embrionali).

sullo stesso principio, Just Mayo: una maionese senza uova. Poi dei biscotti, del porridge, una salsa, sempre a base di piante. L'impresa, inizialmente fondata dagli allora trentenni Joshua Tetrick e Joshua Balk nel 2011 con il nome di Hampton Creek, oggi conta centoventi impiegati su 8.600 metri quadrati. L'entità del giro d'affari resta un segreto, ma Alexandra dà alcuni indizi: dal giorno della sua creazione, l'azienda «ha venduto l'equivalente di undici milioni di uova tradizionali» e il 45% del budget è destinato alla ricerca e allo sviluppo. Dopo gli studi in Scienze politiche, e prima di diventare il cofondatore di Hampton Creek, Joshua Balk ha fatto parte di un'organizzazione di protezione degli animali: Compassion Over Killing (COK)[2]. È tornato alla sua passione, e oggi è il vicepresidente della Humane Society of the United States (HSUS)[3], che si occupa della protezione degli animali d'allevamento. Si batte contro gli allevamenti industriali di galline ovaiole e di suini. Il suo amico d'infanzia, Josh Tetrick, avvocato e diplomato in Studi africani, si è prima impegnato nel sociale in Africa, per sette anni, insegnando ai bambini di strada in Nigeria, Kenya e Africa del Sud per conto dell'ONU. Ha anche dato prova delle sue competenze di avvocato lavorando alla riforma delle leggi sugli investimenti in Liberia, su mandato della presidentessa Ellen Johnson-Sirleaf. È in Africa che ha avuto l'idea di «risolvere i problemi strutturali del sistema alimentare mondiale». Citando le sue stesse parole, una «missione», poiché, da buon americano, ciò che fa lo fa necessariamente per il bene del mondo intero. Tornato negli Stati Uniti, concepisce con Josh Balk il progetto di realizzare un prodotto a base vegetale che abbia lo stesso sapore e la stessa consistenza delle uova. Un uovo senza uovo, e soprattutto un uovo senza gallina, poiché ai loro occhi l'uovo rappresenta lo sfrut-

2 Compassion Over Killing (COK) è un'organizzazione senza fini di lucro con base a Washington D.C., nota per le sue campagne contro l'agricoltura industriale e la promozione del vegetarianesimo.

3 Fondata nel 1954, con particolare riferimento al principio del rispetto della vita proclamato dal medico e teologo luterano Albert Schweitzer, premio Nobel per la Pace nel 1952, e dallo scrittore naturalista americano Joseph W. Krutch, la Humane Society of the United States, con sede a Washington D.C., è una delle organizzazioni di protezione degli animali più importanti del mondo. Undici milioni di membri, 284,5 milioni di dollari di budget nel 2018 e «il maggior numero di esperti di benessere animale al mondo», secondo l'organizzazione.

tamento della gallina, il più delle volte in allevamenti industriali, in condizioni abominevoli. Tetrick e Balk risolvono a modo loro il problema di chi, tra l'uovo e la gallina, sia nato prima.

Just si presenta come «un'azienda di tecnologia alimentare il cui scopo è creare un sistema alimentare in cui tutti abbiano accesso a cibi deliziosi e nutrienti [...] Mangiare bene significa mangiare cibi che nutrano il nostro corpo. Mangiare alimenti che migliorino il pianeta. La tecnologia di Just si basa sull'utilizzo di piante provenienti da ogni parte del mondo. Permette ai consumatori, ai produttori di generi alimentari e ai maggiori venditori al dettaglio del pianeta di proporre prodotti migliori e più sani a un prezzo più accessibile».

Crescita rapida

All'inizio, nel 2011, Josh Tetrick investe i suoi 37.000 dollari di risparmi nella creazione dell'azienda. Ma non sono sufficienti. Cerca di ottenere dei finanziamenti. Khosla Ventures risponde all'appello, e a dicembre del 2011 investe nell'affare 500.000 dollari, e poi 1,5 milioni sei mesi dopo. Khosla Ventures è un fondo di capitali di rischio che ha sede nella Silicon Valley, a Menlo Park, guidata da Vinod Khosla. Quest'ultimo ha fatto fortuna come cofondatore di Sun Microsystems[4], e poi rivendendola. Dopo il successo di Beyond Eggs, un sostituto vegetale delle uova lanciato a febbraio del 2013, Josh commercializza Just Mayo (maionese senza uova), prepara Just Cookies (senza uova, senza burro, senza colesterolo) e ha bisogno di 23 milioni per finanziare lo sviluppo della società. Li trova grazie a Li Ka Yang, miliardario di Hong Kong (immobiliarista, amministratore portuale e finanziere), Jerry Yang (cofondatore di Yahoo), Jessica Powell (ex responsabile della comunicazione di Google), Khosla Ventures e altri finanziatori. Alla fine del 2014, Just ottiene 90 milioni da Khosla Ventures e da Horizons Ventures. In realtà, quest'ultimo fondo d'investimento appartiene a Li Ka Shing, e si concentra su start-up tecnologiche piuttosto rivoluzionarie. Just sembra aver trovato un supporto

4 Nel 2014, la rivista «Forbes» inserisce Vinod Khosla tra le quattrocento persone più ricche degli Stati Uniti.

stabile da parte del miliardario cinese, che ha saputo «trarre vantaggio tanto dai *boom* quanto dalle recessioni» (Sanchez, 2010) in Cina come a livello internazionale. I prodotti Just sono distribuiti in più di centomila punti vendita (catene Whole Foods e Walmart) e si trovano già in Messico e a Hong Kong.

Piante sotto l'occhio dei robot

Alexandra Dallego e Taylor Quinn mi conducono al piano terra. Taylor apre una grande porta e mi invita a entrare nella "biblioteca delle piante". Un ampio locale senza finestre, con delle vasche ermetiche in cui si trovano più di duemila piante provenienti da sessantacinque Paesi: «Qui le piante sono gli strumenti con cui tutto ha inizio». Il sito web di Just ricorda con soddisfazione che esistono «più di trecentomila specie di piante al mondo mai studiate per migliorare i biscotti, la pasta, il gelato, il burro o le uova sbattute». All'inizio, le ricerche sono state condotte a mano; è così che il pisello spezzato giallo del Canada ha rivelato caratteristiche utili per produrre un sostituto della maionese. Il successo commerciale ha garantito l'accesso a molti finanziamenti, e l'azienda ha potuto costruire una piattaforma dotata di due robot per analizzare le piante, battezzati Eddy e Randy, che «esaminano ciascuna pianta per scoprirne le proprietà». Nella loro gabbia di vetro, vedo questi robusti arti meccanici scegliere delle provette, posarle in dei macchinari che le fanno vibrare e poi passare a un altro compito. Come esempio, Taylor mi informa che Randy può «misurare le dimensioni e le caratteristiche delle bolle all'interno della spuma per arrivare a un prodotto gelificante simile all'uovo di gallina». La proprietà gelificante è fondamentale per conferire l'aspetto e la consistenza delle uova sbattute. Cosa cerchiamo nelle piante? Proteine, fibre, minerali, oligoelementi, vitamine, glucidi e lipidi; in breve: tutto ciò che è indispensabile all'alimentazione umana. Se lo scopo è trovare un sostituto per dei prodotti di origine animale (carne, uova), la cosa più importante è trovare delle proteine.

Le proteine – animali o vegetali – sono delle macromolecole presenti in tutte le cellule. La cellula è la base della vita. È la più piccola unità vivente in grado di riprodursi in maniera autonoma. All'interno della cellula, le proteine svolgono molte funzioni: regolazione dei geni, struttura delle cellule, catalizzazione delle reazioni chimiche del metabolismo cellulare, trasmissione dei segnali cellulari. In altre parole, le proteine permettono la costruzione di muscoli, ossa, organi, enzimi, ormoni, anticorpi. Sono costituite da aminoacidi tenuti insieme da legami peptidici. Quindi, tutti gli esseri viventi hanno bisogno di proteine per vivere. Durante la digestione degli alimenti, le proteine vengono disgregate per liberare gli aminoacidi necessari al nostro corpo.

Nel caso delle uova sbattute senza uova di Just, l'apporto di proteine proviene da cellule estratte dal fagiolo mungo verde *Vigna radiata* (L.). Il mungo è un fagiolo originario dell'India che cresce in clima tropicale, comunemente utilizzato nelle cucine indiana e orientale. Per molto tempo i suoi germogli sono stati impropriamente venduti come "germogli di soia"[5]. I semi di mungo sono ricchi di proteine (circa il 20-30% di materia secca a seconda della varietà) e di amidi (più del 45% di materia secca), con un basso tenore di lipidi (meno del 2% di materia secca) e quantità variabili, ma in genere limitate, di fibre (mediamente 6,5% di materia secca). Riguardo al contenuto di aminoacidi, il fagiolo mungo è simile alla soia, vale a dire molto interessante, poiché contiene la maggior parte degli aminoacidi essenziali.

Cucina molecolare

Basata sul mungo, la formula dell'uovo senza uovo è riportata sull'etichetta: isolato proteico di fagiolo mungo, olio di colza, cipolla disidratata, gomma gellano, estratto naturale di carota, aromi naturali,

5 I veri germogli di soia sono nocivi per la salute umana.

estratto di curcuma naturale, citrato di potassio, sale, lecitina di soia, zucchero, sciroppo di tapioca, pirofosfato di tetrasodio, transglutaminasi, nisina. Facciamo un po' di chiarezza su questi ingredienti.

L'isolato proteico si ottiene dalla frantumazione della cellula grazie a un procedimento meccanico (microfiltrazione, ultrasuoni) o a un processo chimico (tramite un solvente) seguita da idrolisi enzimatica e depurazione.

Salvo il caso dell'olio artigianale estratto a pressione, l'olio di colza è generalmente estratto con un solvente (l'esano: un idrocarburo tossico di cui l'olio può contenere tracce).

La disidratazione della cipolla si ottiene tagliandola e cuocendola in forno.

Scoperto dall'azienda Merck nel 1978, il gellano (o gomma gellano) è un gelificante prodotto dal batterio *Sphingomonas elodea*, presente naturalmente nelle elodee (piante acquatiche dell'America settentrionale ben note agli amanti degli acquari). Il gellano (E418) resiste alla cottura, e questo impedisce all'ingrediente al quale è incorporato di deformarsi con l'aumento della temperatura. Dato che un batterio non è una fonte animale, il gellano è un additivo comune nei preparati da cucina vegani, soprattutto per dare consistenza al latte di mandorla e rendere cremosi i falsi yogurt. Serve anche in pasticceria per rallentare lo scioglimento dei dolci.

Il betacarotene (E160a), quando è naturale e non sintetico, è estratto dalle carote con dei solventi chimici.

L'estratto di curcuma, la curcumina, si ottiene con un solvente dal rizoma secco, poi depurato per cristallizzazione.

Solventi usati di frequente, da soli o combinati, sono l'acetone, l'acetato di etile, l'etanolo, il metanolo, l'esano.

Il citrato di potassio (E332) è un antiossidante. Si tratta di un sale derivato dall'acido citrico presente nella maggior parte dei frutti. Si fabbrica a livello industriale tramite la coltura di un fungo, l'*Aspergillus niger*, su una soluzione di zucchero.

La lecitina di soia (E322) è un sottoprodotto dell'olio di soia. Ha molte proprietà (anticolesterolo, disintossicante, coadiuvante del funzionamento del cervello), tranne se è ricavata da soia geneticamente modificata, trattata con pesticidi e per di più coltivata su terre strappate alla foresta amazzonica.

Il pirofosfato di tetrasodio è un sale derivato dall'acido fosforico utilizzato come emulsionante, stabilizzante e addensante. Si produce per sintesi riscaldando dei fosfati. È presente nei dentifrici e negli hamburger industriali. Troppo fosforo nel sangue aumenta il rischio di osteoporosi.

Nella produzione agroalimentare, la transglutaminasi serve a legare insieme delle proteine. È la "colla per carne": si usa per incollare pezzi di polpa e farne bistecche ricostituite, crocchette di pesce, surimi, prosciutto cotto scadente o dare consistenza a hot-dog e yogurt. Gli adepti della cucina molecolare se ne servono anche come legante e per dare consistenza agli ingredienti delle loro singolari ricette. La transglutaminasi è prodotta dalla fermentazione di un batterio, lo *Streptoverticillium mobaraense*, o estratto dal sangue animale.

La nisina (E234) è una piccola proteina antibatterica ad ampio spettro prodotta dal batterio *Lactococcus lactis*. In natura, è presente nell'intestino di molti mammiferi, tra cui l'essere umano. Si sospetta che le sue proprietà antibiotiche provochino, per ingestione frequente, una resistenza ai medicinali antibiotici. A livello commerciale, è usata come conservante e coltivata su substrato di latte o di destrosio, e a volte per transgenesi. L'industria agroalimentare utilizza la nisina un po' ovunque (prosciutto, pasta, formaggi, carni, bevande).

Ecco dunque delle uova senza uova ma piene di ingredienti e di additivi ottenuti attraverso procedimenti industriali di alta e bassa tecnologia. Qui, il cibo è un prodotto di alta tecnologia: un «alimento superlavorato», come lo definiscono, con diffidenza, i nutrizionisti.

Atteggiamento di rottura

Ora siamo al primo piano, nel grande *open space* dell'azienda in cui dominano due gigantografie scattate qui: in una si vede Bill Gates in piedi, mentre assapora una pietanza Just accanto a Josh Tetrick, con la parola «LEAP» ("salto") in sovrimpressione; l'altra fotografia ritrae Tony Blair che compie lo stesso gesto, con sovrimpressa la scritta «DARE» ("osa"). Le due parole simboleggiano la cultura della rottura cara alla vicina Silicon Valley. In parigino, oggi si dice "disrupzione". Fino all'Eliseo, che abbraccia questa "idea".

Non mi dilungherò sul concetto di "idea" in filosofia, ma voglio ricordare che "disrupzione" non è né una parola né un'idea, ma un marchio che, dal 1992, appartiene all'agenzia pubblicitaria americana TBWA. Marchio registrato in trentasei Paesi, tra cui l'Unione europea, gli Stati Uniti, la Russia, l'India e il Giappone[6]. Almeno questo è ciò che crede il suo "creatore". Eppure, ne è soltanto il depositario, poiché, senza presunzione di farne una sua proprietà, il dizionario di Émile Littré spiegava già nel 1874 il termine "disrupzione" come "rottura" (Pezet, 2017). In effetti, in questa storia, ciò che conta è questo atteggiamento di emancipazione dalle convenzioni di qualsiasi genere per liberare lo spirito e creare, o inserirsi in un percorso di creazione, facendo la differenza rispetto alla concorrenza. Poiché – non illudiamoci – non stiamo parlando di creazione artistica, di moda o di comportamento, e ancor meno di filosofia, ma di efficacia economica e finanziaria. La ricetta delle start-up è quella di fornire agli impiegati un ambiente di lavoro rilassante a patto di essere creativi e produttivi.

Cucina ispirata dalla medicina

Le scrivanie e i banchi di lavoro sono contigui, pieni di provette, fiale, flaconi, prodotti, apparecchiature da laboratorio. Tazze, lavagne bianche ricoperte di scritte con il pennarello cancellabile, donne e uomini con la felpa, in maglietta a maniche corte, in camicia bianca, con le scarpe da ginnastica... Ambiente disteso e sguardi seri. Alexandra mi guida verso Paola Bignone, «ricercatrice esperta dell'équipe di coltivazione cellulare».

Indossata la tuta di protezione, Paola mi introduce in un laboratorio dalle pareti di cristallo dove nei vetrini per coltura proliferano cellule di pollo e di manzo: «Per iniziare una produzione bastano due cellule staminali in un vetrino. Una sola piuma è sufficiente per nutrire moltissime persone». Una sola piuma... L'osservazione mi fa immaginare cosa potrebbe restare delle aie tra vent'anni se questo sistema

6 Riferito nel «Nouvel Observateur» del 24 gennaio 2016 dal "creatore del concetto": il pubblicitario Jean-Marie Dru (Nora, 2016).

per produrre il pollo diventasse predominante. Paola mi confida che partendo da ceppi genetici differenti si ottengono sapori diversi, come negli allevamenti contadini. È riservata riguardo alla soluzione utilizzata per nutrire le cellule e alle quantità prodotte, ma mi rivela che l'alimentazione delle cellule è la chiave per il passaggio alla produzione industriale. Tace sulla carne di manzo. Percepisco subito l'ombra del segreto calare sul laboratorio.

La "coltivazione cellulare" punta a fornire con tecniche di sintesi *in vitro* prodotti comunemente di origine animale come la carne, il latte, le uova, il cuoio. Il suo obiettivo è eliminare il ricorso all'allevamento, colpevole, agli occhi dei sostenitori della coltivazione cellulare, di crudeltà verso gli animali e di danni alla salute umana, all'ambiente e al clima. Si tratta di coltivare delle cellule animali per ricostruire in laboratorio i tessuti animali. Questa tecnica è nota e già utilizzata in medicina rigenerativa, ma ha un costo elevato. Con la coltivazione cellulare si punta a una produzione di massa di carne di sintesi a un prezzo competitivo rispetto a quella proveniente dagli allevamenti industriali. È con questa tecnica che Mark Post ha prodotto la sua "bistecca". Ha coltivato delle cellule staminali adulte prelevate dal muscolo di una mucca e le ha nutrite con del siero fetale di vitello perché si moltiplicassero. Lo fanno agglutinandosi in piccole strisce di carne. Per ottenere i 142 grammi di "bistecca" di Mark Post sono state necessarie 20.000 strisce. Oggi questa tecnica non consente di "coltivare" gli altri componenti di un vero muscolo-bistecca: fibre, vasi sanguigni, grasso.

Prima volta

In attesa dell'arrivo di Josh Tetrick, Alexandra mi invita ad avvicinarmi a Josh Hyman, «responsabile dello sviluppo dei prodotti» e cuoco di professione. Maglietta a maniche corte, berretto e camice blu scuro, mi aspetta davanti a un fornelletto a gas su cui si appresta a cucinare qualcosa. Dopo aver fatto scaldare un po' d'olio in una padella, prende un flacone di plastica gialla con l'etichetta "Just Egg" e versa nella padella delle "uova" liquide. Qualche colpo di spatola, sale, pepe, erbe, e mi porge la prima frittata senza uova della mia vita. Mi soffermo a guardarne il colore, perfettamente giallo, ad annusarla senza ritrovare il caratteristico profumo di uova, poi ne mangio il primo assaggio. La consistenza e la morbidezza sono simili a quelle di una vera frittata un po' molliccia. È leggermente meno soffice, devo dire, ma ha un buon sapore. Immagino che i vegani che hanno dimenticato, o non hanno mai conosciuto, il sapore di una vera frittata vivano, con Just Egg, un'esperienza gastronomica e il gusto del proibito, ormai andato, del peccato capitale.

Cordiale, ma senza ostentazione, visibilmente felice di lavorare qui, Josh Hyman continua a cucinare, e con mia grande sorpresa mi serve… un nugget di pollo: tondo e perfettamente dorato. Pollo coltivato nel laboratorio di Paola, a pochi passi dal fornello. Pollo senza animale; pollo circoscritto alla sua carne utile. Seconda prima volta della mia vita gastronomica: assaggerò la carne coltivata. Mi concentro su questo momento che poche persone al mondo hanno avuto il privilegio di vivere. Afferro con delicatezza il bocconcino tra il pollice e l'indice, lo mordo lentamente, mastico a lungo… È buono, anche se non sono un esperto di *nuggets*. Contrariamente a quanto temessi, la carne ha la giusta consistenza[7], grazie al fagiolo mungo unito alla carne coltivata. Non è affatto cattivo come presumevo. E presto la troveremo sugli scaffali? Alexandra risponde: «Non abbiamo ancora annunciato una data per il nostro pollo coltivato. Pensiamo a un lancio sul mercato su piccola scala entro la fine del 2019, senza tenere conto delle normative». Just non è l'unica azienda di carne coltivata a dire che il maggiore dubbio sulla messa in vendita non è di ordine scientifico, ma normativo. La battaglia per le autorizzazioni sanitarie, la nomenclatura e il contenuto dell'etichetta è iniziata.

7 Spesso la consistenza dei *nuggets* di pollo d'allevamento è dovuta all'impasto di carne, di tendini e di pelle più che al muscolo utilizzato, poiché i *nuggets* sono fatti soprattutto con carni mediocri, a meno che l'etichetta specifichi chiaramente «petto di pollo».

Assunzione del rischio

Ecco che arriva Joshua Tetrick. Alto, spalle da sommozzatore, maglietta a maniche corte, voce calda e profonda, carismatico e sicuro di sé. Dopo aver ammesso di essere cresciuto in una periferia in Alabama ed essersi brevemente descritto con un: «Mi piacciono i cani e camminare» che non lascia spazio ad altre confidenze sulla sua vita personale, entriamo nel vivo dell'argomento. Cosa lo ha spinto a voler cambiare l'offerta di cibo? Tenendo sempre d'occhio il suo telefono cellulare, risponde: «Varie ragioni. Poiché credo che il sistema attuale non sia adatto a soddisfare ognuno. Per la condizione dei bambini in Africa e perché avevo voglia di fare affari in questo settore». Dalla sua fondazione, Just ha incassato 215 milioni di dollari, i prodotti Just si vendono bene e d'ora in poi si può già parlare di successo. Allora perché arrischiarsi a coltivare la carne? «Quando ho iniziato, non immaginavo di scoprire il mungo; anche quello è stato un grande rischio. Nessuno sa quando moriremo... Dobbiamo guardare avanti...». Josh Tetrick è perfettamente consapevole dell'enorme rottura culturale determinata dall'arrivo della carne coltivata. Pensa che questa rottura «è una cosa bella», come quella provocata da Kellogs: «Nel 1903, il mondo non aveva mai mangiato cereali. Kellogs ha detto: "Prendete questi cereali, li mettete nel latte, li mettete in una tazza e mangiate dei cereali"; e ora la maggior parte delle persone in quest'azienda fa colazione con i cereali». Per lui, l'introduzione di una tale rottura culturale nell'alimentazione non è un problema, «a patto di assicurarsi che, mangiando, la gente stia bene». È preoccupato del fatto che la carne coltivata possa cambiare la relazione con gli animali addomesticati, con l'immaginario che oggi ruota intorno alla carne, con il piacevole paesaggio agreste? La mia domanda sull'attentato all'immaginario da parte della carne coltivata è spazzata via con una frase: «La maggior parte della carne che mangiate oggi proviene da uno scenario di fabbriche con centinaia di migliaia di animali».

«Sì, negli Stati Uniti».

«No, a livello globale: il 99% della carne consumata nel mondo – un mercato di 1400 miliardi di dollari – proviene da fattorie intensive. Dappertutto, lo scenario è quello di una fabbrica di carne. Davvero un bel paesaggio... Proprio così» dice Josh, aprendo il suo computer portatile... La musica di uno strumento a corde tradizionale, un paesaggio di montagna, una fattoria, quella della famiglia Toriyama: siamo in Giappone presso un allevatore di manzi Wagyu[8] da quattro generazioni. L'allevamento di wagyu obbedisce a regole ancestrali: qualità dei pascoli, massaggio degli animali con il sakè, stalle silenziose o con una musica calma di sottofondo e a volte un po' di birra da bere. Tutto questo contribuisce per ottenere l'*umami*: questo sapore caratteristico e molto apprezzato della carne di wagyu. Sullo sfondo delle immagini di wagyu e di pasti in famiglia, la voce narrante del video spiega, in giapponese, che «i Toriyama si sono posti come nuova sfida di portare questa carne ovunque nel mondo: dai ristoranti stellati di Barcellona presenti sulla guida Michelin alle tavole calde di Birmingham [...] Just è molto onorata di annunciare che li aiuterà a rispondere a questa sfida; uniremo la nostra competenza della coltivazione cellulare al loro sapere tramandato. Riusciremo a portare le loro tradizioni a milioni di persone in più, al tempo stesso costruendo un sistema alimentare più sano, più forte e più equo». Josh solleva lo sguardo dallo schermo, e con un tono di evidenza dice: «È qui, dalla famiglia Toriyama, che prendiamo le nostre cellule staminali di manzo: in questo paesaggio. Le portiamo da noi e le facciamo crescere in una fabbrica pulita».

Il wagyu! Il caviale della carne! Just produrrà la sua carne senza animale dalle cellule staminali della carne più costosa al mondo. Josh è molto fiero di questa strategia. Risponde in anticipo all'eventuale obiezione di produrre cibo spazzatura industriale: ciò che si appresta a lanciare sul mercato rappresenta la democratizzazione di un piatto per ricchi! C'è da sperimentare la coltivazione delle cellule di wagyu: fino a che punto Paola Bignone riuscirà a far proliferare adeguatamente cellule diverse per ricreare la struttura, la tenerezza, la marezzatura e l'*umami* del wagyu? La risposta la sapremo presto: «Contiamo di riuscire a fare un lancio su piccolissima scala entro la fine del 2019, poi aumenteremo le quantità con dei grandi bioreattori». E a che prezzo? «Difficile dirlo oggi: dipende dalla scala di produzione».

8 Manzo Wagyu: razza di manzo giapponese a manto nero, dalla carne rinomata per la tenerezza e il sapore burroso. Carne marezzata, vale a dire che il grasso è distribuito nella carne dei muscoli, e non intorno. Grasso riconosciuto povero di colesterolo poiché contiene acidi grassi essenziali e meno grassi saturi rispetto ad altre razze di manzo.

Ma in fondo, per lui, Josh, cos'è la carne? La domanda lo fa sorridere. «Alla carne sono legati aspetti psicologici, d'identità, emotivi, e c'è una definizione ristretta della carne che dice: "È carne se proviene da un animale". Abbiamo a che fare con la consistenza, il sapore, l'identità, la cultura, le storie... Anche il profumo del ragù di vostra nonna è carne. Quando ci si appresta a preparare un piatto con delle uova sbattute che somigliano a uova o si prendono delle cellule animali per fare la carne, è molto importante non limitarsi a quella definizione ristretta della carne. Dobbiamo prendere in considerazione l'emozione, la psicologia, le componenti culturali. Il vostro approccio alle uova o alla carne dipende in parte dalla vostra vita». Ma qual è il suo piatto preferito? Un'enorme insalata vegana – germogli di spinaci, cavolo nero, avocado, mirtilli e semi vari – che prende ogni giorno in un ristorante di San Francisco.

2
Lievita e mangia!

San Francisco Sud, comune suburbano a una ventina di chilometri dal centro di Frisco. L'autostrada che attraversa la Silicon Valley, l'aeroporto internazionale e, seicento metri a Sud, Los Angeles, impedisce l'accesso alle persone comuni a Oyster Point, il cui nome "posto delle ostriche" mi faceva un po' sognare. Autostrada, ferrovia e urbanizzazione industriale annullano la comprensione geografica del luogo: un'insenatura sulla riva Ovest della baia di San Francisco. Il luogo è un punto di concentrazione di aziende di biotecnologia. Edifici allarmati, alberghi di alto livello per ingegneri e ricercatori internazionali, un groviglio di infrastrutture di trasporto... Ci si dimentica della baia.

Arturo Elizondo, proprietario della Clara Foods, mi ha dato appuntamento presso la sede della società, nel moderno palazzo di SAP Success Factors. All'arrivo, devo posare davanti a un dispositivo che mi fotografa; poi un impiegato mi prega cortesemente di apporre una firma elettronica su un regolamento dell'azienda: è obbligatorio per poter accedere. Firmo immaginando che si tratti di restrizioni legate al segreto industriale e allo scarico di responsabilità per eventuali incidenti.

Giovane, moro, snello, con un pizzico di sole messicano nell'andatura, Arturo Elizondo mi tende la mano e pronuncia con garbo qualche parola in francese. Facciamo rapidamente un giro negli uffici e nei laboratori. I locali sono luminosi; si percepisce che ognuno è chiuso nel proprio mondo: al proprio posto. Ambiente essenziale e tecnologico, in contrasto con l'atmosfera da alveare, *work in progress* e di creatività un po' anticonformista di Just, ma sulle scrivanie e sui banchi di lavoro ci sono gli stessi apparecchi e strumenti.

Arturo Elizondo è arrivato a ripensare l'alimentazione a partire dall'ambiente e dal clima. Dopo aver studiato Scienze politiche ad Harvard, dove s'interessa alle alte prestazioni della filantropia, intraprende studi diplomatici a Ginevra, e qui scopre il problema della sicurezza alimentare mondiale: «Allora ho iniziato a stabilire un nesso tra l'alimentazione e il clima, e in particolare a comprendere che le proteine animali sono una vera e propria risorsa per l'industria alimentare. Non sapevo occorressero duemila litri d'acqua per produrre una dozzina di uova. Che l'alimentazione è la prima causa della deforestazione, dell'estinzione della fauna selvaggia, della perdita di biodiversità. Non sapevo che gli allevamenti emettessero più gas serra di tutti i trasporti, di tutte le automobili, tutti gli aerei, tutte le navi messi insieme». Questa presa di coscienza del nesso tra la crisi ambientale e il contenuto di un piatto gli fa realizzare la grandezza della sua missione: «Ho capito che si trattava di un problema enorme e che dovevamo trovare un modo per risolverlo». Partecipa alle elezioni in Texas, dove è nato, e diventa assistente parlamentare di un rappresentante democratico al Congresso. La politica lo porta a Washington, al Servizio di sicurezza sanitaria del ministero dell'Agricoltura (USDA); poi, dopo una permanenza di alcuni mesi in India per conto di un fondo d'investimenti svizzero, arriva alla Corte suprema a servizio di un giudice. Siamo nel 2014, e Arturo viene di nuovo colto dalle preoccupazioni per la sicurezza alimentare mondiale. L'anno precedente, Mark Post ha lasciato il segno con la sua prima bistecca *in vitro*. Arturo, che vuole agire concretamente, legge tutto ciò che viene pubblicato sulle varie tecnologie per trovare soluzioni alla produzione alternativa di cibo. «Spaventato» dagli aspetti negativi della produzione di carne, lui, texano messicano d'origine, cresciuto nel culto della carne mangiata tutti i giorni, o meglio a ogni pasto, diventa vegano. Una conversione non facile da comunicare alla famiglia, riunita come ogni domenica davanti al barbecue... «I miei genitori mangiano ancora carne, ma sono soprattutto i miei nonni a non comprendermi». La lettura di Peter Singer gli ha dato la forza d'animo di andare avanti: «Il suo assioma – "Avete così poco tempo da trascorrere in questo mondo;

come potete fare il maggior bene possibile fintanto che ci siete?" – mi ha cambiato la vita». Allora decide di trovare un modo per dare alla gente la scelta tra «continuare a preparare le ricette come le loro nonne e la possibilità di acquistare ingredienti che non hanno contribuito alla deforestazione dell'Amazzonia».

Mi confessa di essersi letteralmente «innamorato della fermentazione[1]: una tecnologia utilizzata da molto tempo per produrre alimenti che le persone conoscono e apprezzano, e che non ha distrutto il pianeta». Ciò che allora gli parve evidente è che il cibo che si trova in vendita oggi è sempre frutto di un compromesso: «I cibi meno costosi, quelli più pratici e quelli più gustosi sono i peggiori per voi, i peggiori per il pianeta e i peggiori per gli animali». Deciso a rompere con il compromesso, lascia il suo lavoro a Washington e prende un biglietto di sola andata per San Francisco, poiché sente che «la tecnologia potrebbe contribuire a risolvere questa dicotomia». Ora, negli Stati Uniti, l'Eldorado della tecnologia è San Francisco, con la Silicon Valley. Molti imprenditori dell'informatica sono vegani, e in quest'area regna una cultura delle innovazioni di rottura. Arturo ha una grande idea in testa: produrre false uova dai lieviti. Incontra la New Harvest[2]: un'organizzazione senza fini di lucro fondata per favorire la nascita di imprese nel campo della coltivazione cellulare o acellulare e dei sostituti della carne a base di piante. I lieviti, acellulari, rientrano nella sfera di New Harvest. È così che inizia, nel 2015, dopo un passaggio nel precursore IndieBio[3], l'avventura di Clara Foods, con a capo Arturo Elizondo, David Anchel alla guida del laboratorio e Isha Datar di New Harvest nel consiglio d'amministrazione. Il canadese David Anchel è diventato biologo cellulare per la vocazione del benessere degli animali. La biologa canadese Isha Datar dirige New Harvest dal 2013.

1 La fermentazione consiste nella trasformazione di un alimento grazie a microrganismi in assenza di ossigeno. Ci sono tre tipologie di microrganismi fermentanti: i batteri, i lieviti e le muffe. La fermentazione serve a rendere più digeribile, a conservare, a produrre prodotti d'interesse (yogurt, formaggio, birra, vino, lieviti...).

2 New Harvest: "Nuovo raccolto". Vedi pp. 123-125.

3 Indie Bio: secondo il loro sito è «il primo acceleratore d'impresa dedicato alle start-up che utilizzano la biologia per risolvere i più importanti problemi del mondo».

La coltivazione acellulare punta a sostituire i prodotti di origine animale (latte, uova, formaggio) con proteine simili fornite da microrganismi senza cellule (batteri, lieviti, muffe). Questi microrganismi proliferano per fermentazione. La differenza con la fermentazione classica, naturale – quella che trasforma il latte in formaggio, che fa lievitare l'impasto del pane, che dà il "blu" al roquefort –, sta nella modificazione genetica dei batteri, delle muffe o dei lieviti per fargli produrre la proteina desiderata. Se questi microrganismi producessero spontaneamente la carne o il latte... l'avremmo saputo da tempo.

Clara Foods utilizza lieviti geneticamente modificati per fare l'albume d'uovo destinato alla pasticceria, all'industria alimentare, alla cucina.

La fermentazione

La storia reca tracce di bevande fermentate a Babilonia più di 7000 anni fa, in Egitto 5000 anni fa, in Messico 4000 anni fa e in Sudan 3500 anni fa. Pratica, economica a livello energetico, ricca di nutrienti, la fermentazione è un metodo di conservazione usato da molte civiltà da migliaia di anni (pane, vino, latte, formaggio, frutta e verdure, salse). Clara Foods utilizza la tecnica della fermentazione creata quasi quarant'anni fa da Genentech. Questa società farmaceutica di biotecnologia è stata la prima al mondo, nel 1982, a riuscire a sintetizzare l'insulina umana[4] modificando geneticamente un batterio, da un lato, per fargli produrre l'insulina e, dall'altro, per farlo in abbondanza. Per i casi della vita, dal suo ufficio, Arturo riesce quasi a vedere la trentina di edifici del campus Genentech che si trova a qualche isolato di distanza, sulla DNA Way ("via del DNA"), giustamente.

4 L'insulina è un ormone indispensabile alla vita, la cui carenza provoca il diabete. Prima di questa invenzione, i diabetici ricorrevano a iniezioni di insulina estratta dal pancreas suino. Solo per gli Stati Uniti, la richiesta di insulina negli anni Settanta imponeva il prelievo del pancreas di 56 milioni di animali...

Visitando il laboratorio, Arturo fornisce alcune precisazioni sui risultati della sua squadra: «Per produrre proteine del latte o proteine dell'uovo, o altri tipi di proteine animali, modifichiamo il nostro lievito con la sequenza di DNA codificante a seconda della proteina che vogliamo ottenere. Allora il lievito diventa un elaboratore...». È con questa "ingegneria dei lieviti" che Clara Foods produce proteine su misura, in base alle richieste del mercato agroalimentare, che si tratti di albumina d'uovo da cucina, di antimicrobici ecologici o di proteine pure, che garantisce essere «molto funzionali e nutrienti, senza alcun problema di sicurezza alimentare e senza le ripercussioni ambientali dell'attuale produzione di uova». Poi è sufficiente coltivare questi lieviti geneticamente modificati in dei serbatoi, «come i birrai fanno la birra». Arturo sottolinea che, contrariamente alle proteine animali, che possono contenere impurità, quelle ottenute per sintesi sono «pulite ed efficaci», e garantisce che le lavorazioni di Clara Foods sono «senza pesticidi, senza antibiotici, senza conservanti, legali, affidabili e sostenibili». Il procedimento è semplice, e la modificazione genetica molto più facile grazie alle scoperte degli ultimi anni. «Quasi tutte le imprese di biotecnologia possono coltivare queste proteine; la sola cosa da fare è rendere la produzione efficace, pratica e a un prezzo accessibile perché tutti possano mangiarne». Arturo ama ricordare che i produttori di formaggio fanno ricorso a questa tecnica fin dagli anni Novanta: «Per far cagliare il latte, occorre aggiungere un enzima. Questa proteina che permette la trasformazione del latte in formaggio si trova soltanto nel quarto stomaco dei giovani vitelli. Per produrla su scala mondiale, per fare il formaggio era necessario abbattere un vitello. Oggi, più dell'80% del formaggio nel mondo, compresa l'Europa, è prodotto per fermentazione con enzimi di sintesi. Ora, la maggior parte dei formaggi è vegetariana».

Trovo estrema la sintesi di Arturo secondo cui «per fare il formaggio era necessario abbattere un vitello». Significa omettere che si uccideva il vitello anche per la carne e per il suo "quinto quarto" (pelle, frattaglie rosse e bianche, tessuti commestibili, sangue, ossa, grasso, corna, zoccoli). In Francia, questi enzimi ottenuti per modificazione genetica si chiamano «enzimi coagulanti di origine microbica», e questo maschera la modificazione genetica del microrganismo che le produce.

Dalla sua fondazione, Clara Foods ha incassato 16,8 milioni di dollari, e oggi ha trentacinque dipendenti. L'azienda è lontana dalla produzione su scala industriale? «Col tempo, Clara Foods somiglierà a una grande birreria. Qui abbiamo dei fermentatori per la ricerca, e produciamo già in Italia, nella zona di Napoli. Il bello di questa tecnologia è che possiamo ottenere proteine di altissima qualità ovunque nel mondo e non siamo condizionati dalla filiera del rifornimento di piante. Non abbiamo bisogno di coltivare milioni di acri di una piantagione specifica. È sufficiente avere dei fermentatori e dello zucchero per produrre proteine, e questo ne fa una soluzione molto interessante. In effetti, per andare su Marte o altrove nello spazio, dove è impossibile allevare galline, potremo usare la fermentazione per fornire alle persone proteine di alta qualità». Che sapore hanno queste proteine d'uovo? «Il sapore è incredibilmente simile, poiché si tratta delle stesse proteine. Non facciamo che usare il lievito anziché "la fabbrica di proteine" che chiamiamo "pollo". Il prodotto finale è più o meno lo stesso. Il sapore dipende dalle proteine. Ci concentriamo su alcuni tipi di proteine dell'uovo: in questo momento sull'albume d'uovo». Il tuorlo è più difficile da sintetizzare? «Il tuorlo è più grasso e contiene meno proteine. Quindi, anziché produrlo, utilizziamo dei grassi vegetali. Non vogliamo sintetizzare il colesterolo e altre componenti del tuorlo d'uovo, e quindi lavoriamo con i grassi vegetali amalgamandoli alle nostre proteine d'uovo per ottenere il sapore completo e la piena consistenza di un uovo. Siamo in grado di elaborare prodotti davvero sorprendenti con il meglio dei due regni». Oggi sono alla portata di tutti, concorrenziali rispetto ai prodotti convenzionali con cui vogliono confrontarsi? «No, non ancora, ma quasi. Dopo cinque anni di ricerca e sviluppo, nel 2020 lanceremo il nostro primo prodotto». Arturo pensa già alle tappe successive: forse trovare un modo per riciclare gli scarti alimentari e recuperarne le proteine facendo sgobbare dei microrganismi.

Rivoluzione economica e culturale

Si rende conto di essere protagonista di una rifondazione profonda dell'economia alimentare, di una rivoluzione culturale che potremmo definire dell'agricoltura post-animale? «Negli Stati Uniti, la palla è in mano ai politici. Pressati dalla lobby degli agricoltori, Stati come il Missouri – ma lo stesso vale in Francia – adottano delle leggi per ostacolare l'innovazione della produzione acellulare. Questo nega alla gente l'accesso a una vasta gamma di prodotti comuni e a buon mercato. Alcuni politici hanno una visione del futuro e aderiscono alla nostra iniziativa: sono tra quelli che preferiscono vivere il cambiamento anziché contrastarlo. In fin dei conti, ho davvero l'impressione che sia inevitabile. Abbiamo bisogno di questa rivoluzione: il mondo ne ha bisogno». Arturo non crede che una rottura del genere, per quanto profonda, possa portare a disordini sociali, a movimenti di protesta: «Prendiamo il latte vegetale. Rappresenta già gran parte dei prodotti lattieri della nostra società. Negli Stati Uniti esistono il latte di soia, il latte di mandorla, il latte di noci pecan, il latte di cocco, il latte di riso e il latte vaccino. Ora, le persone hanno una vastissima scelta, e il settore caseario ha comunque perso un miliardo di dollari l'anno scorso a causa del moltiplicarsi delle alternative di origine vegetale. Ora il 10% del latte è a base di piante. Si tratta di una produzione di massa che vale un miliardo di dollari».

Ma è giusto definire "latte" questi prodotti alternativi al latte animale? «Alcuni politici se lo domandano, ma, infine, indipendentemente dal nome, le persone continueranno ad acquistare questi prodotti: è questo che è entusiasmante. Alla fine, chi protesterà? Negli Stati Uniti e in Europa, la maggior parte di ciò che mangiamo proviene dalle peggiori tecniche produttive. Negli Stati Uniti, il settore delle proteine animali è dominato dalle grandi fabbriche industriali. Queste aziende non sono rifornite da agricoltori come le nostre nonne e i nostri nonni».

Arturo è convinto che la maggioranza dei consumatori negli Stati Uniti non ami le fattorie industriali e gli animali imbottiti di antibiotici, e che accoglieranno con favore l'arrivo delle proteine di laboratorio. Pensa che questi nuovi alimenti si diffonderanno altrettanto facilmente in Europa, dove esiste una forte cultura gastronomica? Dove, quando mangiamo una pietanza, ne assaporiamo anche parte del paesaggio, della storia, della cultura, dell'immaginario collettivo e di ciò che fa risuonare dentro di noi?

«Sarei d'accordo se questa storia non includesse nella maggior parte dei casi le fattorie industriali. Se raccontiamo la favola del maiale su un bel prato si tratta di una bugia. Una bugia a cui vogliamo credere, ma pur sempre una bugia. Oggi in Europa – anche in Francia – le proteine che mangiate non provengono da lì. Mentiamo a noi stessi».

Per uscire da questa bugia, Arturo crede nell'amore delle persone per la verità e nella varietà di scelta che l'industria può offrire loro: «Oggi, mangiare sostenibile costa il doppio o il triplo. Quindi per la gente è difficile. Ma quando potranno scegliere tra un hamburger classico e un Impossible Burger[5] altrettanto gustoso e circa allo stesso prezzo, faranno la scelta giusta, poiché non vogliono distruggere il pianeta. Le persone vogliono fare la loro parte. Quando gli avremo dato abbastanza alternative ci sarà un punto di svolta». In fondo, Arturo, come tutti gli imprenditori che incontrerò durante questa ricerca, conta sui giovani, poiché «sono meno attaccati ai processi agricoli tradizionali». Ai suoi occhi, è «un'opportunità» per proporgli delle alternative alimentari conformi ai loro valori ambientali. È per questo che si compiace del livello di coscienza ecologista degli europei, «più alto rispetto a quello degli americani», e dedica parte del suo tempo a ricevere studenti e giovani dirigenti dal mondo intero.

La reazione degli agricoltori biologici gli importa poco: «Non sono andato in quelle comunità... Non ci sono molti coltivatori biologici nella Silicon Valley...». Per lui, l'agricoltura bio contribuisce all'ampliamento delle alternative alimentari che lui stesso promuove per i consumatori, ma «è difficile immaginare che l'agricoltura biologica possa eliminare completamente l'allevamento industriale, poiché le occorrono decenni per svilupparsi e le tecniche come l'agricoltura biologica hanno il problema di richiedere molta terra. Se utilizzate mille metri quadrati per produrre uova, che siano biologiche o no, occorrono comunque molte risorse, e questo farà la differenza nella scelta». E tanti saluti agli agrobiologi.

Allora, come vede il futuro tra venti o trent'anni, Arturo?

5 Impossible Burger è un hamburger a base di proteine vegetali, apparentemente identico a un vero hamburger, perfino nel colore, nella consistenza e nel sangue della carne, imitati con l'uso di proteine, di cui due geneticamente modificate. Prodotto da Impossible Foods, è già in vendita negli Stati Uniti, a Hong Kong, a Macao e a Singapore.

«Tra vent'anni la maggioranza dei consumatori acquisterà online e i generi alimentari saranno personalizzati. Questa tendenza è destinata ad aumentare. La gente vorrà sempre mangiare cibi deliziosi e assaggiarne di nuovi. Le ultime alternative a base di piante, di fermentazione, di coltivazione cellulare domineranno l'offerta dei negozi di generi alimentari; allora i prodotti di origine animale rappresenteranno una piccola parte dell'offerta e saranno molto più costosi per via del loro impatto negativo sull'ambiente. Contrariamente a quanto accade oggi, con i prodotti della coltivazione cellulare e acellulare relegati a un angolo del negozio poiché sono molto costosi e non hanno ancora un sapore ottimale». Questa previsione del futuro sembra indicare ad Arturo Elizondo la tabella di marcia per realizzare "il cibo 2.0"[6]: «Faremo sempre meglio, poiché le nostre aziende utilizzano tecnologie molto avanzate. Ci interroghiamo sui vari sapori, sulla consistenza e la praticità che possiamo ottenere. Non soltanto per offrire un assortimento, ma se ad esempio si vuole una torta più alta e morbida, abbiamo la tecnologia adatta per raggiungere quel risultato, ma con meno zucchero. Le persone saranno in condizioni di scegliere ciò che desiderano». E per quanto riguarda lui, il suo piatto preferito deve ancora essere inventato? No: ciò che Arturo adora più di tutto sono gli «spaghetti con poblano: un piatto messicano piccante». Una ricetta con peperoncini verdi, panna e formaggio. Un sapore legato all'infanzia; un sapore del mondo che ha lasciato.

6 L'espressione "2.0" ("due punto zero") indica la seconda fase del web, a partire dal 2004, che permette maggiore interattività, intelligenza collettiva, sviluppo condiviso delle applicazioni… e un mercato pubblicitario più ampio, poiché il web è considerato come una piattaforma su cui le informazioni diventano ambita ricchezza. Rappresenta anche il passaggio dai computer da ufficio a quelli portatili. Applicata all'alimentazione, l'espressione non ha ancora una definizione precisa: si riferisce tanto ai siti di condivisione degli studi scientifici sull'agricoltura e l'alimentazione quanto a quelli di guida all'abbinamento pietanze-vini online o di riferimenti alla coltivazione cellulare e acellulare.

3
Cani e gatti vegani

Dal centro di San Francisco prendo il BART, una delle due metropolitane della città, per scendere ad Ashby, Berkeley. All'uscita della stazione, un parcheggio già molto assolato in questa tarda mattinata. Non ci sono taxi; neanche l'ombra di un autobus per proseguire fino a Wild Earth: l'azienda con cui ho appuntamento. Nessuna mappa della zona. Da che parte si trova il mare? Sui marciapiedi non c'è nessuno. Martin Luther King Avenue, quattro corsie da attraversare per raggiungere la civiltà: un quartiere di belle case con giardino allineate lungo le strade alberate. Cerco con lo sguardo un negozio dove poter reperire un numero di telefono per chiamare un taxi. All'incrocio con Adeline Street vedo la facciata in mattoni bianchi di un piccolo edificio a un piano. Al piano terra, la vetrina in cui si apre la porta del Rasa Caffe: piccolo locale gestito da una coppia di giovani. Due tavolini di metallo dipinto sul marciapiede; la ragazza mi porge una sedia. Caffè espresso – raro da queste parti – e il numero di telefono di un tassista. Trenta dollari dopo, mi trovo davanti alla sede della Wild Earth: una struttura industriale in mattoni refrattari che sembra un vecchio magazzino ristrutturato secondo canoni più moderni. Sono in anticipo di un'ora e mezza: ho tempo per andare a vedere il mare – il mio lato bretone – e per pranzare – il mio lato schiavo della normale condizione di mammifero. Se possibile, le due cose insieme: il mio lato edonista. Per il mare, devo desistere. Lo percepisco a ottocento metri di distanza, ma le strade che percorro si interrompono in corrispondenza di rotaie senza possibilità di attraversamento. Servono le molte fabbriche della zona. In uno dei miei tentativi di andare a vedere la baia scopro una sacca di povertà. Oltrepassata una fabbrica della Bayer, la strada è fiancheggiata solo da camper in pessimo stato intorno ai quali vedo alcuni uomini indaffarati tra cianfrusaglie ferrose, materiale di recupero e cucine all'aperto che non mi azzarderei a definire "di fortuna". Gli esclusi, un po' rigattieri, di una depressione economica senza nome.

Incontro con un bio-hacker

Leggermente decentrato, l'ingresso di Wild Earth consiste in una semplice porta a vetri aperta sul parcheggio. Un'addetta all'accoglienza, due cani accovacciati ai suoi piedi, abbastanza anziani da non aver voglia di alzarsi al mio ingresso, e degli scaffali con la linea di croccantini per questi animali da compagnia a quattro zampe. Wild Earth è una giovane società di cibo vegano per cani. Il suo proprietario, Ryan Betencourt, 40 anni, scende dal piano superiore, sorriso, mano tesa, alto, moro: un bel ragazzo con l'aria da latin lover. Ryan è un biotecnologo[1], e ha lavorato nell'industria farmaceutica – in particolare per la produzione di medicine anticancro, contro il Parkinson e l'Alzheimer – per Pfizer, AZ, Johnson&Johnson, Sanofi, Takeda, Amgen, Genentech. Ha anche diretto il dipartimento Scienze della vita della Fondazione X Prize[2]. Poi, «durante la grande recessione» – definisce così la crisi finanziaria del 2008 –, si è lanciato nello sviluppo commerciale, e anche nella creazione, di aziende di biotecnologia in California, come Berkeley Biolabs – un «"hackubatore": al tempo stesso luogo di pirateria e bio-incubatore» – e Halpin Neurosciences: un laboratorio che lavora sulla sclerosi laterale amiotrofica. Lo tro-

1 Biotecnologia: «Ogni tecnica che utilizza esseri viventi (microrganismi, animali, vegetali), in genere dopo averne modificato le caratteristiche genetiche, per la produzione di composti biologici o chimici (medicine, materie prime industriali) o per il miglioramento della produzione agricola (piante e animali transgenici o OGM [organismi modificati geneticamente])». Dizionario Larousse.

2 Fondata a Culver City (California) dal fisico transumanista Peter Diamantis, la Fondazione X Prize organizza concorsi riservati a équipe scientifiche i cui progetti tecnologici potrebbero portare a «svolte radicali a vantaggio dell'umanità». Fanno parte del consiglio d'amministrazione Elon Musk, James Cameron, Larry Page, Arianna Huffington, Ratan Tata.

viamo anche in due gruppi di "scienza collaborativa" e di *hacking*: Sudo Room e Counter Culture Labs, a Oakland (di fronte a San Francisco, dall'altro lato della baia).

Mentre molte imprese dichiaravano fallimento, sia qui che in Europa, lui e una manciata di amici hanno letteralmente trasformato le loro cucine o garage in laboratori di biotecnologia. «Sono diventato un *bio-hacker*». Il principio si ispira ai pirati informatici: ricerca in piena libertà, senza vincoli istituzionali o normativi; lavoro di squadra in cui ciascuno – professionista o amatoriale – porta il proprio sapere e condivide la propria conoscenza grazie a internet, poiché sull'esempio dei software gratuiti degli *hacker*, i *bio-hacker* lottano per la massima diffusione popolare delle biotecnologie. «Utilizziamo gli strumenti della scienza per studiare la biologia con poche spese» confida Ryan, e prosegue: «Un mio amico progettava globuli bianchi capaci di eliminare le cellule cancerose... nel suo garage. Era il 2009-2010. Ho capito subito che era l'inizio di una rivoluzione nell'industria della biotecnologia. Abbiamo fatto esperimenti scientifici a basso costo con CRISPR-Cas9[3] e un'attrezzatura economica. Ho aiutato un caro amico ad acquistare un laboratorio del valore di duecentomila dollari per tremila dollari da un'azienda fallita. Lui ha trovato un robot e l'ha utilizzato per sviluppare medicine e altri prodotti». Poi Ryan Bethencourt ha pensato che fosse giunto il tempo di usare l'arsenale di biotecnologie disponibili per occuparsi di cibo.

La dieta mondiale come missione

Cosa ha modificato la sua visione della produzione alimentare? «Sono molto interessato all'ambiente, alla sostenibilità, agli animali. Ho pensato che potremmo utilizzare la scienza per trasformare il nostro cibo in modo che sia più sostenibile. Mi è sembrata un'idea molto potente. Se vogliamo un mondo più sostenibile, dobbiamo usare tutti

3 CRISPR è un sistema di riconoscimento del DNA, naturalmente prodotto da un batterio. Cas9 è un enzima in grado di tagliare la doppia elica del DNA. L'unione di CRISPR e Cas9 forma una specie di «forbice per DNA» che permette di mirare con precisione a una porzione di DNA, di tagliarla e/o di modificarla.

gli strumenti della scienza». Per lui, l'agricoltura delle fattorie industriali è «una delle cose peggiori che possiamo fare contro il nostro pianeta. Al di là delle questioni etiche e della crudeltà sugli animali, l'Amazzonia brucia a causa della deforestazione operata per ricavare colture all'80% destinate al nutrimento dei bovini per produrre hamburger. È una follia!». Ryan punta il dito contro le idee che considera preconcette e contraddittorie: «Molte persone sono contro gli OGM, molte combattono l'agricoltura convenzionale, ma sono favorevoli all'incendio dell'Amazzonia per mangiare hamburger». Quindi crede che sia un suo dovere trovare una soluzione, e da biologo pensa che la soluzione può provenire soltanto dalla scienza applicata per «dare alla gente esattamente il sapore e la sensazione che cerca, ma con procedimenti più sostenibili». Dando libero sfogo ai suoi pensieri, si domanda: «E se la soluzione fosse di origine vegetale? O se fosse ricombinante[4], come l'Impossible Burger, che contiene OGM? O se fosse totalmente fondata sulla coltivazione cellulare, come quella di Memphis Meats e Mosa Meats? La mia era la visione di un mondo più sostenibile grazie alla scienza». Nella sua cerchia, manca poco che lo si consideri un pazzo, e gli si ribatte: «Nessuno mangerà un alimento a base di OGM. Nessuno mangerà carne coltivata in laboratorio». Lui si aggrappa alla sua visione, e al percorso chiaro e preciso che richiede: «Soltanto la scienza può salvarci dall'impatto negativo del mondo attuale che abbiamo creato». Ryan è un monaco della scienza: in essa ha una fede incrollabile: «La scienza ha salvato molte volte l'umanità. Dimentichiamo spesso che l'agricoltura e l'agronomia hanno soltanto diecimila anni. I nostri antenati hanno creato queste tecnologie. Oltre le colture selvatiche e agli animali selvaggi, hanno dato vita alle colture che coltiviamo e mangiamo. Per farlo, hanno applicato vari tipi di scienza per addomesticare gli animali. Diecimila anni passano in fretta: talmente in fretta che ora, anziché farlo con l'animale intero, lo facciamo con delle cellule». Allora Ryan, *bio-hacker* vegano, non ha resistito alla curiosità: «Ho mangiato la carne coltivata: è stato divertente».

4 Qui Ryan Bethencourt allude alle proteine ricombinanti.

Entrambi i piedi sull'acceleratore

La sua intuizione di produrre carne a base di piante, proteine ricombinanti o cellule staminali si realizza con IndieBio – il primo acceleratore di biologia sintetica al mondo –, fondata nel 2014, di cui l'iperattivo Ryan, che allora dirige i corsi di formazione, è cofondatore e finanziatore. Ovviamente, IndieBio sta per "biologia indipendente". Il principio dell'acceleratore è quello di fornire a chi ha un progetto biotecnologico un finanziamento di partenza, un luogo di lavoro e un tutoraggio scientifico e commerciale per quattro mesi. IndieBio è uno dei sei acceleratori finanziati dal fondo di capitali di rischio SOS Ventures (valutato duecentocinquanta milioni di dollari), fondato dall'affarista americano Sean O'Sullivan. La sua sede si trova a Princeton (New Jersey, Stati Uniti) con filiali e laboratori a Cork (Irlanda) e a San Francisco, oltre a uffici a New York, Londra, Shenzhen e Shanghai. Oggi il 30% delle ottanta società finanziate[5] e "accelerate" da IndieBio riguardano progetti di rottura tecnologica nel settore della produzione alimentare, con pionieri come Memphis Meats (carne di maiale e di pecora di laboratorio), Clara Foods (albume da lieviti), Muufri (latte da lieviti), Geltor (collagene di origine non animale), New Wave Fooda (gamberetti di sintesi).

L'uomo dei cani vegani

Ryan adora gli animali. I suoi genitori sono stati costretti a fuggire da Cuba perché si opponevano al regime castrista; è cresciuto in parte a Miami (Florida) e in parte nel Regno Unito, sempre con degli animali. Nell'eccitazione collettiva per i nuovi alimenti che regna in quest'angolo di California dopo il colpo di scena mondiale di Mark Post, Ryan pensa di poter essere "quello del cibo per cani": l'uomo della rottura in questo settore. Per lui è coerente: «Ero diventato vegano; dovevo fare qualcosa per gli animali, per i cani e i gatti. Potevo

5 Ciascuna start-up ammessa al progetto accede a un finanziamento iniziale di duecentomila dollari in contanti più cinquantamila dollari in natura (il progetto stesso) in cambio dell'8% del capitale.

creare del cibo per cani e gatti senza crudeltà verso gli animali, sostenibile e ad alto tasso di proteine?». È così che nasce Wild Earth; prima società al mondo a produrre croccantini vegani per animali domestici. Ryan sa dar vita a un'azienda e trovare soldi: l'ha insegnato per IndieBio. Ora tocca a lui mostrare il suo talento di *startupper*. Ma l'affare non sembra altrettanto evidente ai suoi finanziatori, poco attratti dal mercato degli alimenti per animali domestici. Nondimeno, Ryan è riuscito a ottenere finanziamenti per 12,2 milioni di dollari, soprattutto da Purple Orange Ventures e da Radical Investments LP, fondati rispettivamente da Gary Lin, con sede a Berlino, e da Mark Cuban, con base a Dallas.

Cosa mangia quindi un cane vegano? Proteine estratte dal lievito e koji: una muffa protagonista della cucina orientale.

Gli *Aspergillus* sono dei funghi filamentosi, delle muffe, presenti ovunque nel mondo. Si formano sulla materia organica in decomposizione (alberi, verdure, frutti, terra, compost, alimenti…). L'*aspergillus oryzae* è il fermento utilizzato nella produzione del koji (lo *starter* all'origine del sakè e del miso). Per brevità, nell'industria alimentare bio, *Aspergillus oryzae* è anche chiamato "koji". L'*aspergillus sojae* è il fermento di koji della salsa di soia, del mirin (alcol di riso dolce) e degli tsukemono (cetriolini sottaceto giapponesi). L'*aspergillus kawachi* si usa per la produzione dello shōchō (acquavite giapponese), e il suo parente *Aspergillus awamori* per quella dello shōchō di Okinawa.

Funghi per i cani: animali carnivori? «Sì, delle piante – ceci, avena, patate dolci, cetrioli, spinaci –, la nostra proteina di lieviti[6] ricca di vitamine A e B, e un altro fungo: il koji. Usiamo i funghi come alternativa alla carne, poiché i nostri prodotti sono ricchi di proteine quanto la carne, a volte più di alcune carni. Il nostro cibo per cani contiene anche proteine del pino[7]. Non di sintesi: si tratta di proteine naturali. Per noi è

6 I lieviti sono funghi.

7 I pinoli sono ricchi di acidi grassi essenziali, fosforo e ferro.

importante poter affermare che tutte le proteine di cui il vostro cane ha bisogno sono naturali, senza effetti collaterali. Sostenibili, pure, pulite».

Quindi state facendo diventare vegetariani i cani! «Sì» risponde con un grande sorriso e gli occhi allegri: «e i cani lo adorano! Questo turba molto alcune persone». Ryan ha una sua teoria, secondo la quale con i croccantini Wild Earth i cani sono felici di mangiare bene: «In genere, diamo ai cani della carne cattiva, e loro lo sentono. Gli umani prendono per sé la carne di buona qualità e lasciano il resto ai cani. Negli Stati Uniti, le chiamiamo "le quattro D": *Dead*, *Down*, *Diying*, *Diseased* ("morto, triste, moribondo, malato"). Un animale che muore per ragioni sconosciute non può essere inserito nella catena alimentare umana; *idem* se è malato o moribondo. Tuttavia, può entrare nella produzione di cibo per cani. Allo stesso modo, un animale disabile, ad esempio che non riesce a camminare, può essere introdotto nella catena alimentare degli animali domestici». Ryan stima che i cibi per animali domestici presentino due grandi problemi. Da un lato, in generale, a livello internazionale, la bassa qualità della carne utilizzata per gli alimenti degli animali da compagnia. Del resto, negli Stati Uniti, «ci sono talmente tanti cani e gatti che un terzo del nostro consumo di carne serve a nutrire i nostri animali da compagnia. Nel cibo per cani e gatti non ci sono soltanto gli animali destinati all'abbattimento; ci sono animali allevati nelle fattorie industriali che vengono uccisi esclusivamente per nutrire i nostri animali domestici». Scoprirlo l'ha stupito, e gli ha dato motivazione per fondare Wild Earth: «Negli Stati Uniti, ci sono animali da compagnia nel 70% delle case. Mangiano carne ad ogni pasto. Due pasti al giorno, e talvolta tre. Ottimo affare. Il 30% della carne che consumiamo, e gli animali da compagnia non ne hanno bisogno. Hanno soltanto bisogno di proteine pulite. Quindi di mangiare croccantini».

Alla conquista del mondo canino

Sul 30% della produzione nazionale di carne consumata dagli animali domestici, Ryan si è dato la «missione di convincere» il 5% degli acquirenti di cibo per animali ad accogliere la sua iniziativa. Questo dovrebbe «avere un impatto enorme sul clima. Talmente enorme che, anche aumentandolo soltanto un po', avrà ripercussioni immense sul resto del mondo». Ha iniziato negli Stati Uniti – «il Paese in cui gli animali da compagnia mangiano più carne» –, ma ha già lo sguardo rivolto all'Europa – «La nostra missione è globale; non si tratta di un prodotto americano» – e all'Oriente: «Presto la Cina ci sorpasserà. Amano i cani. Più si arricchiscono, meno ne mangiano, e li tengono come animali domestici. Quindi ora il loro mercato di animali da compagnia è in piena espansione, ed è probabile che nei prossimi dieci anni supereranno il numero di animali da compagnia presenti negli Stati Uniti».

Inizia a parlare di progetti di conquista della Cina – che, vista dalla California, in fondo non è che l'estensione della conquista del West – e subito lo riporto alla realtà del momento: la sua gamma di prodotti. Si riduce a due tipi di cibo per cani: uno per i cani di grossa taglia e l'altro per quelli di taglia piccola, in grandi sacchi per i primi e in sacchi piccoli per i secondi, a dimostrare il senso pratico degli americani. Disponibili in tutti i cinquanta Stati confederati. L'offerta è completata da tre tipi di dolci – Ryan usa questo termine –, e non resisto a condividerne con voi la descrizione.

Dolce banana e cannella: «Le banane sono un'eccellente fonte di potassio e di magnesio, e le vitamine B6 e C e la cannella possono rafforzare le gengive favorendo un buon equilibrio della flora batterica orale».

Dolce fragola e barbabietola: «Le barbabietole sono ricche di fitonutrienti che contribuiscono alla salute del cuore e del fegato, mentre nelle fragole abbondano gli antiossidanti».

Dolce burro di arachidi: «Il burro di arachidi è un'ottima fonte di proteine, vitamine e grassi sani. Contiene anche fibre, potassio, magnesio e le vitamine E e B6».

La "disrupzione" non riguarda soltanto la dieta vegetariana servita ai cani, ma si estende alla strategia di vendita, degna di un nutrizionista. Niente a che vedere con le pubblicità antropomorfe francesi.

E i gatti?

E i gatti, Ryan? I gatti, che in fondo sono dei felini, li mettete anch'essi a dieta vegetariana? «Non è facile: con i gatti è molto difficile. Con i cani è facile: sono onnivori come noi. Possono mangiare la maggior parte dei cibi. I gatti sono dei "carnivori obbligati": hanno bisogno di carne. Useremo carne coltivata o ricorreremo alla biosintesi. La biotecnologia consente di creare prodotti per gatti. Stiamo preparando dei paté per gatti. Per ora, dedichiamo molto tempo alla sperimentazione. Vogliamo essere certi che anche i gatti più difficili siano in buona salute. Alla fine, il 95% dei cani potrebbe mangiare il nostro cibo, e lo sappiamo perché l'abbiamo sperimentato; con i gatti arriveremo forse al 20%».

Tutti i gatti portano alla carne…

Avendo partecipato alla fondazione di molte imprese di carne coltivata e fatto tentativi positivi con la carne coltivata per i gatti, non sarebbe tentato di produrli per gli esseri umani? «Certo. Ci abbiamo pensato. Stiamo studiando questa possibilità, e se ci riusciremo non sarà con il marchio Wild Earth: creeremo un altro marchio destinato agli umani». E aggiunge beffardo: «Ciò che molti ignorano è che Nestlé e Mars vendono sia cibo per animali da compagnia che cibo per gli umani»[8]. Poi mi confida la sua massima preferita, chiedendomi se oserò riferirla: «*My mission is to unfuck the world*» ("La mia missione è rimettere in sesto il mondo"), e scoppia in una risata, proseguendo: «Rimetteremo in sesto la scienza! Scienza e sostenibilità: è la mia missione. Gli animali da compagnia sono la nostra prima missione, ed è chiaro che seguiranno altri prodotti». Lo invito a proseguire, sottolineando che esistono molti laboratori in grado di produrre carne da cellule staminali coltivate in bioreattori; quindi, ai suoi occhi di biologo, cosa impedisce oggi il salto di scala produttiva della carne coltivata? «La grande sfida è ridimensionarla. Un conto è produrre birra in casa; un altro è produrre una Budweiser o fare il vino. Il vino si può far fermentare in grandi cantine. La sfida è la stessa: abbiamo

8 Nestlè vende, tra l'altro, per gli umani: Buitoni, Cailler, Chef, Gerber, Haagen-Dazs, Herta, Kit Kat, La Laitière, Lion, Maggi, Nescafé, Nespresso, Nesquik, Perrier, Quality Street, San Pellegrino… e per gli animali: Purina, Friskies, Gourmet, Cat Chow, Alpo… Mars vende, tra l'altro, per gli umani: Balisto, Bounty, Dolmio, Mars, Royco, Susy Wan, Uncle Ben's, Wrigley… e per gli animali: Cesar, Dreamies, Iams, Nutro, Poyal Canin, Sheba, Whiskas, Pedigree…

bisogno di far fermentare le cellule animali, e questa immensa palazzina a tre piani in cui ci troviamo serve esclusivamente a far crescere e fermentare i prodotti».

«La differenza con il vino è che non necessita di un "terreno", di un ambiente di coltura: il vino si forma da sé...».

«Sì, questa è una differenza notevole. Il "terreno" determina il prezzo della carne coltivata. Costava migliaia di dollari al litro; sappiamo che oggi società come Merck, a Darmstadt (Germania), lavorano per abbassarne il costo a dieci dollari al litro. Il prezzo calerà quando ci sarà più concorrenza per fornire il terreno di coltura. In teoria, non c'è alcun motivo per cui il costo del terreno di coltura non sia lo stesso dell'acqua zuccherata, poiché, nonostante sia più costoso, i costi di base sono pressoché equivalenti. Arriveremo a qualche dollaro o euro al litro, forse meno di un euro al litro? Allora il prezzo calerà di mille volte. Questo rende tutto possibile».

Mafia vegana

Sul sito web di CNBC (Consumer News and Business Channel), il 12 agosto 2017, compare un articolo di Christina Farr intitolato: «Incontro con la mafia vegana: un gruppo di investitori segreti che scommettono sul futuro dell'alimentazione» (Farr, 2017). Uno degli appartenenti a questa mafia intervistati era... Ryan Bethencourt. Gli ricordo che allora aveva dichiarato alla giornalista: «Siamo una comunità; fondiamo e finanziamo società vegane». Risponde ridendo: «All'inizio sembrava uno scherzo... La mafia vegana è formata da un gruppo di persone che tentano di trasformare il mondo per renderlo migliore. Si tratta di imprenditori e finanziatori che creano imprese le cui attività migliorano il mondo». Quante persone fanno parte della mafia vegana? «Decine, e se ne aggiungono sempre di più; probabilmente oggi sono centinaia. Più aumentano gli imprenditori e gli investitori che entrano nel settore vegano, più la mafia cresce. Si tratta di persone pronte a investire tempo e denaro in tutto questo. Non ci accontentiamo di dire: "Ehi, dovremmo fare qualcosa di sostenibile". La facciamo davvero. Wild Earth è nata per questo».

Ripenso a ciò che mi ha confidato Arturo Elizondo, di Clara Foods, qualche giorno fa: «Da imprenditori, facciamo uno sforzo consapevole per aiutare altri imprenditori a intraprendere la nostra stessa strada. Credo fermamente che la marea crescente sollevi tutte le barche. Che ciò che è buono per Wild Earth, buono per Just, per Impossible Foods, Beyond Meat o Perfect Day sia buono per noi. Se hanno successo loro, abbiamo successo anche noi, e viceversa. Poiché il nostro è ancora un mercato molto piccolo… Tutti insieme rappresentiamo l'1% del mercato… Non siamo in concorrenza. Inoltre, lottiamo tutti contro le stesse cose. Partendo da orizzonti diversi, siamo in molti a essere approdati alla stessa questione. Pat Brown, di Impossible Foods, è professore di Biochimica a Stanford, e si è detto: "Cosa posso fare del tempo che ho da vivere per avere un impatto?". Io vengo dall'amministrazione pubblica e tento di fare la stessa cosa. Ethan Brown, di Beyond Meat, ha due figli e si è chiesto: "Come posso nutrirli meglio?". Josh Tetrick, di Just, era un avvocato… Quindi ci sono persone che provengono da ambienti scientifici, governativi, del diritto, ecc., che si sono avvicinate alla nostra industria non perché volessero diventare miliardarie, ma per fare il maggior bene possibile al mondo. Questa è una spinta condivisa da molte persone, che si tratti di società senza fini di lucro o di investitori. Oggi tutti gli investitori hanno una nozione di finanziamento d'impatto. Osservando l'enorme giro d'affari dell'alimentazione, crediamo che possa essere modificato. Molti investitori oggi cercano non solo di guadagnare soldi con i loro investimenti, ma anche di migliorare il mondo. Come utilizzare il denaro per fare del bene? È questo lo scopo collettivo che ci accomuna». Quindi, la mafia vegana è altruista. Punta a un utilizzo proficuo… di una parte del denaro. Finalizzato a una giusta causa: finanziare il suo progetto vegano.

Il migliore dei mondi secondo Ryan

Riflettendo sulle decine di start-up che Ryan ha seguìto con IndieBio, e sul fatto che la sua "mafia vegana" produce artificialmente la carne per coloro che non ne fanno parte, ossia noi onnivori, gli domando se si rende conto della misura in cui lui e i suoi amici stanno rimodellando l'agricoltura e l'alimentazione. Dritto sui suoi stivali e sempre sorridendo – quest'uomo sembra divertirsi come un giullare che ride di tutto – constata che: «Trasformiamo il modo in cui l'umanità si nutre. In generale, mi piace pensare a ogni cosa a lungo termine. Se ne abbiamo la possibilità, le sfide della nostra vita si misurano su cento anni. Ma sul lungo termine, se consideriamo l'agricoltura moderna sviluppata dai nostri antenati parliamo di diecimila anni, o duecentomila anni se partiamo dall'apparizione della nostra specie. E prima esistevano varie tipologie di umani, i primati, da qualche milione di anni. Quindi, in un periodo molto breve abbiamo causato molti danni. Il mio messaggio è un messaggio di speranza: che con la scienza possiamo davvero cambiare tutto questo... Perciò ho chiamato la mia società Wild Earth. Sono un biologo, e mi interessa la ricchezza della vita. Penso che possiamo davvero tornare alla vita selvatica. Voglio restituire la Terra al selvaggio. Non sarebbe stupefacente se la foresta amazzonica riguadagnasse terreno?».

«Se seguo il vostro ragionamento, Ryan, tra vent'anni o cinquant'anni non esisteranno più animali addomesticati...».

«Esattamente! Mai più animali addomesticati: giusto! Proprio così: niente fattorie-fabbriche; solo stabilimenti per coltivare lotti di cibo e campi per coltivare le piante».

«Pensate sia possibile fare a meno dei campi per coltivare le piante?».

«Sì, forse con l'agricoltura verticale. Plenty, una società finanziata da Jeff Bezos[9], coltiva in fattorie verticali. Prodotti freschi alla periferia delle città. Provate a immaginare dei grattacieli di frutta e verdure fresche. Così l'impatto dell'umanità si riduce sempre di più. La maggior parte di noi sarà urbanizzata».

«Auspicate un nuovo paesaggio...».

«Sì, rimodelleremo il pianeta. Vedremo città più grandi; penso che in Cina ci sarà una megalopoli con cento milioni di abitanti. Delle città enormi. Ma provate a immaginare se anziché distruggere tutto

9 Jeff Bezos, fondatore di Amazon, uno dei tre uomini più ricchi del mondo, ha investito in una società che costruisce e gestisce "fattorie verticali al chiuso", dove frutta e verdura crescono in colture idroponiche su moduli sospesi in strutture al chiuso con climatizzazione controllata, illuminate da diodi elettroluminescenti, senza pesticidi, senza OGM... e senza terra. La prima fattoria è stata avviata a San Francisco; la seconda a Seattle, e in Cina ne stanno progettando trecento.

il paesaggio naturale che le circonda avessimo dei grattacieli di cibo. È interessante l'idea di non avere più campi da coltivare ma grattacieli. Il resto sarà costituito da natura selvaggia, e in questo modo rinasceranno foreste e giungle. È davvero una visione affascinante del futuro».

Il cibo come esperienza

Rimanendo focalizzato sul futuro, domando a Ryan come immagina il mercato alimentare tra vent'anni e se, ad esempio, crede nella possibilità di stampare carne: «Sì, come in *Star Trek*! Credo che sia possibile, ma su questo non ho progetti; sogno cibi con delle storie. Per me, è questa la cosa più importante. La carne di una mucca molto speciale dal sapore unico, o un formaggio stagionato ricavato grazie a un determinato tipo di fungo che gli ha conferito un aroma e un sapore particolari. Sogno un futuro in cui il cibo racconterà una storia più accattivante, in cui le consistenze, i sapori e i profumi saranno di più, e più originali. Credo che il futuro dell'alimentazione sarà un'esplosione di varietà. Non vedo una scatoletta che stampa cibo; vedo un'esplosione di modi diversi di consumare il cibo: di fare l'esperienza del cibo. Mangiare è sempre più un'esperienza. In Europa e in Francia, mangiare è già un'esperienza. Negli Stati Uniti prevale la ristorazione rapida. Non è un'esperienza; sono soltanto cibi. Il futuro che sogno: il cibo come esperienza. Ma sostenibile». Dunque, quando non mangia i croccantini per cani che produce per dimostrare, in un video, che sono buoni e vegani, qual è il piatto preferito da Ryan Bethencourt? «Non voglio rispondere in maniera stereotipata che è il Beyond Burger[10]!», ride. «Sono cubano, franco-cubano di nome, e il mio piatto preferito è cubano, fatto con fagioli neri, riso, platano e yucca. Molto semplice e molto gustoso».

Prima di lasciarci, parliamo degli ultimi libri letti. Ryan mi dice di avere appena letto due libri che hanno delle similitudini. Uno è *Team of Rivals*, della storica Doris Kearns Goodwin (2005), su come

10 Beyond Burger: prodotto nel 2014 da Beyond Meat, è il primo hamburger di origine vegetale con l'aspetto di un vero hamburger.

Abramo Lincoln governò gli Stati Uniti durante la Guerra di Secessione. L'Unione contro la Confederazione. L'altro è *Rebel Yell*, del giornalista Sam C. Gwynne (2015), sul generale Stonewall Jackson, della Confederazione. Emancipatori contro schiavisti. Lincoln vince una dura battaglia contro il Congresso, che gli permetterà di aggiudicarsi la guerra tra Nord e Sud. Tattico geniale, ancora oggi insegnato nelle scuole militari, Stonewall Jackson vinse battaglie con mille uomini confederati contro diecimila dell'Unione (morirà in una di queste). Ryan è impressionato da questi due personaggi, Lincoln e Jackson, che «vanno in guerra e vincono, ognuno a suo modo». *Team of Rivals* illumina le zone d'ombra della vittoria di Lincoln; *Rebel Yell* rivela l'illuminazione di Jackson, che infrange la legge per insegnare agli schiavi a leggere. Questi due eroi americani spiegano a Ryan «l'importanza di essere parte degli avvenimenti. Nel nostro mondo è molto facile dire che una persona è cattiva e un'altra è buona. Se osservate più attentamente, ci sono delle sfumature in ogni cosa. La gente è confusa». L'incoerenza dei comportamenti conforta Ryan nella sua missione: «Mostrare alle persone che possiamo dar vita a un mondo più sostenibile, che l'ambiente è meraviglioso, che gli animali non devono soffrire per noi, che possiamo produrre dell'ottimo cibo. Tutte cose che la gente, di sinistra o di destra, può accettare. Quindi, per me è la mia missione».

4
Nei campi di coltivazione cellulare

Il vento occidentale è calato. Il pomeriggio si allunga nel tepore di settembre. I graziosi edifici bassi e colorati con finestre ad arco del quartiere Mission guidano i miei passi verso il centro della città. Lascio Dorland Street per risalire Dolores Street: una bella strada a quattro corsie fiancheggiate e divise da filari d'alberi. A quest'ora, in questo quartiere storico e residenziale di San Francisco, il marciapiede è tutto mio, e assaporo la tranquillità del luogo e del momento. Passeggiare in una città sconosciuta stando attenti a coglierne i dettagli, le scene di vita quotidiana, restando aperti a brevi scambi di conversazione con persone incontrate per caso, permette di tastare il polso della società. L'angolo tra Dolores Street e la 16ª Strada è un condensato dello spirito di tolleranza che regna qui: la *Misión de San Francisco de Asís*, imponente complesso di strutture religiose di architettura barocca spagnola, si trova di fronte alla sobria Saint Matthews Luteran Church, di mattoni dipinti di verde con aperture evidenziate in bianco, e al Laughing Lotus Yoga Center ("il loto che ride"), che appare come "un'oasi nella giungla urbana". Dall'altra parte dell'incrocio c'è Sha'ar Zahav, una comunità ebraica che «sostiene la presenza del sacro in ognuno di noi» e gestisce una sinagoga LGBTQ che offre «il calore e il conforto della famiglia scelta [...] abbracciando individui diversi di qualsiasi genere, sessualità, razza e capacità», allo stesso indirizzo dell'austera First Mennonite Church, degli anabattisti locali. Dio dovrebbe trovarci i suoi.

In cima a Dolores Street, una statua equestre in bronzo celebra l'impegno dei volontari californiani nella Guerra Ispano-Americana

(1898). Bellona, dea romana della guerra, punta la spada verso… la sede del Tesoro americano in cui si coniano le monete: la Zecca. L'austero e compatto edificio degli anni Trenta si erge su un'altura che domina l'incrocio tra Dolores Street e Market Street. Quest'ultima è l'arteria principale che attraversa la città da nord-est a sud-ovest, dal molo della baia ai piedi delle Twin Peaks: le emblematiche colline gemelle. Il dovere mi chiama verso l'imbarcadero, a una buona mezz'ora di cammino. 1800, Market Street: il palazzetto viola è un rifugio per persone LGBTQ in condizioni di bisogno e una bandiera culturale della comunità. Sorrido a notare che la struttura si trova accanto alla First Baptist Church, la cui comunità americana, molto moralista, è stata scossa all'inizio del 2019 dalla rivelazione di quasi quattrocento abusi sessuali da parte di pastori su circa settecento vittime in vent'anni. La libertà accanto all'ipocrisia.

La parte centrale della carreggiata è riservata ai tram. I convogli in circolazione sono tutti caratteristici, nonostante l'alternanza di modelli delle carrozze: dalle più vecchie alle più recenti. Un museo ferroviario vivente. Affretto il passo, lascio alle loro offerte i fast food che propongono le migliori colazioni e i migliori hamburger, e giungo al Civic Center. Mi impressiona il numero di senzatetto che mendicano sui marciapiedi del quartiere del comune, Market Street compresa. Tra loro, non pochi veterani della guerra in Iraq, alcuni mutilati. Quanto è strano questo Paese, pronto a guerreggiare in qualsiasi parte del mondo, che abbandona alla miseria suoi soldati, tra i quali molti afroamericani. Due incroci più avanti, sulla strada si aprono centri commerciali, alberghi di alto livello e banche. Ancora qualche isolato e raggiungo New Montgomery Street per andare al Palace Hotel, dove ci sarà una conferenza di tre giorni del Good Food Institute.

Il Good Food Institute (GFI) è un istituto senza fini di lucro fondato nel 2016 da Bruce Friedrich e da lui diretto. È uno strumento dell'attivismo di vegani e partigiani delle false carni a base di piante, di proteine di sintesi o di coltivazione di cellule staminali. Il suo scopo è mobilitare il maggior numero di scienziati sull'argomento, convincere gli industriali del settore agroalimentare a smettere progressivamente di rifornirsi dagli allevamenti, far lavorare giuristi e politici all'evoluzione di regolamenti e leggi per facilitare l'accesso al mercato di queste "nuove carni", e influenzare l'opinione pubblica perché i consumatori modifichino il loro consumo di carne. La strategia del GFI è ufficialmente quella di «puntare sui biotecnologi e sul mercato per trasformare il nostro sistema alimentare, allontanandolo dai prodotti di animali d'allevamento e proponendo alternative pulite a base di carne e piante». «*Clean meat*» ("carne pulita"): il nome è stato scelto per evitare nell'opinione pubblica gli effetti negativi dei termini «*lab-grown meat*» ("carne cresciuta in laboratorio"), «*cultured meat*» ("carne coltivata"), «*in vitro meat*» ("carne *in vitro*"), utilizzati da altri attori o scienziati del settore.

L'istituto è nato grazie al sostegno dell'Open Philanthropy Project, che gli ha versato un milione di dollari nel 2016 e 1,5 milioni l'anno seguente. Il GFI ha sede a Washington, e questo ne facilita il lavoro di lobbismo a livello federale (USDA, FDA). Il GFI fa pressioni su questi due enti governativi per ottenere norme favorevoli ai sostituti della carne. Nel 2016, il GFI ha citato in giudizio lo United States Department of Agriculture (USDA), il ministero dell'Agricoltura americano, per mancata diffusione di informazioni sull'attività di diffamazione di Hampton Creek (poi diventata Just) da parte della lobby delle uova. Dal 2016, il GFI incalza la Food and Drug Administration (FDA), l'agenzia statunitense dei prodotti alimentari e farmaceutici, per avere il diritto di chiamare i sostituti alimentari vegani con gli stessi nomi dei prodotti naturali che sostituiscono (latte, uova, carne, ecc.).

Bruce Friedrich, sulla cinquantina, è un militante di lunga data della causa animale e del veganismo. Ha lavorato per People for the Ethical Treatment of Animals (PETA), le cui dichiarazioni e azioni provocano spesso polemiche[1], e per Farm Sanctuary: il primo rifugio per animali di fattoria creato negli Stati Uniti, nel 1986. È un assiduo frequentatore dei media e delle conferenze, dove dà prova di un vero talento da oratore. Bruce Friedrich è anche cofondatore di New Corp Capital – «Un fondo di capitali di rischio vegano», come l'ha definito il «Guardian» (Gunther, 2016) –, che ha iniziato con un finanziamento di venticinque milioni di dollari per investirli in società come Beyond Meat e Purple Carott. In un'intervista al «National Catholic

1 Manifesti sessisti che equiparano attrici e modelle a un animale (Pamela Anderson, Sherlyn Chopra, Jodie Marsh, Elen Rivas, Zahia Dehar...), paragone tra gli animali condotti al macello e la Shoah, accostamento tra disabili mentali e animali.

Reporter», Bruce Friedrich confida che il suo attivismo per la causa animale proviene dalla sua fede cattolica: «Considero il lavoro per gli animali – e in particolare per gli animali d'allevamento – come il lavoro di Dio» (Heffern, 2010).

Un futuro sui banchi di laboratorio

«La carne del futuro» è il titolo della seconda edizione della conferenza annuale del Good Food Institute. L'evento riunisce a San Francisco la *crème* mondiale dei protagonisti decisi ad «accelerare il mercato della carne di origine vegetale e della carne cellulare: due tecnologie alimentari promettenti che ci permetteranno di nutrire quasi dieci miliardi di persone entro il 2050». Fa concorrenza alla già esistente conferenza annuale organizzata dal 2017 da New Harvest, che s'incentra unicamente sulla carne coltivata.

La conferenza si tiene al Palace Hotel: edificio che fa parte della leggenda della città. Come il resto della città, scomparve a causa del terremoto del 18 aprile 1906 e, come la città, rinacque dalle proprie ceneri, altrettanto alto e bello. Fu teatro di celebri ricevimenti, e più di recente ha concesso l'uso del suo Garden Court come scenografia per la scena finale del film di David Fincher: *The Game* [*The Game – Nessuna regola*, NdT] (1997). Nella sala da pranzo, dominata da una sontuosa vetrata art déco, incontro David Welch.

David Welch dirige il dipartimento di Scienza e Tecnologia del Good Food Institute. Questo dottore in Biologia è passato dai vegetali alla biologia cellulare lavorando nel Regno Unito e negli Stati Uniti per conto di imprese che producevano cellule staminali e terreni di coltura cellulare per applicazioni mediche. Due anni fa si è unito al GFI, per cui mette il suo sapere al servizio della coltivazione cellulare «per trasformare il settore dell'alimentazione in modo che utilizzi fonti alimentari più sostenibili e più sane». Il suo obiettivo: «Trovare proteine alternative, soprattutto da piante e dalla coltivazione cellulare, per aiutare l'industria a progredire più rapidamente possibile». Seduto in un angolo del Garden Court, David Welch risponde alle mie domande.

«Cosa fa il dipartimento di Scienza e Tecnologia del GFI?».

«Siamo un gruppo di esperti e consiglieri per l'industria. Proviamo ad analizzare il mercato, a proiettarci tra venti, trenta, cinquant'anni per sapere di quali tecnologie abbiamo bisogno, quali innovazioni dobbiamo attuare, quali sono gli ostacoli che potrebbero bloccare la crescita industriale. In seguito proviamo a trovare dei fondi, sia tramite donatori che da parte di qualche governo, per stimolare ulteriormente la ricerca e l'innovazione nelle aziende. E facciamo molta opera di sensibilizzazione. Andiamo nelle migliori università e proviamo a convincere più studiosi e studenti possibile a interessarsi a quest'industria, perché possano entrare in qualche impresa, creare la loro società personale o fare ricerca per far progredire l'industria».

«Quindi il GFI è al centro di una rete di aziende e investitori impegnati nel cambiamento del cibo. Come spiegate il successo di quest'iniziativa?».

«In passato, le organizzazioni spingevano i consumatori a modificare le loro abitudini alimentari dicendogli che il loro comportamento era dannoso per l'ambiente. Non funziona. La gente non vuole sentir dire che ciò che fa è sbagliato. Il nuovo ecosistema si basa sulla creazione di prodotti dal sapore altrettanto buono, o migliore, del prodotto che s'intende sostituire [la carne, NdA], dal prezzo concorrenziale e in vendita ovunque. Questi tre fattori – il sapore, il prezzo e la disponibilità – sono il cuore di questo nuovo ecosistema. Oggi gli investitori prestano davvero molta attenzione a questi tre elementi e investono in società che considerino tali aspetti. Non si crea soltanto un hamburger vegetariano, ma un prodotto che ha un sapore migliore dell'hamburger fatto con gli animali convenzionali. È questo il cambiamento. Il consumatore che queste aziende puntano e che gli investitori sostengono non è il consumatore vegano – quest'ultimo rappresenta il 3% delle persone e la percentuale non sembra variare di molto –; ad aumentare sono quelli che chiamiamo i "consumatori flexitariani". Sono i giovani consumatori che vogliono mangiare meno carne per questioni ambientali o etiche. Amano il sapore della carne, ma vogliono che sia etica. Vogliono qualcosa che abbia il sapore della carne, del latte o del formaggio, ma che provenga da una fonte buona. È il cambiamento. Queste aziende tentano di creare dei prodotti che, mangiandoli, non immaginereste mai che non provengano da un animale. Non sono ancora perfetti, ma sempre di più. Nel 2050, sul pianeta dovrebbero esserci dieci miliardi di persone, e il sistema alimentare attuale non riuscirà a nutrirle tutte».

«Potreste anche dire alla gente di mangiare meno carne».

«In Occidente, i più ricchi tendono a mangiare meno carne, ma in altre zone del mondo, e soprattutto in Cina e in India, dove la classe media sta crescendo, si mangia sempre più carne. È un segno di livello sociale o di ricchezza. È questa la sfida».

«Quando si mangia la carne, si assapora anche una parte del paesaggio, della cultura, della storia... Con i vostri prodotti di laboratorio provocate una rottura culturale gigantesca...».

«Esiste un desiderio culturale di mangiare carne d'animale. Anche se alcuni hamburger a base vegetale hanno un sapore simile a quello animale, le persone non credono che siano altrettanto buoni, poiché non provengono da un animale. È per questo motivo che oggi ci sono più imprese che si concentrano sulla produzione di carne da cellule staminali: perché in fin dei conti è identica, no? Si elimina il massacro di animali, ma si parte comunque da cellule provenienti da animali. È vera carne: non c'è differenza. Certo, occorre ancora fare informazione su questa nuova tecnologia, ma finora tutte le indagini di mercato mostrano che la maggior parte della gente è sensibile al consumo di "carne pulita"».

«Resta il problema del costo, che è legato al terreno di coltura per le cellule staminali. La composizione di questo terreno nutritivo non ostacola il progresso della produzione di carne coltivata?»

«È uno dei problemi. Penso che ce ne sia più d'uno. Un altro è la regolamentazione, e un altro ancora è la politica, oltre al costo. Il terreno di coltura cellulare è un brodo nutritivo: una miscela di tutto ciò di cui le cellule necessitano per sopravvivere e svilupparsi. Esistono vari tipi di terreno di coltura cellulare. Uno dei meno costosi utilizza il siero fetale bovino, ricco di molte proteine necessarie alla crescita delle cellule. È un sottoprodotto dell'allevamento; quindi, se vogliamo carne pulita, non possiamo ricorrere a un prodotto ottenuto da una mucca. Occorre usare un terreno di coltura sintetico, ossia contenente proteine sintetizzate in laboratorio. L'industria farmaceutica lo fa da molto tempo. Tutte le grandi società farmaceutiche che producono vaccini e farmaci utilizzano un terreno di coltura cellulare sintetico. La sua fabbricazione è molto costosa, ma l'industria farmaceutica può pagare costi elevati, poiché li recupera con la vendita delle medicine. Oggi, un supporto di coltura cellulare costa da trecento a quattrocento dollari al litro. Perché un'azienda di carne cellulare sia redditizia, queste proteine sintetiche dovrebbero costare da uno a due dollari al litro. Lavoriamo insieme all'industria per ridurre i costi. È un ostacolo alla crescita a breve termine, ma non impossibile da superare. Credo che si potrà risolvere entro l'anno prossimo».

«Com'è possibile in assenza di circolazione sanguigna trasportare i nutrienti?».

«I nutrienti sono miscelati a un liquido. Che le cellule si trovino in un vetrino o in un enorme bioreattore, sono alimentate con una miscela di elementi nutritivi, rispettando delle condizioni di temperatura».

«Ma le cellule cresciute in questo modo non sviluppano fibre. Il motivo è legato a questa tecnica produttiva?».

«La creazione di carne da cellule staminali si divide in tre tappe. Inizialmente, si pratica una piccola biopsia sull'animale desiderato – mucca, gallina, maiale – per isolare le cellule necessarie. La seconda fase è quella della proliferazione dell'esiguo numero di cellule prelevate. Avviene in un bioreattore in cui si alimentano le cellule con una miscela di nutrienti perché si moltiplichino. Dopo tre settimane si ottengono molte cellule, ma non ancora differenziate. Sono ancora allo stadio di cellula staminale. La terza tappa è quella della differenziazione. Si cambiano gli ingredienti della miscela nutritiva per trasformare le cellule staminali in cellule muscolari e adipose, come quelle che formano un pezzo di carne».

«Ed è così semplice?».

«È necessario fare degli esperimenti nei vetrini per identificare le proteine che trasformeranno le cellule staminali in cellule muscolari o adipose. È una conoscenza utilizzata da molti anni nella terapia cellulare. Si tratta di prendere questa tecnologia e adattarla alla produzione di cibo. Oggi più di quaranta aziende sono in grado di farlo con il pesce, il maiale, il pollo e il manzo. Lo fanno su piccola scala. Per poterlo fare su più ampia scala – non a grammi ma a tonnellate – bisogna risolvere il problema delle grandi attrezzature e della riduzione dei costi dei nutrienti».

«Se avete ragione, col tempo, lo sviluppo della coltivazione cellulare farà abbassare il prezzo dei farmaci...».

«Sì, poiché quest'industria è concentrata sull'ideazione di processi produttivi su scala molto ampia e a costi molto bassi; vede i processi da un'angolazione diversa rispetto al settore farmaceutico. E le sue innovazioni si trasferiranno al settore medico. Tra dieci o vent'anni, questo ridurrà il costo delle medicine».

Il tempo passa, ed è ora di andare al ricevimento d'apertura di questi tre giorni di conferenze. Si svolge in un salone del Palace. Quello in cui si trovano gli stand degli sponsor "*gold*" e "*silver*". C'è un'altra sala riservata agli sponsor "*bronze*" accanto all'accogliente Pied Piper Bar. Com'è abitudine in questo Paese, l'unico parametro che conta è il denaro. Quello guadagnato; quello speso; quello donato per filantropia, che non si trascura di menzionare nel proprio curriculum. Il buffet, "*pure veggie*", è offerto da alcuni di questi. Mi rendo subito conto che molte persone si conoscono tra loro o hanno sentito parlare di quelli e di quelle che non conoscono. Atmosfera da "piccola cerchia di esperti". Ho un'ora di tempo per ottenere il maggior numero di contatti.

La mattina seguente, Bruce Friedrich apre la conferenza sottolineando il proprio crescente successo e predicendo, con un orgoglio non dissimulato, che l'anno successivo avrà bisogno di uno stadio per contenere i propri guadagni. Dopo gli inevitabili ringraziamenti agli sponsor, concentra l'attenzione su tre punti. Innanzitutto, l'incremento folgorante della vendita di hamburger di carne di origine vegetale. Si riferisce all'Impossible Whopper[2], in vendita nei fast food Burger King, al Beyond Burger[3], nel menù delle catene Carl's Jr., TGI Fridays e Del Taco, e al Beyond Chicken[4], il cui lancio promozionale, la settimana precedente[5] in uno stabilimento KFC, ne ha esaurito le scorte in cinque ore. Poi, Bruce, e con lui il GFI, si compiacciono del fatto che

2 Impossible Whopper è un hamburger alternativo lanciato ad aprile del 2019, fatto con proteine vegetali, creato e prodotto da Impossible Foods: una start-up con sede a Redwood City (California), fondata da Patrick O'Brown nel 2011.

3 Beyond Burger è un sostituto dell'hamburger fatto con proteine vegetali, creato e prodotto da Beyond Meat: una start-up con sede a El Segundo (California), fondata da Ethan Brown nel 2009.

4 Beyond Chicken è un sostituto dei bocconcini di pollo a base di proteine vegetali prodotto da Beyond Meat.

5 Il 26 agosto 2019 ad Atlanta (Georgia, Stati Uniti).

grandi aziende come JBS[6], Tyson[7], Cargill[8] e Smithfield Foods[9] abbiano iniziato a produrre «carni di origine vegetale» o investano in società di «carne a base di cellule staminali». Per lui è la dimostrazione del «profondo impegno di queste multinazionali» nella «trasformazione del nostro sistema alimentare». Infine prende atto che i politici si stanno muovendo: come il governo indiano, che ha stanziato 650.000 dollari per un laboratorio di ricerca sulla carne da cellule staminali con la collaborazione di GFI-India, della Humane Society International[10] e della «nostra arma segreta: il dottor Uma Valeti, cofondatore di Memphis Meats[11]». È soddisfatto della presenza in sala di emissari governativi e dell'impatto a livello internazionale del GFI a Singapore, in Israele, in Canada e negli Stati Uniti. Bruce ricorda, per inciso, quanto sia importante che la ricerca lavori in *open source*. Ai giornalisti che vedono nell'interesse delle multinazionali per le alternative alla carne naturale una concorrenza alle giovani start-up del settore ribatte un «no» categorico («*No way*»), e puntualizza: «Queste aziende ci aiutano ad ampliare la platea dei consumatori; creiamo un mercato!».

6 JBS SA, con sede a San Paolo (Brasile), è la più grande società di lavorazione della carne al mondo. Un giro d'affari di cinquantuno miliardi di dollari. Implicata in molti casi di corruzione in Brasile.

7 Tyson Foods, con sede a Springdale (Arkansas, Stati Uniti), è la seconda azienda al mondo per la lavorazione e la distribuzione di pollo, manzo e maiale, e maggiore esportatrice di manzo americano. Un giro d'affari di quaranta miliardi di dollari.

8 Cargill, con sede a Minneapolis (Minnesota, Stati Uniti), è una delle sei società che controllano il commercio mondiale di cereali. Un giro d'affari di 134 miliardi di dollari. Cargill è la prima società agroalimentare al mondo, grazie anche alle sue altre attività (triturazione della soia, macinazione del cacao, mulini, amideria, sostituti del formaggio...). Ha molti impianti in Francia.

9 Smithfields Foods, leader mondiale della lavorazione della carne di maiale, ha un giro d'affari di 14,4 miliardi di dollari. Il gruppo, con sede a Smithfield (Virginia, Stati Uniti), è stato acquisito dal gruppo cinese WH Group. In Francia, controlla il Gruppo Aoste (Justin Bridou, Cochonou, Jean Caby, Calixte, Aoste...), e in Spagna il gruppo Campofrio.

10 La Humane Society of the United States (HSUS) è una delle più importanti società di protezione degli animali (undici milioni di membri), con sede a Washington D.C. (Stati Uniti).

11 Uma Valeti, cardiologo americano, è uno dei pionieri della carne in vitro e cofondatore di Memphis Meats (2015), start-up biotecnologica dedita alla carne coltivata, con sede a Berkeley (California).

Ha ragione: è una svolta importante. Un segno che queste multinazionali della carne (e di molti altri prodotti agroalimentari per Cargill) intendono investire in un fatto sociale ancora minoritario – il veganismo – per creare un nuovo mercato, aperto dal diffondersi dell'onda ideologica del veganismo nella popolazione. La denuncia legittima non degli orrori, ma dell'orrore intrinseco nella produzione industriale di carne, che alcuni osano ancora definire "allevamento", incontra l'indignazione altrettanto legittima di una parte crescente della popolazione. A questo i magnati della carne industriale sono particolarmente sensibili: è logico. Se aggiungiamo l'impatto climatico, ormai noto, di questo tipo di allevamento (emissioni di metano da parte degli animali; aumento dell'anidride carbonica causata dalla deforestazione per liberare terre da coltivare per alimentare il bestiame con una serie di prodotti chimici; trasporto di questi alimenti nei quattro angoli del pianeta; ecc.), la gente non ha più voglia di mangiare carne. Con questo secondo attacco ai loro interessi, gli industriali della carne non possono che preoccuparsi per il destino del loro mercato. Tutta l'abilità – e la doppiezza intellettuale – del movimento vegano sta nell'approfittare di questi due fatti innegabili per strumentalizzare la popolazione non per tentare di riportarla alla sua dieta – sarebbe pura follia da megalomani –, ma come incentivo ad alleviare la sofferenza animale. David Welch me lo confidava apertamente: ciò che interessa le start-up della falsa carne è il mercato dei flexitariani. "Flexitariano": termine apparso negli anni Novanta, negli Stati Uniti, per designare un vegetariano che ogni tanto si concede di mangiare carne, ma che in Europa è spesso usato per far credere a tutti noi, onnivori per nascita, di essere potenziali vegetariani. Le multinazionali agroalimentari, quindi, sono attente alle rappresentazioni – video di mattatoi, scrofe che non possono girarsi nella gabbia, polli mutilati, cadaveri calpestati – che insidiano l'immaginario veicolato dalle strategie pubblicitarie dei loro prodotti. Prendono la palla al balzo soprattutto per non perdere il mercato di massa e decidono di schierarsi dalla parte della risposta: un prodotto industriale al posto di quello che diventa obsoleto. Un hamburger scaccia l'altro. Le start-up vegane hanno già fatto il lavoro di ricerca; basta acquisirle o copiarle. Quindi abbiamo a che fare con due dinamiche complementari: da un lato, la contestazione al modello agroalimentare industriale, con la conseguenza del suo declino annunciato; dall'altro lato, l'ideologia antispecista dei vegani, che spinge questi ultimi a immaginare strategie in grado di salvare il maggior numero di animali addomesticati da quella che considerano una schiavitù umiliante. I vegetariani e i vegani si accontentano di mangiare le loro verdure, e al tempo stesso la persona comune non rinuncia facilmente alla sua bistecca o al suo pollo in casseruola. Allora, in nome della morale, del benessere degli animali e del politicamente corretto climatico, l'attivismo vegano s'incarica di fargli preferire le carni alternative alle carni cosiddette convenzionali. Preferire la copia all'originale. È l'alfabeto di questo nuovo messianismo a "bersaglio progressivo", se così si può dire.

Messianismo, poiché tutti questi apostoli vegani vogliono salvare il mondo! In questo Paese c'è un potenziale impressionante di candidati al riscatto del peccato quotidiano di placare la fame. Riscatto del maggior numero possibile di persone, a vantaggio, in dollari, dei profeti del momento. Per tre giorni, dal palco come in sala, a premessa di tutti gli aspetti economici, ascolterò salmodiare in ogni tonalità la grandezza della missione, inevitabilmente mondiale, che s'impone a queste menti certamente illuminate. Illuminate senza imbarazzo dai milioni di dollari che brillano alla luce del sole della rivoluzione alimentare.

Le due sale riservate agli sponsor dell'evento rivelano che la filiera dell'industria della coltivazione cellulare è già ai "blocchi di partenza". A monte, troviamo fornitori di attrezzature da laboratorio, produttori di proteine di sintesi, commercianti di piselli, lenticchie, fagioli per i sostituti di origine vegetale. Gli imprenditori della chimica farmaceutica con tutte le loro serie di molecole, proteine e altre citochine indispensabili per gestire le colture cellulari della coltivazione omonima e i commercianti di soluzioni nutritive. Ci sono anche esperti del diritto, commercianti di essenze e aromi, produttori di bioreattori e macchinari per l'estrusione industriali, progettisti di fabbriche high-tech, specialisti di finanziamenti, giuristi… A valle, la grande industria della ristorazione vegetariana e vegana, gli specialisti di trasporto industriale, di decorticazione, separazione, setacciatura, macinazione, essiccazione, tostatura, ancora giuristi ed esperti di marketing… Faccio un parallelo con l'agricoltura classica e la sua schiera di industrie a monte (macchinari agricoli, produttori di sementi, concimi, pesticidi, cibo per animali) e a valle (lavorazione agroalimentare, distribuzione). Al contrario dell'agricoltura europea, presa nella morsa, fino al soffocamento, tra la filiera a monte e a valle, quest'industria nascente dei sostituti dell'allevamento è giustamente, fin dalla nascita, un'industria. La coltivazione cellulare sarà uno dei manici della morsa che si stringerà sull'agricoltura e sugli agricoltori.

5
Al ballo dei sostituti

Tre giorni ritmati da un susseguirsi di tavole rotonde, seguite da pause in cui s'intrattengono fitti colloqui tra i partecipanti, pranzi, cene e osservazioni conclusive. Una cosa seria, con i rappresentanti dei pesi massimi dell'industria agroalimentare (ADM, JBS, Tyson), della chimica (DuPont, Merck), della ristorazione (CKE), economisti, finanziatori di rischio, analisti del mercato, scienziati, giovani *startupper* e imprenditori già in ascesa, esperti di marketing, tutti entusiasmati dai segnali inviati dal mercato dei sostituti della carne di origine vegetale. I sostituti a base di cellule staminali, d'altra parte, sono ancora allo stadio preindustriale, ma il numero di aziende del settore prolifera quasi alla velocità delle cellule che coltivano, e questa conferenza ne è la dimostrazione.

Uno sguardo al programma permette di rendersi conto di quale sia l'approccio alle sfide: «Il punto critico: perché la carne di origine vegetale si diffonde?». Lo scopo di questa tavola rotonda è individuare i motori di questa crescita e le prossime tappe dell'industria di cibi a base di piante. Il punto di convergenza è che non è il suo minore impatto ambientale a far vendere di più un prodotto, ma il sapore. Non sembra cosa da nulla, ma si esprime a bassa voce, senza enfasi, nella comunità vegana, piuttosto incline al sacrificio in nome della sua etica animalista ed ecologista. Lo slittamento verso il criterio del buono e della quantità mi sembra interessante. L'altro punto saliente, che discende direttamente dal precedente, è che la strategia di vendita e il sapore dei sostituti della carne si rivolgono «non soltanto ai vegani o ai flexitariani, ma ai carnivori, che sono i più numerosi».

Il rappresentante di una delle maggiori catene americane di generi alimentari, Kroger, stima che col tempo il 15% della popolazione sarà vegetariano, ma per lui la cosa più interessante è che una persona su tre dichiara di voler mangiare carne soltanto una volta a settimana, e che il 33% delle donne riduce il proprio consumo di carne. Conclude la sua analisi annunciando che Kroger lancerà la propria linea di sostituti della carne e del latte vegetale.

«Marketing per i carnivori: come raggiungere l'altro 95% dei consumatori americani?». Per ampliare la clientela, è necessario attirare i carnivori. Occorre curare l'aspetto dei prodotti. Un rappresentante di Beyond Meat sottolinea il ruolo dei consumatori nell'elaborazione dei prodotti e lo considera un'avvisaglia del futuro. Ormai il marketing prevede la collaborazione dei consumatori.

«Guadagnare sul cambiamento: come gli investitori accelerano le industrie di prodotti a base di vegetali e di cellule staminali?». Una riflessione sui pericoli di una eccessiva valorizzazione degli investimenti nelle start-up, seguita, come prosecuzione del dibattito precedente, da una discussione sul posto preso dai surrogati tra le offerte presenti sugli scaffali dei supermercati. Con i *millennials* vale il discorso vegano, e per il resto della popolazione si promuove una scelta da fare senza condizionamenti: si diventa consumatori di surrogati per libertà! Questa è la giostra del marketing. Si propongono gli stessi prodotti ai *baby-boomers*, ma avvolti in un discorso sulla loro salute messa in pericolo dall'eccessivo consumo di carne. Siamo lontani dalla purezza ideologica dei militanti della causa animale. Si tratta di intercettare il consumatore che ha voglia di cambiare menù ogni giorno. Bisogna mostrare e indurre a nuove forme di consumo per nuove modalità di produzione della carne. Sarà il sapore a determinare il cambiamento massiccio del consumo. Il responsabile finanziario di Tyson Ventures sceglie il momento per annunciare il loro investimento nel settore del pesce prodotto da cellule staminali.

«Oltre ai vegetali: usare la fermentazione, i funghi, le alghe e i batteri per creare nuove proteine e nuovi ingredienti». Qui siamo nel campo della biologia acellulare, meno sviluppata rispetto alla sua omologa cellulare. Lasciamo il regno vegetale per quello dei funghi, dei lieviti, delle alghe. Un mondo in cui le "proteine ricombinanti" permettono di creare nuovi cibi.

Le proteine sono delle macromolecole formate da catene di aminoacidi di lunghezza variabile. I loro aminoacidi (liberati durante la digestione) servono alla sintesi delle nostre proteine: quelle necessarie alla costruzione di cellule, tessuti degli organi e sostanze vitali (enzimi, anticorpi, ormoni, neurotrasmettitori, ecc.). Una proteina ricombinante è una proteina prodotta da una cellula geneticamente modificata a questo scopo. I lieviti e i batteri sono forme cellulari facili da programmare per la secrezione di grandi quantità di proteine ricombinanti. Questa tecnica, messa a punto all'inizio degli anni Settanta, è utilizzata nella ricerca e nell'industria farmaceutica (vaccini, insulina, antivirus...). I *bio-hacker* delle start-up vegane si appropriano di questa tecnica per creare sostituti della carne. Oggi i risultati interessano tanto l'industria alimentare quanto l'industria spaziale, che vi vede la possibilità di produrre cibo durante i viaggi interplanetari.

In concreto, i lieviti possono produrre in breve tempo e in grande quantità un materiale proteico simile al tofu, con la stessa scarsità di sapore di quest'ultimo. Tocca all'industria o al cuoco conferirgli il sapore desiderato. Nelle sale del Palace, lo si considera come una «nuova materia prima» promettente per ottenere «nuovi sapori». Se siete amanti del cibo cucinato, c'è il rischio che entri nella composizione dei vostri prossimi piatti.

Ad esempio, prendiamo il caso del già celebre simil-hamburger a base vegetale di Impossible Foods, che ha un sapore simile a quello della carne grazie a ciò che sembra essere sangue. Diversamente dal suo concorrente Beyond Burger, che utilizza la barbabietola rossa per dare l'illusione della carne sanguinante, l'Impossible Burger contiene la leghemoglobina: un'emoproteina simile all'emoglobina (proteina dei globuli rossi del sangue). Questa proteina contiene l'eme: una molecola ricca di ferro che serve a trasportare l'ossigeno all'interno di un organismo... e dà questo sapore un po' metallico che a tutti gli amanti piace ritrovare in un taglio di manzo. La leghemoglobina è naturalmente presente nelle radici della soia. Per soddisfare la produzione di

Impossible Burger, la leghemoglobina è prodotta grazie a un lievito geneticamente modificato a tale scopo. Il GFI celebra questo utilizzo delle proteine ricombinanti come «un miglioramento dell'esperienza sensoriale degli alimenti moderni a base di piante». E Bruce Friedrich immagina il giorno, ovviamente radioso, in cui si produrranno proteine dai microbi.

«Scienza delle proteine vegetali: perfezionare le proteine degli alimenti di origine vegetale». Questa tavola rotonda fa il punto sui miglioramenti attesi nell'aumento del contenuto proteico delle selezioni di leguminose e cereali. Si parla anche del progresso delle tecniche di estrusione. In particolare, si tratta del processo detto di "cottura-estrusione in ambiente umido". Molto sinteticamente, l'operatore (o il robot) inserisce le materie prime vegetali molto ricche di proteine (soia, leguminose, cereali) in un macchinario, dove vengono miscelate con altri ingredienti dei sostituti della carne, sminuzzate, triturate con viti senza fine, poi tagliate a stringhe, cubetti, pezzi, listelli per assumere l'aspetto del sostituto della carne desiderato, da assaporare così com'è o usare per una preparazione.

«Un altro livello di gioco: una politica della carne a base vegetale e di cellule staminali». La grande importanza di giuristi e lobbisti per influenzare la politica alimentare americana tramite leggi, regolamenti o controversie risolte in tribunale. Lo scopo è assicurare legalmente un posto sul mercato ai sostituti della carne di origine vegetale o da cellule staminali. «Dato che gli Stati Uniti sono all'avanguardia per innovazione, vogliamo anche che siano i primi a rendere questi prodotti sicuri e ben regolamentati» riassume Bruce Friedrich.

«Big Meat: perché le aziende di carne diversificano la produzione con le proteine alternative?». Questa tavola rotonda testimonia una flessione dei guadagni delle maggiori società del settore della carne. Diversificano la produzione con le proteine vegetali e i sostituti della carne a base di piante, certo per rispondere alla domanda dei consumatori, ma anche per l'esigenza di minimizzare i rischi economici. La responsabile dell'innovazione di JBS sottolinea che ogni dieci anni nasce una nuova visione del cibo e una nuova versione di «ciò che, nell'alimentazione, fa bene alla salute». Dopo aver focalizzato sui tassi di colesterolo negli anni Ottanta, c'è stata la diffusione di cibi salutari, poi ci si è interrogati sulle funzioni del cibo, e oggi... non sa dire.

Riguardo al mercato, non crede che qualcuno sappia davvero in che direzione stia andando il mercato, ma «siamo la più grande azienda di proteine e vogliamo restarlo; cosa occorre per riuscirci? Le carni di origine vegetale sono un segmento dell'utilizzo delle proteine». Questo giustifica le linee di sostituti della carne a base vegetale di JBS in Brasile e in Gran Bretagna. Il responsabile del marketing di Perdue Farm, terzo produttore americano di polli da carne, ricorda che le migliaia di fattori della sua filiera «lavorano molto per nutrire l'America e il mondo [e] sono un po' irritati e hanno perso la speranza in ciò che fanno; quindi, se i consumatori e le imprese gli dicono di avviare delle colture saranno felici di farlo».

«Il "perché?": diminuire i rischi per la salute pubblica e l'ambiente…». Quando Seth Goldman[1], uomo d'affari americano, oggi presidente esecutivo di Beyond Meat, dice di avere «la presunzione di voler trasformare il nostro sistema alimentare mondiale» grazie ai sostituti della carne a base vegetale o di cellule staminali, parla anche della necessità di profitto, di accesso alla grande distribuzione, di visibilità finanziaria e di mobilitazione «di investitori che vogliano farsi carico delle istanze ambientaliste, sociali e governative, ma anche della volontà di fare meno danni delle aziende pubbliche». David Lipman, biologo che per la prima parte della sua carriera ha lavorato al servizio del governo, oggi è responsabile scientifico di Impossible Foods. Stabilito l'obiettivo della propria missione – «escludere gli animali dal sistema alimentare» –, spiega il suo impegno nello studio dei sostituti a base vegetale con il fatto di avere osservato, nel suo precedente lavoro, la sempre maggiore resistenza agli antibiotici dovuta al consumo di carne e l'emergere di malattie infettive del bestiame trasmissibili all'essere umano. Infine, stupito dal fatto che, a partire dagli anni Settanta, la tecnologia non abbia favorito aumenti di produttività rispetto al passato, risolve la questione: «Eliminando gli animali, facciamo un enorme salto di produttività». Ciascuno dei relatori, poi, si premurerà di mostrare i sostituti della carne come la soluzione ai problemi di malnutrizione, di povertà nel mondo, di cambiamento climatico e di esaurimento delle risorse naturali.

1 Seth Goldman è stato cofondatore, nel 1998, di Honest Tea: un'azienda di tè biologico in bottiglia, poi venduta alla Coca-Cola.

«Traduzione commerciale: dimensionamento della produzione di carne da cellule staminali». Per passare dal laboratorio alla catena di distribuzione, la carne coltivata necessita del supporto delle grandi aziende di biochimica, terapia cellulare, biotecnologie, intelligenza artificiale. Ha anche bisogno dei loro prodotti tecnologici, della loro capacità di immaginare le esigenze tecnologiche legate all'aumento di produzione della carne coltivata, dei loro laboratori di ricerca per trovare nuovi supporti di coltura e ridurne il costo, delle loro conoscenze in fatto di dimensionamento di scala, di lobbismo delle normative, ecc. Lavanya Anandan, responsabile delle collaborazioni e dell'innovazione esterna di Millipore Sigma/Merck (Darmstadt, Germania), dice la sua riguardo ai sostituti della carne: «Crediamo nella promessa di quest'industria e possiamo apportare il sapere e la competenza acquisiti nella realizzazione dei terreni nutritivi, nella progettazione industriale dei bioreattori e nella sicurezza del prodotto». Kelvin Ng, responsabile dell'innovazione strategica presso l'Agenzia per la scienza, la tecnologia e la ricerca del governo di Singapore, spiega che la città-Stato importa il 90% del cibo. In nome della sicurezza alimentare, il governo ha appena investito 426 milioni di euro nel settore della carne coltivata, «poiché costituisce una possibilità di produrre localmente la carne». Vincent Sewalt, responsabile mondiale del comparto legale e delle normative di DuPont Nutrition et Biosciences, non vuole farsi sfuggire «l'opportunità che la sua azienda partecipi, che sia socia di aziende emergenti nel settore della carne coltivata e possa fornirgli la tecnologia necessaria». Più personalmente, l'ha da poco «aiutata a precisare le condizioni di accoglimento delle normative». Lavanya Anandan non è preoccupata delle tappe da superare per aumentare la produzione; per risolvere i problemi conta sugli ingegneri di ogni settore, a patto che il prodotto di partenza sia buono e di preferenza non modificato geneticamente, poiché più facile da accettare per il consumatore. Se così non fosse, «occorre considerare tutti gli aspetti, essere trasparenti, dire quale tecnologia si utilizza, quale ne è il beneficio, per non ricadere nelle trappole del passato, perché il consumatore capisca l'idea prima del lancio sul mercato». Vincent Sewalt pensa che «c'è bisogno di storie, come quella del formaggio – oggi prodotto grazie a enzimi ottenuti con modifiche genetiche, che rimpiazzano il caglio naturale prelevato nello stomaco dei vitelli –, per far comprendere l'ingegneria genetica al consumatore». Penso ad Arturo Elizondo, che usava lo stesso argomento, e sorrido immaginando una piccola guida non scritta degli argomenti che i militanti di una causa si ripetono di continuo. Conosco il breviario dei partigiani della modificazione genetica applicata a piante, animali o prodotti messi in circolazione (non parlo della ricerca di base, in cui è utile alla conoscenza) e l'opportunismo con cui conquistano gli onori della cronaca per aggiungervi una pagina (la carestia, il clima...). Non voglio aprire qui un dibattito sull'argomento. Soltanto sottolineare il paradosso tra vestire i panni dell'ecologista – proteggere il pianeta, rispettare la vita degli animali – e ingegnarsi a modificare la vita.

«L'imprenditoria della carne a base di cellule staminali». I pionieri delle aziende di carne coltivata concordano nel dire che hanno tutti dei prototipi di prodotti a base di carne già testati, e che il loro lancio sul mercato è ostacolato da due fattori. Per Josh Tetrick, cofondatore di Just: «È importante essere d'accordo sul significato di "lancio sul mercato": significa essere in vendita da Walmart, da McDonald's o in una manciata di ristoranti? Uno dei punti chiave è la questione dei regolamenti, che sicuramente sarà risolta l'anno prossimo». Uma Veleti, cofondatore di Memphis Meats, vuole che le sue polpette di carne di manzo o le sue fettine di pollame (pollo, anatra) siano reperibili sul mercato «prima possibile», ma sottolinea «che manca l'autorizzazione per produrle e che c'è un ulteriore ostacolo tra noi e il lancio sul mercato: la mancanza di investimenti». Voltandosi verso Josh Tetrick (Just) e Niya Gupta (Fork and Goode), ne riassume le esigenze: «I produttori di carne coltivata qui intervenuti hanno ricevuto finanziamenti per centinaia di milioni di dollari per finalizzare i loro prodotti, e ce ne vogliono ancora miliardi per l'ingegneria del salto di scala, per l'educazione». Josh Tetrick è d'accordo: «Dobbiamo produrre milioni di tonnellate, disponibili in tutto il pianeta a prezzi molto bassi. È questa l'ultima sfida. Questo richiede capitali. Abbiamo impiegato due anni per lanciare le nostre uova sbattute [senza uova, NdA], dal laboratorio al rivenditore». Niya Gupta, cofondatrice di Fork and Goode, preferisce pensare prima all'«opera di riduzione dei costi di produzione per arrivare a un prezzo più vicino possibile a quello della carne convenzionale. È un lavoro da ingegneri per cambiare la scala del bioprocesso; ci vorranno ancora due o tre anni. Facciamo una cosa davvero complessa: non si tratta di software; non è questione di andare veloci e rompere tutto; si tratta di procedere con intelligenza e creare cose. Stiamo costruendo dalle fondamenta un nuovo sistema di produzione della carne! È stimolante, folle e molto audace. Nell'ordine, ci sono la sfida scientifica, quella dell'ingegneria dei processi di lavorazione, e poi quella delle normative».

Questo dibattito è l'occasione per ricordare che cinque aziende di carne coltivata o di prodotti del mare coltivati – Memphis Meats, Just, Fork and Goode, BlueNalu e Finless Foods – hanno appena formato una coalizione: l'Alleanza per l'innovazione nei settori della carne, del pollame e dei frutti di mare[2] (AMPS Innovation). Stando alle loro parole, questa coalizione punta «a parlare a una sola voce» e a stabilire «un dialogo aperto e scientifico con tutte le parti coinvolte, compresi i soci industriali, i responsabili politici, i patrocinatori e i consumatori». Con AMPS Innovation, non si tratta più di negoziare con il governo federale, azienda per azienda, i regolamenti per il lancio sul mercato, ma di fargli riconoscere "l'industria" della coltivazione cellulare come nuova interlocutrice con la quale deve negoziare. Un'industria capace «di trasformare i sistemi alimentari mondiali e dar vita a una nuova rivoluzione agricola», come ama ricordare, in quest'occasione, Bruce Friedrich, direttore esecutivo del Good Food Institute. Oltre che sugli ostacoli normativi, l'Alleanza pone l'accento sull'educazione del pubblico e dei responsabili politici a «questa nuova modalità di produzione della carne», perché «il mercato sia trasparente». Una dichiarazione che lascia indovinare i contorni dei punti critici: il nome di questi prodotti (utilizzo della parola "carne") e i luoghi e le modalità di vendita (nel reparto carni dei supermercati, nel settore "piatti cucinati" o sullo scaffale dei "prodotti vegani"?).

«Vetrina degli innovatori – Presentazione dei prodotti». In questa sezione hanno sfilato sei progettisti: la seconda generazione di *startupper* di questa rivoluzione del sistema alimentare. Ognuno deve riassumere il proprio progetto in una miniconferenza in stile TEDx. Christie Lagally, fondatrice di Rebellyous Foods, inizia con i dodici anni che ci restano per cambiare il clima, ricorda che quella del pollo

2 Alliance for Meat, Poultry & Seafood Innovation (AMPS Innovation), annunciata da una dichiarazione comune il 29 agosto 2019.

è la maggiore industria della carne e che ha un piano per guadagnare «soldi, tempo e per salvare il mondo»: è necessario che il maggior numero possibile di persone acquisti i suoi *nuggets*, frittelle e fettine di surrogati di pollo a base vegetale! Il volume complessivo dei sostituti della carne rappresenta ancora lo 0,29% del mercato americano totale di carne[3] e costa da due a cinque volte il prezzo del pollo industriale. Per conquistare questo mercato di quaranta miliardi di dollari, Christie Lagally vuole combattere ad armi pari con l'industria del pollo, vale a dire investire in fabbriche e processi industriali altrettanto efficaci. Il suo piano prevede un prezzo di costo inferiore a quello del pollo e un margine di profitto del 60%. L'inventore di un'applicazione sulle offerte di lavoro agricolo, Sri Artham, lancia Hooray, un'azienda di simil-bacon a base vegetale, «poiché è una delle porzioni più redditizie del maiale». Christopher Kong e Amadeus Anhan, di Better Nature (Indonesia), hanno creato hamburger e bacon a base di tempeh. Giuseppe Scionti, di Nova Meat (Spagna), ha realizzato una stampante 3D in grado di conferire (approssimativamente, da quanto è possibile vedere in un video) la struttura della carne ai sostituti a base di vegetali o di cellule staminali. Partendo dalla constatazione che la regione Asia-Pacifico consuma il 45% della carne mondiale, che si prevede un incremento del 78% da qui al 2050 e che il 71% dei cinesi teme per la propria sicurezza alimentare, Blair Crichton, di Karana (Singapore), elabora dei sostituti a base di giaca[4] e di gamberetti da cellule staminali. Infine, Andy Bass, di Ecovative, ha messo a punto Atlast: l'utilizzo dei funghi per dare consistenza ai sostituti della carne. Si utilizzerà il *Laetiporus* per imitare la struttura di una fettina di pollo, il *Polyporus* per rendere la consistenza di una costoletta di manzo e l'*Hericium* per riprodurre la compattezza della carne di maiale.

«New Wave Sustainable Seafood: sfide e opportunità degli innovatori di prodotti del mare a base di piante e di cellule staminali». Il panorama non sarebbe completo senza il dibattito sul pesce e i frutti di mare. Anche qui, i sostituti oscillano tra copie a base di vegetali o

3 47.380.898 tonnellate contro 136.077 tonnellate.

4 La giaca è il frutto dell'Artocarpus heterophyllus: albero originario del subcontinente indiano, diffuso nel Sud-Est asiatico e in altre zone tropicali. I suoi frutti possono pesare fino a quaranta chili.

di cellule staminali. Anche qui, le ricette a base vegetale sono leggermente in vantaggio, ma quelle da cellule staminali seguono da presso. Ocean Hugger Foods produce un sostituto del tonno crudo (con il marchio Ahimi) e dei suoi derivati (sashimi, nigiri, poke, tartara, ceviche) dai pomodori, in vendita negli Stati Uniti, in Canada e presto in Europa occidentale. BlueNalu sostiene «l'acquacoltura cellulare» per trovare una soluzione alla filiera di approvvigionamento dei prodotti del mare. La start-up, che ha raccolto 4,5 milioni di dollari ad agosto del 2018, finora ha soltanto mostrato i progetti degli stabilimenti di produzione e annunciato prodotti freschi, cotti e surgelati, ma non ha ancora mai precisato quali pesci o frutti di mare abbia già coltivato e testato. In considerazione dello stato degli oceani, e soprattutto del suo inquinamento da microplastiche, il suo proprietario, Lou Cooperhouse, ritiene che sia giunto il tempo di «rompere con questa filiera di approvvigionamento». Sandhya Sriram, proprietaria di Shiok Meats, ricorda che l'Asia è la regione con il maggior consumo di prodotti del mare al mondo – «una media di cento chili a persona ogni anno[5]» – e in cui bisogna nutrire «il 60% della popolazione mondiale» con molti gamberetti da acquacoltura. Non vuole disgustare nessuno, ma ci lascia «immaginare l'acqua piena di candeggina e antibiotici». Ai suoi occhi di scienziata: «È necessario finirla con tutto questo; è già troppo tardi, ma noi facciamo il massimo perché la gente non si nutra più di quest'acqua». La sua azienda, con sede a Singapore, coltiva gamberetti, gamberi e aragoste: «Come le imprese di carne coltivata, dobbiamo ancora risolvere il problema dei costi, del nutrimento, della formazione dei tessuti, del salto di scala produttiva, dei bioreattori… Ci vorrà ancora poco più di un anno, ma nel 2021, a Singapore, troverete i nostri prodotti nei vostri piatti». Sono tutti d'accordo nel sostenere che il settore è promettente, viste l'irregolarità dell'approvvigionamento del pesce e le condizioni ambientali degli oceani, sempre più degradate.

Tutta questa bella gente, piena di energia, è convinta di avere l'idea

5 Per confronto, la media francese è di 34,5 kg a persona in un anno, di cui 24,9 chili di pesce (fonte Agrimer, 2015), e la media mondiale secondo la FAO è di 20 kg per anno a persona, acquacoltura compresa. Ma occorre sapere che ci vogliono da 3 a 5 chili di pesce selvaggio – pescato e trasformato in farina – per fare un chilo di pesce d'allevamento.

geniale che conquisterà la fetta più grande possibile del mercato alimentare mondiale.

Ho dato appuntamento per la fine della conferenza, a cui anch'egli assiste, a Abhi Kumar, della Cellular Agriculture Society, il cui slogan è: «*For the people, for the animals, for the world*» ("Per la gente, per gli animali, per il mondo"). Guidata dal suo fondatore, Kristofer Gasteratos, la società di agricoltura cellulare si propone di fare pedagogia della coltivazione cellulare, «di fare chiarezza sull'intero settore della coltivazione cellulare. Renderlo trasparente perché una persona normale riesca a comprendere come, in futuro, sarà prodotto il suo cibo». Abhi Kumar è uno dei consiglieri di Kristofer Gasteratos. Ha viaggiato molto. È nato in India, ha seguito la famiglia trasferitasi negli Stati Uniti, poi è tornato in India, e ha trascorso un periodo a Singapore e in Francia prima di tornare a vivere negli Stati Uniti. Ha da poco terminato gli studi presso la Yale School of Management. Da due anni è impegnato nella causa della coltivazione cellulare, lavorando al tempo stesso per un fondo di capitali di rischio. Il nostro colloquio approda ai dubbi che esprimo sull'argomento.

«Cosa vi attira della coltivazione cellulare?».

«La grande sfida di dover nutrire 10 miliardi di persone entro il 2050, e di doverlo fare in maniera sana, sostenibile ed etica».

L'adagio comincia a suonare familiare e a diventare una cantilena, poiché i miei interlocutori e coloro che si susseguono nelle tavole rotonde la intonano immancabilmente. Come se nutrire il mondo intero toccasse agli americani. Lo stesso ritornello si ascolta da molto tempo nella catechesi degli agricoltori francesi della FNSEA, e in Francia è servito soltanto a dare una giustificazione morale all'eliminazione dei contadini e all'industrializzazione dell'agricoltura. Qui, il danno è stato fatto tanto tempo fa, e Abhi Kumar vede nella coltivazione cellulare «una formidabile opportunità di utilizzare le imprese come uno strumento utile di cambiamento sociale nell'ambito del sistema alimentare. È un modo di sfruttare le forze del mercato per cambiare il sistema alimentare». Anche qui, questa motivazione mi è stata esposta da tutti gli sponsor durante la conferenza. Allora tento di andare più a fondo sull'argomento.

«Abhi, lei che per un periodo ha vissuto in Francia, sa che esiste una cultura gastronomica, che la coltivazione cellulare ha provocato una rottura di questa cultura, tagliando il legame tra agricoltura e gastronomia. Cosa pensa a tal proposito?».

«Non sono sorpreso; è normale quando compare una nuova tecnologia. La gente pensa che non sia naturale. Bisogna guardare le cose da un altro punto di vista. Penso che sarà necessario ripetere quanto accaduto con il formaggio e che gli ha permesso di conquistare il posto che occupa. Per produrre formaggio, occorrono davvero degli enzimi specifici provenienti dallo stomaco del vitello, che oggi sono prodotti in degli immensi serbatoi di fermentazione: una tecnologia sofisticata. Quindi, in un certo senso, credo che l'idea di ciò che è naturale cambierà col tempo».

La risposta mi lascia sbigottito, poiché è la terza volta in due giorni che me la fornisce un vegano. Senza ossessioni, inizio a chiedermi se tutte queste persone non abbiano che pochi e deboli argomenti. In breve, purtroppo ritroverò questa sensazione di ragionamenti "copia e incolla" durante tutta la mia inchiesta. A dimostrazione che si tratta di un battaglione di militanti. Non ho nulla contro la militanza in sé, a meno che non sia sfacciatamente falsa. Con la sua sincerità, Abhi prosegue nella spiegazione: «Ciò che è fantastico nella coltivazione cellulare è che la cultura alimentare può sempre essere conservata. Ogni volta che viaggio, il fatto che qualcuno condivida il suo cibo con me è un modo favoloso di scoprirne la cultura. Non penso che la coltivazione cellulare cambierà quest'esperienza, poiché il prodotto è lo stesso, soltanto realizzato in maniera diversa. Quanto alla questione di sapere da dove proviene il nostro cibo e al legame con l'agricoltore… Questa pagnotta di pane all'antica esisterà sempre, e anche i suoi piccoli contadini. Per loro c'è ancora posto. Penso che la coltivazione cellulare sia una soluzione ai problemi posti dall'agricoltura industriale. Chi mangia carne proveniente da grandi fabbriche non sente alcun legame con quel cibo. Abbiamo la possibilità di eliminare questo sistema e costruirne uno migliore per l'ambiente, per gli esseri umani e per il mondo. E anche per il clima».

Per convincermi del mondo migliore che la coltivazione cellulare permetterebbe, Abhi mi mostra una rappresentazione di come «potrebbe apparire uno stabilimento di produzione di carne da cellule staminali a New York». Una specie di enorme edificio cilindrico, simile a uno stadio, trasparente, in cui i cittadini vedano i bioreattori per i vari tipi di carne, di pesce, di frutti di mare e la catena di produzione. Dei grandi bioreattori «come in una birreria», mi spiega Abhi: immagine che riprenderanno molti dei miei interlocutori. Anche Josh Tetrick mi aveva descritto l'esempio di un'immensa fabbrica, tipo serra urbana parallelepipeda. In entrambi i casi, strutture tanto illuminate quanto automatizzate.

«È così che immaginate il mercato alimentare tra venti o venticinque anni?».

«Sì, con un mercato della carne coltivata in queste grandi fabbriche ben costruite, come nel progetto che vi ho mostrato: una in ogni città del mondo. Così si crea una sorta di centro urbano. Se possiamo produrre carne, latte, uova e alcune proteine in questo tipo d'installazioni, creiamo impiego per la prossima generazione. È uno sviluppo inclusivo, che ci permetterà di recuperare molta terra. Ci saranno meno animali. Non dovremo più allevare miliardi e miliardi di animali per il sistema alimentare. In campagna esiste un modello di produzione alimentare su piccola scala che tiene conto della natura e dell'erba, ed è un po' più avveduto sul modo di prendersi cura della Terra. Questo è il mio sogno».

«E questo sogno inizierebbe con l'India? Oggi esiste una sede distaccata del Good Food Institute in India...».

Ride: «Non saprei; può darsi... Sono molto affascinato dal potenziale dell'India. Abbiamo una grande competenza nell'industria farmaceutica, in particolare riguardo ai farmaci generici. Esiste una concreta possibilità che l'India diventi uno dei Paesi leader nella coltivazione cellulare. Il governo e altre organizzazioni come il Good Food Institute hanno manifestato un grande interesse e lavorano molto. Il governo indiano è quello che al mondo ha investito più denaro nella coltivazione cellulare. L'India conta un miliardo di abitanti. L'idea è che sia necessario dare al nostro popolo più proteine e una dieta migliore. Non abbiamo abbastanza terra per farlo; se vogliamo migliorare l'alimentazione e lo stile di vita delle persone dobbiamo farlo in questo modo. Sono entusiasta, poiché messaggi del genere coinvolgono tanta gente, dato che la discussione si tiene soprattutto negli Stati Uniti. È vero, qui accadranno molte cose, poiché la maggior parte delle società private si trova qui. Ma la penso diversamente rispetto alla maggioranza delle persone presenti a questa conferenza.

Forse nei prossimi due anni avremo della carne coltivata, ma cambiare in concreto le abitudini alimentari della gente è l'obiettivo di una vita. È davvero possibile che tra cinquant'anni l'India sia il maggior produttore mondiale di carne».

«Eppure, l'India è un Paese di grande cultura vegetariana».

«Sì, per tradizione è molto vegetariano, ma stando ai dati sui consumi, una volta approdate in città, le persone guadagnano più soldi e si adoperano molto per riuscire ad assumere più proteine. Per loro, la proteina è il fattore chiave e, in tutta sincerità, il semplice consumatore cerca soltanto proteine, e la carne è una meravigliosa fonte di proteine. È possibile trovarla nei supermercati, è saporita, ricca di proteine, e quindi in Paesi come l'India vedrete crescere il consumo di carne. Poi la gente inizierà a preoccuparsi della propria salute, e la risposta migliore sta nelle proteine: mangiare più proteine per essere più forti e più veloci».

A proposito di proteine e del terreno nutritivo delle cellule coltivate, di cui vanno risolti i problemi dell'origine e del costo, Abhi ignora ciò che accade nelle aziende – ed esse tacciono su quello che rappresenta uno dei loro segreti industriali meglio protetti –, ma esalta la ricerca universitaria in *open source* sulla produzione di alcuni fattori di crescita tramite batteri geneticamente modificati. Lo metto al corrente della forte opposizione degli europei agli organismi geneticamente modificati.

«È importante capire che il prodotto finale non sarà un OGM, ma semplicemente la carne conterrà un sottoprodotto di un altro organismo geneticamente modificato».

Ripete l'esempio del caglio sintetizzato grazie agli OGM dalle multinazionali del formaggio come Lactalis e soci. Non ignora che esistano formaggi autentici, ma crede si tratti di prodotti biologici e più costosi, che quindi rappresentano una nicchia che sopravvivrà. Dal canto suo, desidera che la coltivazione cellulare conquisti il mercato della carne industriale, «dannosa per l'ambiente, piena di antibiotici e di ormoni». Anche in questo caso, conosco l'argomento. Sottolineo la sua visione globale del problema e gli spiego che in Europa ci sono persone e movimenti che difendono una visione locale, territoriale della produzione di cibo per risolvere i problemi posti dall'industria alimentare. Che il governo francese finanzia progetti alimentari locali.

Che questo tipo di politica mira alla maggiore autonomia alimentare possibile di una regione. Che c'è una grande differenza tra la visione globale di «qualcuno che nutra il mondo» e la visione locale di un ecosistema territoriale in grado di nutrire una regione.

«Penso che abbiate ragione, ma in questa fase del movimento [della coltivazione cellulare, NdA] abbiamo ancora questa visione globale. Molto più negli Stati Uniti che in Europa e in altre zone del mondo. Detto ciò, con questa visione dell'economia esiste una concreta opportunità di creare molto lavoro a livello locale. Non penso che quest'industria (della carne coltivata) debba essere limitata ad alcune aziende. In un mondo ideale, si punta a un sistema in cui i Paesi possano ancora decidere su una parte della propria produzione di cibo…».

«Alla conferenza, durante una conversazione informale, un esponente di New Harvest mi ha detto che, "se vogliamo, presto potremo creare prodotti ibridi da cellule staminali: per esempio, unire carne e carne di pesce, o ancora fare una bistecca di tonno e agnello"».

«Tecnicamente è possibile già oggi. Si possono coltivare cellule di pollo e di tonno e fonderle in un solo elemento. È interessante. In realtà accade già, quando ci servono prodotti composti dall'unione di carne di pesce più economico e carne di pesce più costoso. Detto ciò, spero che esisteranno sistemi di regolamentazione per proteggere il consumatore».

«Se l'industria della coltivazione cellulare rimpiazza l'industria della carne, ci sarà un'enorme depressione agricola… La natura recupererà i suoi diritti sulle praterie che non saranno più utilizzate come pascoli».

«Sì! Per produrre la carne occorrerà circa il 90% di terra in meno. Allora potremo iniziare a rimboschire tutti questi terreni agricoli».

«Avrete comunque bisogno di coltivazioni per i vostri sostituti a base vegetale. Vi servono le api per impollinarle, le erbe selvatiche, la soia, la colza, i cereali. Vi occorrono coltivazioni biologiche per le verdure della dieta vegetariana. Ora, l'agrobiologia necessita di ammendanti organici, di letame animale… Altrimenti dovrete acquistare concimi chimici».

«So di cosa parla. Queste tecniche, biologiche, su piccola scala, in cui si riciclano gli alimenti non scompariranno, poiché sono ancora utilizzate e alcuni consumatori saranno sempre interessati a questo tipo di prodotti».

«Non parlo soltanto di consumo; è una visione dell'ecosistema. La Terra ne ha bisogno. I pascoli degli animali fissano l'anidride carbonica. Loro mangiano l'erba; l'erba cresce: è un sistema di riciclo dell'anidride carbonica. Una foresta che cresce è ottima per fissare l'anidride carbonica; quando è adulta ne fissa molta meno…».

«Penso che i sistemi su piccola scala siano molto utili. In fondo, il problema è capire se vogliamo nutrire tutto il mondo – non si tratta più soltanto degli Stati Uniti –, e con questo tipo di allevamento che ricicla l'anidride carbonica sarebbe necessario il 270% di terra in più per soddisfarne il consumo. La cosa più triste in questa situazione è che il sistema delle fattorie-fabbriche utilizza meno terra. Il che rende tutto un po' problematico».

«Si può anche pensare di educare le persone a mangiare meno carne…».

«Sarebbe perfetto se tra vent'anni nel mondo la gente mangiasse meno carne. A essere realisti, sembra che le persone non trovino la cosa facile. Quando sono diventato vegetariano, ho impiegato circa un anno a eliminare del tutto la carne. Anche per molti miei amici è difficile. In una prospettiva più ampia, quante persone hanno ridotto il loro consumo di carne grazie all'influenza di Greenpeace o di altre organizzazioni animaliste? Penso siano pochissime. Detto ciò, ed è un punto centrale di questa conferenza del GFI, l'idea del flexitarianesimo avanza. La gente inizia a prendere coscienza, e il problema di come facilitargli il compito si fa più semplice. Poiché se porgo a qualcuno un hamburger vegetariano rischio che risponda: "Preferisco il mio buon cheeseburger". Mi piacerebbe poter vedere questo cambiamento. Non avremmo bisogno di quest'industria. È un approccio, e abbiamo bisogno di una varietà di approcci».

«In effetti, nel mondo occidentale penso sia più facile proporre di diminuire il consumo di carne. In India, in Oriente, in Africa e nei Paesi in via di sviluppo, la gente vuole carne…».

«Sì, mangeranno più carne. Diventando più ricche, le persone vogliono mangiare più carne. È una sfida enorme. Come spingere la gente a pensare diversamente al proprio consumo? È bello potergli dire: "Cambiate prodotto; è la stessa cosa, ma fa meno danni"».

«Capisco più la logica della carne coltivata che quella dei sostituti a base vegetale. Poiché amo la verità: quando ho voglia di verdure, mangio verdure. Quando ho voglia di carne, decido di mangiare carne. Non mangio verdure camuffate da carne...».

Ride: «Ci sono persone come lei. Esistono molti approcci. Ci saranno persone che vogliono verdure, ma non prodotti lavorati, e carne biologica. Alcuni consumatori mangiano soltanto la carne della loro fattoria o di quella del vicino. Saranno una cerchia molto ristretta. Altri diranno: "Datemi la mia parte di cellule!". La carne a base di cellule è la stessa, allo stesso prezzo, e fa meno danni al mondo. Non c'è alcun motivo per non acquistarla».

«Qual è la reazione degli altri attori della carne alla rottura radicale che propugnate?».

«Ci sono varie reazioni. Alcune grandi società di lavorazione della carne, come Tyson negli Stati Uniti e PHW in Germania, hanno investito in aziende di carne coltivata. Cominciano a considerarsi fabbriche di proteine. Fintanto che riempiono i piatti della gente, poco importa come si producono le proteine. Quindi, perlopiù la reazione è buona. Vogliono partecipare all'avventura. In alcune associazioni dell'industria della carne e in alcuni Stati in cui esistono grandi gruppi di agricoltori, si cominciano a vedere battaglie sui regolamenti, soprattutto riguardo alla nomenclatura. Negli Stati Uniti si possono notare alcune tensioni, poiché le imprese sono molto proattive nella collaborazione con l'amministrazione governativa e con le associazioni dell'industria della carne».

«Conta per voi il benessere degli animali?».

«Sì, e anche se in proposito all'interno del movimento circolano opinioni diverse penso che un giorno riusciremo a trovare un modo per non arrecare dolore agli animali d'allevamento: dobbiamo prendere questa strada. Certo, il fattore ambientale e quello della salute sono importanti, ma è comunque proficuo dire che per produrre carne non è necessario allevare gli animali facendogli subire tutte quelle sofferenze. Allora perché lo facciamo? Per citare Paul McCartney: "Se i mattatoi avessero pareti di vetro saremmo tutti vegetariani". Penso che in parte sia vero. Alla maggioranza delle persone con cui ne ho parlato non piace ciò che accade nelle fabbriche, e non gli piacciono i filmati che lo rappresentano. A un sondaggio in cui si chiedeva se esistono fattorie-fabbriche, la maggior parte della gente ha risposto di no. In realtà, negli Stati Uniti, il 90% della carne è di provenienza industriale. Nessuno mangia carne perché proviene da fabbriche industriali, ma per il suo sapore e il suo valore culturale, nonostante le fattorie industriali. Allora, liberiamoci delle cose brutte e limitiamoci ad approfittarne».

«E per voi cos'è la carne?».

«Quando penso alla carne penso a una bella esperienza culinaria che trasmette la cultura di comunità diverse. Per certi aspetti, questo rientra in una cultura umana più ampia. Ho avuto la fortuna di viaggiare in tutto il mondo e di vivere in molti posti. Per gran parte della mia vita ho mangiato carne; l'adoravo; adoravo i vari modi di prepararla. Diverse interpretazioni e diverse esperienze culturali… Dovremmo mantenerle per sempre; fanno parte dell'essere umano. Serve soltanto uno sforzo per chiedersi come conservare tutto questo senza danneggiare l'ambiente e la Terra. Partecipare a questo sforzo è una sfida appassionante».

Prima di concludere il nostro colloquio, Abhi ci tiene a precisare la sua visione del futuro e sembra accogliere alcune mie osservazioni: «La mia visione è quella di un movimento globale in cui tutti s'interroghino su come nutrire la gente. Deve essere gestito a livello regionale e locale, e tenendo conto degli aspetti commerciali. Deve riguardare prodotti molto locali. In Cina potrebbero essere le fettine di maiale; qui non ne vedo. Dobbiamo anche essere più accoglienti verso le persone di origini molto diverse, che siano razziali, etniche o nazionali. Deve essere un movimento inclusivo. Non ci siamo ancora confrontati abbastanza su come riuscirci e sul modo in cui nutriremo questa o quella parte del mondo. Non penso che un piccolo gruppo di persone di cultura americana nutrirà il mondo intero. Non è realistico, ma non è colpa loro: non possono assolutamente comprendere la cultura e le sfumature del cibo, per esempio quello indiano o cinese. Mi piace pensare che questo cambierà. Così, i fondi d'investimento con cui lavoro sono molto più interessati all'Oriente rispetto ad altri. C'è un mercato enorme. Altri imprenditori capiscono questi mercati meglio di alcuni locali. La Silicon Valley è fantastica, ma… Esistono vari tipi di imprenditori che conoscono meglio l'Asia e sono più orientati verso l'Asia. Hanno una comprensione culturale del sistema alimentare, e questo è molto più difficile per chi è nato e cresciuto negli Stati Uniti. Quindi è importante che, in quanto industria, ne prendiamo sempre più consapevolezza. Non so se l'ha notato, ma alcune delle tavole rotonde di questi ultimi due giorni avevano un sapore americano. Me lo lasci dire così. E penso sia importante iniziare a riconoscere che dobbiamo confrontarci a livello più globale e che abbiamo bisogno del contributo di persone di varie comunità. Farne argomento di una vera e propria conversazione a cui partecipino tutti e in cui gli uni e gli altri possano accordarsi».

6
Punto cruciale

Dopo tanti incontri, scambi, colloqui, letture, ho bisogno di digerire tutte le informazioni, riordinare i pensieri, riflettere, e vedere anche cosa mi manca per capire ciò che sta accadendo. Fermarmi. Rileggere i miei appunti. Cenare. Cenare bene. In questo Paese è un problema. Certo, non ho avuto tempo per documentarmi molto sulla gastronomia locale, ma ciò che salta agli occhi è l'ampia offerta di ristorazione veloce. La puzza di pessimo olio di hamburger e *nuggets* ammorba l'aria dei marciapiedi, mentre i neon e i colori osceni dei locali rovinano la visuale. Sono luoghi concepiti per ingoiare senza assaporare e squagliarsela, non per fermarsi a tavola per riflettere, tanto più che nel 95% dei casi "i" televisori sono accesi, e anche la musica. Si può ripiegare sulla cucina orientale: giapponese, thailandese, cinese. Anche qui, la cultura locale livella verso il basso; non ci sono posti accoglienti: bisogna verificare di persona, e subito. Inoltre, voglio restare a una distanza ragionevole da percorrere a piedi dall'albergo. Seguo i consigli di un internauta e mi accomodo da Luce: il ristorante dell'Intercontinental. Atmosfera e arredamento internazionali, intercambiabili, nello stile degli uomini d'affari. Nulla di esaltante. La notevole altezza del soffitto dà un senso di sfarzo; la luce soffusa inizia già a rilassarmi; la distanza tra i tavoli garantisce l'intimità dei dialoghi; le sedie sembrano molto comode. Ci sono tovaglie immacolate, tovaglioli di stoffa, posate di metallo, bicchieri eleganti che aspettano solo di essere riempiti di buon vino. La civiltà.

Ordino un secondo e un dolce. Un dentice del Golfo al vapore con verbena al limone. Servito con un cuore di lattuga alla griglia, cavolfiori e nocciole. Un bicchiere di Pinot Hyde de Villaine della contea di Napa; una bottiglia di Badoit. Taccuino; penna. La qualità del cibo e del vino mi apre la mente. Resto a tavola per ben due ore, annotando gli spunti di ragionamento ispirati dalle testimonianze delle persone che ho incontrato.

Sognare – ho detto bene: "Sognare" – di nutrire la gente con dei prodotti falsi (i sostituti a base vegetale) o sintetici (la carne coltivata)... Come possiamo riuscirci? Perché tante persone, piacevoli, tra cui molti giovani, la maggior parte con un alto livello di studi, cedono alle sirene dell'antispecismo? Perché questa fuga in avanti biotecnologica? Perché, in questa parte del continente americano, qualsiasi problema deve essere risolto necessariamente dal mercato? Perché una rivolta legittima di fronte a un fatto – in questo caso la produzione industriale di carne – deve trovare inevitabilmente una soluzione nella creazione di un'azienda destinata a diventare per forza multinazionale? Perché, in questo Paese, davanti a un problema strutturale di ampiezza globale – il modello agricolo e alimentare – non si ragiona mai su una soluzione politica? Perché non si costruisce mai una visione collettiva del futuro? Un progetto di società, ossia della maniera di coltivare, intessere e organizzare le relazioni sociali, economiche e culturali? In fondo, dalla sua nascita, l'agricoltura è stata una delle principali responsabilità dei governi. Nelle società tribali, la gestione delle terre coltivabili ha sempre avuto una dimensione collettiva, succedendo in questo alla spartizione dei frutti della pesca e della caccia tra i membri della comunità. Più di recente sulla scala della storia umana, la predominanza della vita rurale su quella cittadina ha imposto ai governi di farsi carico dell'approvvigionamento o dell'autosufficienza alimentare dei popoli governati. Questo è il consiglio dato a Enrico IV, re di Francia e di Navarra, dal suo ministro Maximilien de Béthune, duca di Sully, nel 1638: «L'aratura e il pascolo sono le due mammelle che alimentano la Francia, e i veri e propri tesori e miniere del Perù». È l'essenza stessa delle politiche agricole.

Ora, qui negli Stati Uniti, sembra che la politica si riduca a regolare la concorrenza sotto la pressione delle lobby; che l'azione governativa si restringa al bilancio economico; che la visione sia limitata a consentire ai più intraprendenti tra i cittadini di ammassare ciascuno una fortuna personale. Il denaro come obiettivo principale della vita. Fino alla filantropia, che deve essere economicamente efficace.

Allora, da dove viene questa malattia dell'individualismo sfrenato, il cui contagio ha attraversato l'oceano Atlantico e contaminato persino un ministro dell'Economia diventato presidente della Repubblica francese, che nel 2015 dichiarava: «Abbiamo bisogno di giovani francesi che vogliono diventare miliardari»?

Fare domande è il fulcro del lavoro giornalistico, che normalmente riconduciamo a sette quesiti: Chi?; Cosa?; Quando?; Dove?; Come?; Quanto?; Perché? Le prime sei domande sono alla base dell'obiettività del mestiere. La settima ci introduce nella valutazione dei fatti e dei comportamenti umani, e il giornalista l'affronta sempre con precauzione, ma è vincolato a esplorare questo aspetto e a condividere ciò che scopre. Il più delle volte, è un fattore condizionato da strumenti soggettivi di analisi della realtà che possono essere la storia, la sociologia, la psicologia, la cultura, ma anche da fattori oggettivi – naturali, geografici, politici, economici – che sottendono i comportamenti e le passioni umane.

I vegetali non c'entrano niente

Chi tra l'antispecismo vegano e l'agricoltura industriale è la causa della mobilitazione di questi imprenditori californiani? La faccenda è più facile da districare rispetto a quella della gallina e dell'uovo. Basta uno sguardo alla Storia per vedere che il vegetarianesimo ha da tempo i suoi nobili paladini – in particolare alcuni filosofi greci e romani e alcune religioni del subcontinente indiano – e che verosimilmente è stato praticato da sempre per gusto, intuizione medica o credenza da parte di individui il cui nome non è rimasto nella storia per mancanza di testimonianze scritte. Possiamo facilmente immaginare i primi *Homo sapiens* cacciatori-raccoglitori farsi un po' più raccoglitori a seconda delle stagioni. Un vegetarianesimo dettato dalle opportunità del momento.

Invece, il veganismo nasce come una vera e propria dottrina nel

1944[1], e vegeta fino alla fine del XX secolo all'ombra dei movimenti di protezione degli animali. Per capire cosa accade, bisogna partire dal crescente turbamento procurato al grande pubblico dai maltrattamenti sugli animali nella produzione industriale di carne. La causa animale è difesa da molto tempo da grandi organizzazioni – come la Société protectrice des animaux in Francia (1845), la Royal Society for the Prevention of Cruelty to Animals nel Regno Unito (1824) e la Humane Society of the United States negli Stati Uniti (1954) –, che erano più rivolte alla protezione degli animali da compagnia (da gatti e cani agli animali esotici) e di quelli da laboratorio (medicina, cosmesi). A partire dagli anni Settanta, in Gran Bretagna e negli Stati Uniti, i gruppetti di vegani iniziano a usare per la causa animale metodi di azione diretta e argomenti ispirati ai movimenti di liberazione degli anni Sessanta-Settanta (clandestinità, riferimenti alla libertà, ecc.). I vegetariani seguivano la loro dieta priva di carne e di pesce senza occuparsi troppo dell'andamento del mondo; i vegani fanno politica e vogliono imporre la soppressione dell'allevamento. I primi passi di quest'agitazione spesso offensiva (pacchi bomba in Gran Bretagna; aggressioni a cacciatori e macellai) non mobilitano molte persone. Queste idee si diffondono grazie a due libri: uno reclama la "liberazione degli animali" (*Liberation animale*, Peter Singer, 2012 [1975]); l'altro il riconoscimento dei "diritti degli animali" (*Droits des animaux*, Tom Regan, 2013 [1983]). I gruppetti scompaiono dalla cronaca. Altri gruppetti di vegani daranno una seconda vita alla causa grazie al concorso di più fattori.

Il veganismo: frutto amaro della globalizzazione

Il primo fattore è la globalizzazione del mondo che segue la caduta dell'impero sovietico ad agosto del 1991. In economia, è il segnale di partenza per la corsa delle grandi imprese sui mercati che gli sembrano più redditizi "ovunque" e l'inizio della guerra che conducono ancora oggi contro le legislazioni nazionali che ne contengono

1 L'inglese Donald Watson, coniatore del termine vegan e cofondatore della Vegan Society, definì non già una dieta, ma le norme di uno stile di vita senza impatto sugli animali.

la voracità. Parallelamente, la finanza segue, o addirittura anticipa la stessa tendenza. A livello sociale, la prima manifestazione globale della storia – con gente venuta da tutto il mondo per manifestare nello stesso luogo – è quella che si svolge a Seattle, contro l'Organizzazione mondiale del commercio, il 29 e 30 novembre 1999. Nella cultura, il fenomenale sviluppo di internet, dei computer e dello smartphone sintonizza i giovani del mondo intero sulle stesse informazioni, sulle stesse emozioni, e inizia a forgiare la coscienza, in ciascun individuo, di appartenere allo stesso mondo, indipendentemente dal proprio Paese di provenienza e dalla propria cultura. Questa "coscienza terrestre" aumenta dopo il fallimento della Conferenza ONU sui cambiamenti climatici del 2009 (COP15 di Copenaghen) e il successo del Summit della Terra Rio+20 (giugno 2012). Il pensiero del riscaldamento climatico e del rapido crollo della biodiversità terrestre e marina si radica nella mente di tutti. Da questo momento in poi risorgono i vegani più agguerriti. Nella legittima preoccupazione mondiale trovano il modo di aggiungere un velo di angoscia scagliandosi pubblicamente contro l'agricoltura. Una vera e propria guerra politica.

Alla ricerca di una visione del futuro

La generazione nata nel mondo globalizzato ha bisogno di una visione che le permetta di proiettarsi nel futuro. Al contrario di quella che l'ha preceduta, questa generazione non ha conosciuto il lutto per una teoria del mondo migliore, ma non ha alcuna visione propria, filosofica e politica, di come potrà essere il proprio futuro. Eredita un mondo ampiamente danneggiato dalle generazioni precedenti, senza cassetta degli attrezzi per ripararlo. I suoi antenati avevano l'obiettivo di migliorare le condizioni di vita dei loro figli, e c'erano in parte riusciti: la generazione dei *millennials* capisce subito che la società è in regressione sociale e l'ambiente è in pericolo. I loro predecessori credevano nella capacità dello Stato di trasformare le loro vite; i *millennials* hanno visto l'impotenza dei governi nazionali sull'andamento sociale del mondo e sono quotidianamente immersi nel vortice della globalizzazione. I loro genitori potevano sequestrare i datori di lavoro per costringerli al dovere sociale di condividere i benefici del lavoro; i *millennials* possono al massimo boicottare una marca il cui "proprietario" è un fondo pensionistico senza volto. Possono anche tentare di fare un passo di lato in un diritto da difendere mentre i loro genitori indossano dei gilet gialli con la voglia di spaccare tutto. In questa fase, aumenta il divario che separa i miliardari da coloro che non sono più loro concittadini se non per il fatto che condividono la stessa storia. Quest'analisi su una possibilità di margine o di contro-potere politico vale per il mondo europeo, ancora intriso di cultura sociale e politica (cultura che del resto determina il successo elettorale dell'estrema destra).

L'economia per la salvezza

Negli Stati Uniti, le stesse cause non producono gli stessi effetti, poiché la cultura è differente. Differente fin dalla nascita del Paese. Non dimentico, né disprezzo, le grandi lotte sociali e politiche che questo Paese ha conosciuto; ma ciò che domina, ciò che prevale sulla visione collettiva, è la cultura della "salvezza individuale", ampiamente confusa con la ricerca della massima ricchezza. Là il dollaro è un istinto primario; da noi i primi istinti sono il bene comune e il legame sociale. Questa supremazia del denaro su tutto il resto proviene, a mio avviso, dalle radici puritane di questo Paese. Non voglio fare qui un'analisi spicciola dell'importanza del protestantesimo nella nascita del capitalismo; quest'ultimo è anche geneticamente legato all'Illuminismo, al Razionalismo e alle rivoluzioni industriali. Ma è grazie al protestantesimo che il capitalismo americano ha una portata e una potenza maggiori rispetto ai suoi cugini europeo e asiatico. Obiettivamente, senza le persecuzioni religiose in Europa non ci sarebbe stata la massiccia emigrazione dei puritani in America. Vi importarono la pratica del prestito con interesse (autorizzato da Calvino, fustigato dai cattolici) e un rapporto diverso con il lavoro rispetto a quello del mondo cattolico.

Una delle idee portanti del dogma protestante è che la speranza della salvezza divina passa soltanto attraverso l'atto di fede: fede che s'incarna nell'investimento nel lavoro. Là dove il cattolico smette di lavorare una volta assicurati i propri bisogni, il protestante continua per la propria salvezza. Il lavoro è un mezzo per glorificare Dio. L'ozio è un peccato orribile, e quando con il lavoro si guadagnano molti soldi non bisogna fermarsi per goderne, ma reinvestirli nel lavoro. Questo spiega in parte la volontà senza scrupoli di conquistare sempre nuovi spazi geografici, economici e finanziari. Spirito di conquista che costò alle nazioni amerindiane la loro esistenza. Questa teoria dell'uomo solo davanti a Dio farà sviluppare sia il senso di responsabilità che la cultura del successo individuale, e peserà sull'essenza della nascente democrazia americana. Una democrazia che veglia sui diritti costituzionali di ciascuno: non una Repubblica che unisce grazie a una visione collettiva della società.

Quasi duecentocinquanta anni dopo la loro indipendenza dalla Corona britannica, gli Stati Uniti non somigliano più ai tredici Stati puritani della costa Est, ma la loro impronta è ancora viva nella società. Impronta evidente nel motto «*In God we trust*»[2] stampato sulle banconote, nel giuramento sulla Bibbia del presidente degli Stati Uniti, nelle poche vacanze che gli americani si concedono[3], nelle dimensioni raggiunte dall'affare Monica Lewinsky[4], nell'ossessione per la salute e la purezza. È evidente nell'importanza della filantropia in questo Paese. Tra le persone più ricche del mondo[5] si contano quattordici americani nei primi venti posti. Versano buona parte del loro denaro alle scuole e alle università private, agli ospedali privati, un po' alle ONG umanitarie e molto alle start-up, poiché per loro reinvestire i guadagni è un dovere morale. Ai loro occhi sarebbe inconcepibile limitarsi a godersi questo denaro. Non accumulano i soldi come i borghesi cattolici: ne guadagnano per "fare del bene". Il profitto ha una dimensione morale. Non si tratta di fare beneficenza ogni tanto, ma di

2 "In Dio noi confidiamo".

3 In media, dodici giorni di congedo e otto giorni di ferie. Non sempre i congedi sono retribuiti, poiché nessuna legge lo impone.

4 Nel 1998-1999, il presidente Bill Clinton ha rischiato di essere destituito per via della relazione sessuale intrattenuta con Monica Lewinsky, una stagista della Casa Bianca. Il fatto che in un primo momento abbia negato la relazione ha scioccato quanto l'adulterio in sé e il luogo in cui si è svolto: l'ufficio presidenziale.

5 Jeff Bezos (131 miliardi di dollari); Bill Gates (96,5 miliardi di dollari); Warren Buffet (82,5 miliardi di dollari); il quarto è francese, Bernard Arnault (76 miliardi di dollari), e anche la prima donna: Françoise Bettencourt Meyers (49 miliardi di dollari), al 15° posto.

costruire la propria vita su un metodo di lavoro continuo e redditizio. Questo non assicura la "salvezza", ma almeno lo *status* di "eletto" del Signore. Il lavoro come prova di fede, al contrario di quanto accade nel mondo cattolico, in cui quest'ultima si esprime attraverso la preghiera... Cosa che glorifica monaci e suore lontano dal mondo del lavoro. La fede protestante si afferma con la pratica; quella dei cattolici con il misticismo. È per questo che da noi il lavoro «appare spesso come un male necessario»[6]. Se gli americani cercano "l'efficienza sociale" con la filantropia, gli europei latini rivendicano "l'uguaglianza sociale", o almeno l'equità sociale, con le leggi che li governano. È una differenza di proporzioni, spesso fonte d'incomprensione tra le due sponde dell'Atlantico.

Un immaginario adulterato

Questa etica del lavoro legata alla morale religiosa è per molti alla base del successo del capitalismo americano. Quest'ultimo ha cambiato marcia ad ogni rivoluzione tecnologica o energetica, e a volte ha cambiato attori, ma si è sempre appoggiata alla tecnologia e alle scienze che lo servono. Oggi, la finanziarizzazione del capitalismo l'ha reso globale e ne ha distrutto il fondamento, che era l'imprenditoria privata legata a un mestiere o a una catena di mestieri. Oggi gli imprenditori non hanno altro mestiere che la finanza. Non solo tutto il resto è sottomesso, ma tutto il resto – la costruzione storica, sociale, della società, culturale, dei mestieri – è distrutto. Quindi è logico trovare a capo delle imprese che vogliono sostituirsi all'agricoltura persone che non ne sanno nulla.

Questi trentenni e quarantenni della Silicon Valley sono nati nell'era digitale in un Paese dominato dall'ideologia tecnica. Ideologia che ha partorito l'agricoltura industriale. Non stupisce che, davanti al fallimento, documentato ma non completamente condiviso, del modello agroindustriale, sia nel Paese dai peggiori eccessi sociali, sanitari, genetici, ecologici, economici e finanziari, che la nuova generazione cerca soluzioni in rottura con il modello precedente. La caratteristica

6 Sébastien Fath, storico francese specializzato in protestantesimo evangelico (2003).

di questa generazione è di essere urbanizzata, nata in un mondo digitale, allevata a hamburger, *nuggets* e pizza, in un Paese-continente in cui la coltura agricola dominante è quella dei campi di cereali grandi come villaggi europei; in cui l'allevamento ha ceduto il passo a complessi produttivi di carne in cui si ammassano migliaia di bovini e decine di migliaia di volatili. In cui l'animale è scomparso a vantaggio di una massa indistinta di minerali di carne. In cui l'alimentazione spazzatura attenta alla salute della popolazione. Una generazione disgustata dal cibo che il suo Paese gli propone e totalmente ignorante di cosa possano essere l'allevamento in policoltura, la lavorazione nobile – artigianale o industriale – dei prodotti agricoli, il piacere di cucinare ogni giorno, e in senso più ampio la gastronomia casalinga. Certo, i più agiati tra loro hanno mangiato presso chef stellati, ma non hanno mai assaporato la gioia quotidiana del mangiar bene in tutte le sue sfaccettature. Non dimentichiamo che per questa generazione la cucina è stata soprattutto il luogo delle loro esperienze di *bio-hacking*… Si divertono con le molecole viventi come con i loro videogiochi. È il loro immaginario…

Contropotere economico

Quindi non sorprende che la risposta all'alimentazione spazzatura, nel Paese in cui quest'ultima è nata[7], utilizzi gli strumenti che ha a disposizione: biochimica, biologia di sintesi, manipolazione genetica, intelligenza artificiale. Questa generazione tecnologica cerca nella tecnologia la risposta ai suoi problemi fondamentali del futuro. Le manca la cultura di risalire alla causa dei problemi per risolverli. Sa solo trovare soluzioni alle conseguenze. È rinchiusa nell'ideologia tecnica e nell'economia che ne consegue.

Dato che il disastro agroindustriale è su scala mondiale, che gli investitori giocano su tutte le piazze borsistiche, che la nozione di ecosistema uomo-natura nel senso geofisico del termine non significa nulla

7 A titolo informativo, negli anni 1955-1965 si inviavano i giovani agricoltori europei a formarsi negli Stati Uniti. Partivano con l'aspetto di contadini e tornavano con quello di ingegneri.

per una generazione totalmente senza terra, questi giovani cresciuti in «una nazione con l'anima di una Chiesa»[8] sono quasi predestinati a voler salvare il mondo. Certo, con le aziende giuste, poiché qui tutto passa per il lavoro, così come la trasformazione dell'economia passa attraverso il mercato, non da una decisione politica. La politica esiste per servire l'economia, e non la società. Allora, quando il disgusto per i maltrattamenti animali è al colmo, quando il livello d'allerta sulle condizioni ecologiche del mondo vira al rosso, quando la crescita demografica mondiale la spaventa, questa generazione gioca al «Piccolo chimico» per trovare la formula magica universale. Sarà la carne *in vitro* a risolvere con una sola piuma di gallina i problemi alimentari, climatici, ambientali e demografici. Un po' più di pace nel mondo. Occorre essere americani per pensare così. O urbanizzati di terza generazione, ossia senza esperienza dell'evoluzione parallela uomo-natura, senza alcun vissuto del posto dell'essere umano nella natura e di quanto quest'ultimo debba alla prima.

Per precisare cosa intendo per generazione, quest'avventura della «coltivazione cellulare» inizia con una banda di vegani californiani. Sarebbe potuta naufragare senza seguito, ma da un lato quest'avventura s'incarna in imprese sul modello delle start-up adatte a sedurre investitori che in questo modo hanno avuto successo, soprattutto nella Silicon Valley e, d'altro lato, la strategia di vendita dei prodotti è subito indirizzata a tutti, e non solo ai vegani, e da questo proviene il suo successo. È il sotterfugio linguistico del flexitarianesimo, e ne riparleremo.

Infine, questi prodotti veicolano la promessa di un impegno per salvare il pianeta che conforta chi li acquista nell'idea di militare a suo modo per un mondo migliore. Una questione di portafoglio, in un certo senso. Queste tre ragioni spiegano l'incontro immediato del favore del pubblico e il successo delle raccolte di fondi come quella di Just, creata nel 2011, che ha ottenuto un totale di duecentoventi milioni di dollari (numeri di ottobre 2019). Un tale decollo finanziario permette di costituirsi come contropotere economico, di accarezzare il sogno di una parte crescente del mercato alimentare mondiale. Di operare una sostituzione di prodotti.

8 Titolo di un libro – Nation with the Soul of a Church (1975) – di Sidney Mead: teologo e scrittore americano (1904-1999).

Le start-up mostrano poco il loro lato vegano, e molto l'immagine dell'impegno ecologista. I loro fondatori si curano di non ostentare l'attivismo vegano che potrebbe oscurare la narrazione fornita ai "flexitariani". A ciascuno il suo ruolo; c'è un frazionamento dei ruoli anche nella mafia vegana.

7
Ragnatela economica

Come tutti i giornalisti d'inchiesta, sono un po' paranoico: quel tanto che basta da non prendere per oro colato la realtà apparente, da scavare sotto la superficie delle cose, da diffidare dei preconcetti, soprattutto dei miei. Invece, non sono affatto complottista, non speculo su legami immaginari, bado a non fare collegamenti tra cose scollegate, non confondo le coincidenze con l'azione concordata, non vedo "comandi generali" o "centri del male" ovunque. Fatta questa premessa, posso affermare qui che in materia di carne coltivata, surrogati e alimenti da biologia di sintesi assistiamo a una vera e propria offensiva economica e ideologica. Un movimento di base proteiforme, composto da attori dagli interessi al tempo stesso complementari e concorrenti, che hanno già costruito un ambiente economico e finanziario che li rende dinamici: start-up e laboratori di ricerca, incubatori, fondi d'investimento, fondazioni, gruppi di esperti, reti d'influenza, reti commerciali. Non v'infliggerò la lettura di un elenco dei *novel foods*, come li chiamano in California – e sfortunatamente anche alla Commissione europea –; vi invito soltanto a una breve panoramica di questo movimento per permettervi di giudicare su basi documentali questa offensiva. La sua nascita origina dalla convergenza d'interessi contestuali: una necessità strategica di ricerca scientifica per la NASA, il movimento di *bio-hacking* e la mercificazione della modificazione genetica, l'enorme quantità di denaro disponibile presso i miliardari della Silicon Valley, lo sviluppo della filosofia dell'altruismo efficace, il lavoro dei transumanisti dell'intelligenza artificiale, il tutto con lo sfondo del riscaldamento climatico e della crisi della biodiversità a livello planetario. Un cocktail inimmaginabile appena quindici anni fa.

Un fiammifero di nome NASA

Se mettiamo da parte la medicina rigenerativa e il suo lavoro sulle colture e i trapianti di pelle, se non teniamo conto dei lavori pionieristici di Russell Ross[1] e di quelli di Willem van Eelen[2] sulla coltura cellulare, lo stimolo alla ricerca sulla carne *in vitro* viene dalla NASA, che nel 2001 inizia degli esperimenti sulla possibilità di produrre cibo fresco nello spazio, in previsione dei viaggi su Marte[3]. Il primo risultato arriva l'anno successivo, con la pubblicazione di un esperimento scientifico. Un'équipe del Touro College di New York ha prelevato dei filetti di pesce rosso, li ha lavati con l'alcol e poi li ha immersi nel siero fetale di vitello: una settimana dopo, i filetti erano cresciuti del 14%. Il risultato di questo esperimento viene accolto con prudenza, ma Jason Gaverick Matheny ne è entusiasta.

Jason Gaverick Matheny

Dopo il diploma con indirizzo artistico, Jason G. Matheny ha conseguito un master in Amministrazione aziendale, e poi si è orientato sulla sanità pubblica. Sta per laurearsi. È appena tornato dall'India, dove ha studiato per sei mesi l'efficacia della prevenzione dall'Aids per conto della Fondazione Bill e Melinda Gates, e dove è rimasto inorridito per le condizioni sanitarie degli allevamenti industriali di polli. Jason G. Matheny contatta gli scienziati del Touro College, e nel 2004 ne convince tre a lanciare con lui New Harvest[4]: un istituto di ricerca privato sotto forma di organizzazione senza scopo di lucro fi-

1 Russell Ross (1929-1999), professore americano di Patologia, noto per i suoi lavori di ricerca sulla biologia vascolare e la coltivazione cellulare.
2 William Willem van Eelen (1923-2015), ricercatore olandese, considerato il padre della carne in vitro. Ha depositato alcuni brevetti sulla produzione di carne coltivata a partire dagli anni Novanta, e ha convinto il governo olandese e un consorzio d'imprese a finanziare, tra il 2005 e il 2009, delle ricerche che saranno alla base del lavoro di Mark Post.
3 Stando alle fonti, le prime spedizioni umane su Marte sono annunciate tra il 2030 e il 2040. In funzione della distanza tra la Terra e Marte e della potenza del veicolo, il tempo del viaggio è stimato tra duecentocinquanta e trecentocinquanta giorni.
4 "Nuovo raccolto".

nanziato da donazioni. Per accelerare la ricerca accademica in materia di coltivazione cellulare, New Harvest pone l'accento sul maltrattamento degli animali e sull'impatto ambientale dell'allevamento. È ciò che risveglia il cuore vegano dei protagonisti della Silicon Valley. Le donazioni affluiscono e le iniziative di ricerca privata si moltiplicano. Ne riparleremo più avanti.

Preso il via (a missione compiuta?), Jason G. Matheny esercita il suo talento al Future of Humanity Institute dell'Università di Oxford, dal profumo transumanista, dove lavora sui «rischi esistenziali». In seguito è ammesso all'Intelligence Advanced Research Projects Activity (IARPA): un importante organismo di «ricerca avanzata sull'informazione» della sicurezza nazionale degli Stati Uniti. Ne diventa il direttore dal 2015 al 2018. È stato copresidente del gruppo di lavoro sull'intelligenza artificiale legata alle reti e alla tecnologia dell'informazione che è all'origine del Piano strategico nazionale di ricerca e sviluppo sull'intelligenza artificiale pubblicato dalla Casa Bianca a ottobre del 2016. A gennaio del 2019, a Washington, nella Scuola di politica estera (Walsh School of Foreign Service) dell'Università di Georgetown, crea e dirige il Center for Security and Emerging Technology ("Centro per la sicurezza e le tecnologie emergenti"), grazie a una donazione di duecentocinquanta milioni di dollari da parte dell'Open Philanthropy Project. Jason G. Matheny è un ricercatore scombinato che passa da un ragionamento all'altro – uno dei cento «Global Thinkers», come lo classificava «Foreign Policy's» nel 2017 – o dobbiamo pensare che la coerenza della sua carriera stia nell'attenzione costante alla «sicurezza» e all'«informazione», come si dice nelle agenzie governative? Non riuscirò a saperne di più, poiché Jason G. Matheny ha declinato la mia richiesta di intervistarlo, nonostante la mia insistenza.

New Harvest

Fondata nel 2004, la creatura di Jason Metheny ha l'obiettivo di far emergere la problematica della coltivazione cellulare e acellulare dai confini della scienza per farla riconoscere come una disciplina scientifica a tutti gli effetti «sulla quale costruire una bioeconomia postanimale, in cui i prodotti animali sono ricavati da coltivazioni cellulari, e non da animali, per riuscire a nutrire in maniera sostenibile e a un costo ragionevole una popolazione mondiale crescente». Si tratta di applicare le conoscenze di ingegneria tissutale e di biologia sintetica alla coltivazione dei cibi per «rivoluzionare la catena di approvvigionamento dei prodotti di origine animale». New Harvest finanzia ricerche universitarie che puntano all'innovazione nel campo della coltivazione cellulare, come nuove formule di terreni di coltura, bioreattori[5] e sistemi di assemblaggio di tessuti per la produzione della carne *in vitro*. Nell'ottica di New Harvest, aver posto queste sfide scientifiche desterà l'interesse degli investitori. Bill Gates, Richard Branson e Peter Thiel risponderanno all'appello. New Harvest lancerà sul mercato Muufri nel 2014 (diventata Perfect Day nel 2016), che produce latte di mucca senza mucca, e Clara Foods nel 2016, che produce albume d'uovo di gallina senza gallina. Dal 2016, New Harvest organizza una conferenza annuale sulla coltivazione cellulare in cui si riuniscono scienziati, imprenditori e investitori in bioscienze.

Bio-hacking

È l'epoca del *bio-hacking*: questo movimento di persone che conducono esperimenti biologici fuori dalle istituzioni accademiche e, per alcuni adepti, esperimenti su se stessi. Le loro ricerche di «biologia partecipativa» uniscono biologia, alimentazione e nuove tecnologie. Nel 2012, la scoperta delle forbici del DNA[6] rende la modificazione genetica a portata di mano e di portafogli[7]. Le persone immerse in questa cultura ibrida di biologia e informatica cercano luoghi per

5 Un bioreattore, detto anche fermentatore, è un'apparecchiatura che serve a moltiplicare microrganismi (lieviti, batteri, funghi microscopici, alghe) o a coltivare tessuti cellulari (di origine animale o vegetale). Il principio è antico, e si utilizza per fare la birra, lo yogurt, additivi alimentari, vaccini, vitamine…

6 CRISPR-Cas9 (Clustered Regularly Interspaced Short Palindromic Repeats, "Brevi sequenze palindromiche raggruppate e separate a intervalli regolari") è uno strumento per modificare il genoma utilizzando l'enzima Cas9 per tagliare il DNA di una cellula, da cui il soprannome "forbici".

7 Si può acquistare un kit di modificazione genetica con tecnologia CRISPR-Cas9 a partire da 150-200 dollari.

espandersi. La Silicon Valley, San Francisco, Berkeley, rappresentano l'ambiente tecnologico, scientifico e finanziario più indicato ad accettare le innovazioni di rottura come quelle della carne coltivata o della falsa carne a base di piante. È così che la California attirerà gli avventurieri della coltivazione cellulare.

L'altruismo efficace

L'altruismo efficace è una filosofia e un movimento recente, ma che discende dall'utilitarismo del filosofo britannico Jeremy Bentham (1748-1832) e del suo discepolo John Stuart Mill (1806-1873). Il filosofo australiano Peter Singer pone le basi dell'altruismo efficace in un saggio apparso nel 1972 – *Famine, Affluence and Morality* ["La carestia, la ricchezza e la moralità", NdT], motivato dalla Guerra di Liberazione del Bangladesh: «Se è in nostro potere impedire che accada qualcosa di brutto, senza per questo sacrificare nulla d'importanza morale equivalente, allora dovremmo, moralmente, farlo». Precisa:

> Non fa alcuna differenza morale se la persona che posso aiutare sia il figlio del vicino che vive a dieci metri da me o un bangladese di cui forse non saprò mai il nome a diecimila chilometri da qui. [...] Il punto di vista morale esige che guardiamo al di là degli interessi della nostra società personale. Un tempo [...], forse questo non era fattibile, ma oggi è assolutamente possibile. Da un punto di vista morale, la prevenzione della mancanza di cibo per milioni di persone al di fuori della nostra società deve essere considerata almeno altrettanto urgente del rispetto delle norme sulla proprietà in seno alla nostra società (Singer, 1972).

Facendo dell'efficacia una morale, il filosofo propone di calcolare, come un ingegnere, gli aspetti economici di qualsiasi gesto di beneficenza. L'impegno è sempre individuale; il legame sociale, il luogo, le dinamiche sociali e la gioia collettiva di trasformare il mondo non contano. Contano soltanto la manifestazione dell'esigenza morale individuale e la soddisfazione, necessariamente modesta, che l'altruista si concede di trarne.

Dopo tre anni, nel 1975, Peter Singer pubblica *Liberazione animale*, in cui segue il suo ragionamento etico utilitaristico ammettendo gli animali a far parte della stessa comunità morale degli esseri umani in nome della loro capacità di soffrire. Il libro è tradotto in molte lingue e, opera di riferimento degli animalisti, non smette di essere ripubblicato.

Centre for Effective Altruism

Creato nel 2009 a Oxford (Regno Unito) e Berkeley (Stati Uniti), ha l'obiettivo di fare della filosofia dell'«altruismo efficace» un movimento, come spiega il Centro sul suo sito web: «La nostra è la visione di un mondo ottimale. La nostra missione è creare una comunità mondiale di persone che hanno fatto dell'aiuto degli altri una parte essenziale della loro vita e che utilizzano esperimenti e ragionamenti scientifici per comprendere come farlo in maniera più efficace possibile».

L'ideologia indica la strada, e in questo senso il Centro per l'altruismo efficace è convinto di essere all'avanguardia e d'illuminare il mondo: «La nostra missione è un mondo ottimale. Sappiamo che è ambizioso e non specifico. Pensiamo che esistano molti fattori diversi per rendere il futuro migliore possibile, di cui molti che probabilmente l'umanità non comprende».

Per questo, gli altruisti efficaci si curano di precisare: «Un elemento chiave della nostra riflessione è una grande incertezza: l'incertezza riguardo alla teoria morale migliore, ai problemi sui quali dovremmo lavorare e alla maniera di costruire una buona comunità».

Fatta questa premessa, spiegano che «le opportunità più efficaci per fare del bene mirano a migliorare il futuro a lungo termine», poiché, matematicamente, «nel futuro ci saranno potenzialmente più persone». Per «migliorare la traiettoria del mondo a lungo termine» è opportuno, ai loro occhi, «ridurre i rischi esistenziali», intesi come i rischi di estinzione e di non estinzione definiti dal pensatore transumanista svedese Nick Bostrom, ossia i «rischi che minacciano di provocare l'estinzione umana» e i «rischi che minacciano di ridurre in maniera permanente e importante il valore del futuro». La definizione finale è dovuta a Nick

Beckstead[8], anch'egli transumanista, per il quale «è importante aumentare la probabilità che si concretizzi il migliore dei mondi possibili». Nel 2013 confidava in un colloquio sul sito web del laboratorio Machine Intelligence Research Institute (MIRI): «Da un punto di vista globale, ciò che conta di più (nell'aspettativa del futuro remoto) è fare ciò che è meglio per la traiettoria generale, nel corso della quale i nostri discendenti si evolveranno per milioni, miliardi e migliaia di miliardi di anni a venire» (Muehlhauser, 2013).

Come nel vecchio adagio "Verranno giorni migliori", dove come al solito, in concreto, la realizzazione di un mondo armonioso, giusto, equo e felice è rimesso alle generazioni future. Gli utopisti dei secoli passati ragionavano su una scala temporale di una o due generazioni: si militava per i propri figli e nipoti. Gli altruisti efficaci si occupano di regolamentare il mondo con uno sguardo nell'ordine di millenni. Il postumano non gli fa paura: lavorano da transumanisti. Non vorrei tradire il loro pensiero estrapolando delle singole frasi; quindi riporto un altro estratto della stessa intervista:

> Gli eventi astronomici suggeriscono che l'umanità (compresa la "postumanità") potrebbe sopravvivere per miliardi o miliardi di miliardi di anni [...], e quindi potrebbe produrre enormi quantità di bene. Ma il valore prodotto dal nostro futuro dipende dalla nostra traiettoria di sviluppo. Se l'umanità si distrugge nel XXI secolo con la potenza delle tecnologie, allora quasi tutto questo valore futuro è perso. E se sopravviviamo ma seguiamo una traiettoria dominata da conflitti e decisioni sbagliate, il futuro potrebbe essere molto meno promettente che se la nostra traiettoria fosse dominata dall'altruismo e dalla saggezza. Inoltre, alcune nostre azioni attuali possono avere «ripercussioni» che determinano la traiettoria dello sviluppo umano, poiché molti risultati dipendono dal percorso seguìto. Di conseguenza, le azioni che producono direttamente o indirettamente dei cambiamenti di traiettoria particolari (per esempio, attenuare i rischi esistenziali) possono avere

8 Britannico, membro del Centre for Effective Altruism, è anche ricercatore presso il Future of Humanity Institute (diretto da Nick Bostrom) e membro dell'Open Philanthropy Project; già direttore di ricerca di Giving What We Can e analista presso Give Well.

> molto più valore (in fatto di aspettativa) rispetto ad azioni che hanno soltanto dei vantaggi immediati (per esempio, salvare la vita di venti animali selvatici)[9] (Muelhauser, 2013; traduzione in francese dell'autore).

Per riassumere, e in termini più semplici, se «non facciamo attenzione a ciò che facciamo, compromettiamo le buone condizioni di vita delle generazioni future», ossia una reinvenzione dell'acqua calda, come si dice nel mio Paese. Gli altruisti efficaci non sono i soli a pensarlo, e molta gente – penso ai climatologi, agli ecologi e alle manifestazioni mondiali più giovani – reclama con urgenza ciò che occorre fare e non fare. Questo non passa per la beneficienza individuale, ma per l'azione politica nel senso nobile del termine: impegnarsi per la città e sporcarsi le mani per risolvere i problemi.

Nick Beckstead spiega che basa il suo ragionamento su un principio che somiglia a quello degli informatici, che riducono la complessità della realtà a serie di 0 e di 1, e che mostra fino a che punto questo pensiero sia riduttivo:

> Mi piace affrontare la questione dell'importanza del futuro remoto dividendo il futuro in grosse porzioni di tempo (che chiamo "periodi"), attribuendo dei valori a queste grosse porzioni di tempo e poi attribuendo un valore al futuro in funzione del valore attribuito alle grosse porzioni di tempo. Potreste paragonarlo alla scrittura di un programma informatico che esplorerà l'insieme della storia

9 Per evitare qualsiasi fraintendimento, ecco l'estratto in lingua originale: «Astronomical facts suggest that humanity (including "post-humanity") could survive for billions or trillions of years [...], and could thus produce enormous amounts of good. But the value produced by our future depends on our development trajectory. If humanity destroys itself with powerful technologies in the 21st century, then nearly all that future value is lost. And if we survive but develop along a trajectory dominated by conflict and poor decisions, then the future could be much less good than if our trajectory is dominated by altruism and wisdom. Moreover, some of our actions today can have "ripple effects" which determine the trajectory of human development, because many outcomes are path-dependent. Hence, actions which directly or indirectly precipitate particular trajectory changes (e.g. mitigating existential risks) can have vastly more value (in expectation) than actions with merely proximate benefits (e.g. saving the lives of 20 wild animals)».

> del mondo con il suo futuro, lo scinderà in periodi, analizzerà ciascun periodo e gli darà un valore, poi calcolerà un valore dell'insieme come una funzione del valore delle sue parti. La separazione dei periodi è stabilita in maniera arbitraria, ma proprio perché è una tecnica di approssimazione. Penso che la tecnica di approssimazione dia delle risposte utili e ragionevoli se i periodi sono sufficientemente lunghi (varie centinaia, varie migliaia di anni, o più) (Ibidem).

È così che, in nome dell'efficacia, l'altruismo omonimo elimina ogni visione olistica del mondo e non mette in discussione l'ordine economico, ma vuole ricavarne più denaro possibile – tramite le sue organizzazioni e le sue reti – per farne beneficiare le persone più utili alla traiettoria del mondo sperato/fantasticato (cancellare la voce che non interessa). Nel 2018, il Centre for Effective Altruism ha distribuito 5,8 milioni di dollari alle seguenti organizzazioni: Giving What We Can; 80000 Hours; Effective Fundraising; Global Prioritisation Programme; Effective Altruism Foundation (EAF); Future of Humanity Institute (FHI); Against Malaria Foundation; Charity Science Foundation of Canada; GiveWell; Schistosomiasis Control; Innovations for Poverty Action; The Abdul Latif Jameel Poverty Action Lab; Development Media International (DMI); Iodine Global Network (IGN); Sightsavers; Malaria Consortium; Ending Neglected Diseases (END).

Parallelamente, il Centre for Effective Altruism guidava i donatori verso i quattro fondi d'investimento di cui ecco di seguito i rispettivi bilanci di donazioni al 30 settembre 2019:

- Animal Welfare Found ha distribuito 3.511.000 dollari. Il gruppo dirigente riunisce membri dell'Open Philanthropy Project, di Effective Giving, di Charity Entrepreneurship, di Open Wing Alliance (legata a The Human League) e di Farmed Animals Funders;
- Global Health and Development Fund, diretto dal fondatore di GiveWell, ha donato 4.746.126 dollari;
- Long Term Future Fund ha donato 2.341.685 dollari. Alla sua guida si trovano un operatore di borsa, una direttrice della strategia del Center for Security and Emerging Technology (CSET, fondato da Jason G. Matheny), un razionalista animatore del sito

web LessWrong, un ricercatore del MIRI, un capo del programma dell'Open Philanthropy Project e un direttore esecutivo dell'Effective Altruism Foundation;

- Effective Altruism Meta Fund ha sborsato 1.716.264 dollari. Sostiene abitualmente: Center for Effective Altruism, 80000 Hours, Effective Altruism Foundation, Rethink Charity, SHIC (tramite Rethink Charity), LEAN (tramite Rethink Charity), Global Priorities Institute, Giving What We Can, EA Outreach (acquisita da CEA), LessWrong2.0, Charity Science, Charity Entrepreneurship, Center for Election Science, The Ethics of Giving Conference, EA Policy, EA Geneva, Global Priorities Project. È anche alla testa di: Founders Pledge, Effective Giving UK, Raising for Effective Giving (tramite l'EAF), Generation Pledge, RC Forward (tramite Rethink Charity), Kinder, One for the World, Sparrow.

Una buona parte del denaro raccolto torna nel circuito dell'altruismo efficace. La miriade di organizzazioni segmenta il mercato come un ingegnere segmenta la produzione di una fabbrica. Qui lo si fa con la beneficenza: non è una novità, ma ciò che è nuovo è la segmentazione di un movimento su ciascuna sfumatura della vita per ottenere la massima quantità di denaro. Logico, poiché la beneficenza è l'anima e lo scopo degli altruisti. Quando donano fuori dalla rete delle organizzazioni che hanno creato aumentano il loro circuito d'influenza. A tutto questo si aggiungono cicli di conferenze, libri e siti web, tra i quali il sito razionalista-transumanista LessWrong.

Oltre ad animare il suo movimento, il Centre for Effective Altruism controlla due organizzazioni chiave nel circuito finanziario degli altruisti:

- Giving What We Can ("Dare ciò che possiamo") è un'organizzazione di beneficenza fondata nel 2009 da Toby Ord, filosofo presso il Balliol College (Oxford, Regno Unito), ispirata alle idee di Peter Singer. I suoi membri s'impegnano a donare il 10% delle loro entrate annuali, per tutta la loro carriera. L'organizzazione conta oggi più di quattromila membri, che hanno donato in totale 127 milioni di dollari, che sulla loro intera vita dovrebbe rappresentare circa 1,5 miliardi. Nell'ambito del pensiero utilitarista, l'organizzazione ha messo a punto dei programmi di calcolo. Uno per «determinare le entrate di qualcuno in rapporto al resto del mondo e stabilire l'impatto del nostro impegno (per esempio, utilizzando le entrate medie del Regno Unito o le entrate medie degli Stati Uniti)»: per incoraggiare a donare di più. L'altro per convertire sapientemente la promessa collettiva di donazioni nel corso di una vita in «milioni di anni sani guadagnati»;

- Giving What We Can ha generato The Life You Can Save: organizzazione fondata nel 2012 da Peter Singer nello spirito del suo libro omonimo, salutato da Bill e Melinda Gates come «un lavoro persuasivo e ispiratore che cambierà ciò che pensate della filantropia». L'organizzazione vuole «cambiare la cultura della donazione nei Paesi ricchi e al tempo stesso aumentare considerevolmente le donazioni annuali alle organizzazioni senza scopo di lucro dall'impatto considerevole, che riducono la sofferenza e la morte prematura, e migliorano la vita e i mezzi di sussistenza delle persone che vivono in condizioni di povertà estrema». Nel 2018, The Life You Can Save ha mobilitato 5,25 milioni di dollari di donazioni, di cui 4,79 sono stati utilizzati per le cause, e il resto per la gestione. L'organizzazione ha iniziato a espandersi a livello internazionale.

Questo tipo di scatole cinesi, in cui un'organizzazione al tempo stesso raccoglie denaro e fornisce consulenze per orientare le donazioni verso altre organizzazioni a lei gradite – ossia che crea o che finanzia –, è caratteristico dell'ecosistema degli altruisti efficaci. «La beneficenza ben gestita inizia da se stessi», si dice nelle nostre campagne.

Mossa dallo stesso spirito "efficace", l'organizzazione londinese 80000 Hours ("80.000 ore" sono il tempo stimato di una vita di lavoro) è una società di consulenza in gestione della carriera per guadagnare di più e poter donare di più. Si ritrovano i criteri di valutazione cari all'altruismo efficace: il livello d'impatto delle carriere abbracciate, delle cause sostenute o delle ricerche effettuate, l'adesione ad azioni o a organizzazioni di beneficenza esistenti, il numero di esseri viventi coinvolti (non soltanto umani). Il sito web fa formazione con dei podcast a libero accesso sul genere: «Come predire il futuro»; «Come evitare di essere un mostro morale», «Come ottenere riforme istituzionali radicali che migliorino il funzionamento del capitalismo e della democrazia».

Nel 2012, 80000 Hours ha dato vita a Effective Animal Activism (EAA), diventata Animal Charity Evaluators (ACE), con sede a Berkeley. La sua missione è «di trovare e promuovere i metodi più efficaci per aiutare gli animali». L'organizzazione si concentra sulla raccolta di fondi, la ricerca e la comunicazione. Annuncia di aver passato al setaccio trecentocinquanta organizzazioni di beneficenza del settore animale a livello internazionale, contattato circa 910.000 persone, ottenuto trentaquattro sovvenzioni del loro Animal Advocacy Research Fund ("Fondo di ricerca per la difesa degli animali") e destinato più di diciassette milioni di dollari di donazioni a organizzazioni di beneficenza gradite all'ACE. Il fondo di ricerca è molto interessante, aperto a progetti internazionali al ritmo di una campagna di donazioni ogni quattro mesi. Tra i progetti di ricerca finanziati: «Come possiamo ridurre il consumo di carne?»; «Comprendere la dinamica della motivazione al cambiamento dell'attitudine morale», ossia, trovare sistemi per «scavalcare i motivi di autodifesa quando i consumatori di carne si confrontano a messaggi che puntano a ridurre il loro consumo»; «Combattere nella comunità vegana: esaminare e superare un ostacolo al successo del veganismo»; «Conoscete la vostra carne: usate il contatto virtuale e reale per ridurre il consumo di carne»; «Rinforzare l'efficacia dei social media per gli animalisti: una replica all'analisi a posteriori di Mercy For Animals su Facebook»; «Studiare gli effetti della condanna morale nelle campagne di promozione del veganismo»; «Analizzare gli interventi in grado di attenuare il principale ostacolo all'accettazione della carne pulita negli Stati Uniti: la naturalezza del prodotto»; «Migliorare i comportamenti dei consumatori nei confronti della carne coltivata»; «Come le campagne animaliste classiche e conflittuali influenzano la mobilitazione personale e politica?»; «Promuovere il consumo a base di piante: quali messaggi funzionano per chi, e perché?»; «Mangiare per salvare il pianeta: informazioni dimostrative tratte da uno studio controllato randomizzato che utilizza dati sull'acquisto di cibo a livello individuale»; «Promessa di un mese senza carne: studio su un esperimento sugli smartphone»; «Analisi dei danni causati dalle colture agli animali selvatici vertebrati negli Stati Uniti (richiami; disinfestazione, trappole, aratura, semina, raccolta)»; «Carne a base di piante e segnali di dinamismo normativo»; «Indagine internazionale sull'attrattiva della carne pulita e vegetale in Cina, in India e negli Stati Uniti»; «Le galline e gli hamburger a base di piante sono accettabili per i carnivori e i flexitariani o sono necessarie maggiori ricerche per creare prodotti più accettabili?»; «Superare la resistenza nei confronti degli animalisti, dei comportamenti rispettosi degli animali e dell'abbandono della carne», ecc.

Siamo lontani, molto lontani dalle classiche campagne per il benessere degli animali, ma nel pieno di un'offensiva intellettuale, politica e legislativa per imporre piatti cucinati a base vegetale e di carni coltivate. E, di riflesso, la fine dell'allevamento.

Per le lettrici e i lettori che conoscono poco la società americana, è utile precisare che gli Stati Uniti sono il Paese della filantropia come attrice economica, sociale e culturale indispensabile. È la filantropia a finanziare tutto ciò che gli Stati locali e il governo federale non fanno, e ciò significa molto nel Paese del liberalismo più sfrenato. Secondo uno studio dell'istituto Gallup (2013), l'83% delle famiglie americane fa donazioni a istituti di beneficenza. Secondo uno studio più recente, queste donazioni rappresentavano un totale di 410 miliardi di dollari nel 2017, di cui il 70% da privati e il resto ripartito tra fondazioni e aziende. Ricordiamo che nel 2010 Warren Buffet e Bill Gates hanno lanciato The Giving Pledge ("La promessa di donazione"). L'iniziativa invita le persone ricche a impegnarsi a donare il 50% della loro fortuna a opere filantropiche. Cari Tuna e Dustin Moskowitz sono stati la coppia più giovane a firmare questo appello. In Francia, Serge Weinberg (Sanofi) e Denis Duverne (Axa) hanno lanciato, a dicembre del 2018, un "Giving Pledge alla francese", invitando i loro colleghi milionari a «Cambiare tramite la donazione» versando il 10% delle loro entrate o del loro patrimonio ad associazioni a loro scelta.

Il denaro dei clic, delle pagine visitate e altri follower

I giovani milionari e miliardari della Silicon Valley non sanno cosa fare del loro denaro, ma non vogliono farne una cosa qualsiasi. L'altruismo efficace, con il suo lato matematico, seduce i piccoli geni dell'informatica. Questa filosofia gli fornisce una morale semplicistica e rincuorante – conviene guadagnare molto denaro per poterne ridistribuire il massimo a patto di non attentare ai propri bisogni e a quelli dei propri cari –, e gli strumenti sviluppati da questo movimento permettono di fare donazioni alle organizzazioni la cui efficacia è dimostrata. Insomma, mobilitarsi per la causa animale colma il desiderio di servire la natura di questi giovani cittadini senza cultura rurale.

È così che nasce la Silicon Valley Community Foundation, a gennaio del 2017, che ha in programma la «sicurezza economica, l'educazione, l'integrazione degli immigrati, la pianificazione regionale e un fondo d'iniziativa collettiva per rispondere ai bisogni urgenti delle comunità, compresi servizi di rete di salvataggio». La Fondazione cambia marcia nel 2012, con la donazione di diciotto milioni di azioni di Facebook da parte del cofondatore e presidente di Facebook, Mark Zuckerberg, e di Priscilla Chan, sua moglie. In totale, queste azioni corrispondevano allora a circa 500 milioni di dollari. Seguiranno altre donazioni da Mark Zuckerberg e Priscilla Chan, da Nicholas e Jill Woodman, fondatori di GoPro (500 milioni), da Jan Koum, fondatore di WhatsApp (556 milioni), e molte altre relativamente più modeste. Oggi, la SVCF gestisce 13 miliardi di donazioni, che le portano 1,4 miliardi di entrate annuali, di cui 1,3 vengono ridistribuiti. Le donazioni vanno dalle scuole alle università, ai progetti per l'accoglienza dei migranti, ecc. Nel 2017, gli altruisti efficaci hanno destinato le donazioni della SVCF al loro valutatore ACE (500.000 dollari), a sostegno delle organizzazioni animaliste in Europa (12,8 milioni; sì, avete letto bene, non ci sono errori di battitura: DODICI MILIONI di dollari) e negli Stati Uniti (in particolare, 1,5 milioni a Mercy for Animal e 2,22 milioni a The Human League: due dei più aggressivi nella lotta all'allevamento industriale), alla ricerca scientifica in Europa (4,4 milioni), a GiveWell (700.000 dollari), al Good Food Institute (1,9 milioni), al Centre for Effective Altruism (3,6 milioni), ai laboratori di intelligenza artificiale (3,75 milioni al MIRI) e altri.

Give Well

Nel 2007, ispirati dall'altruismo efficace, due finanzieri di un fondo speculativo (*hedge fund*), Elie Hassenfeld e Holden Karnosky, creano un'organizzazione con sede a San Francisco – Give Well – destinata a guidare i filantropi verso cause difese da organizzazioni efficaci. Give Well è una sorta di valutatore di efficacia della beneficenza, e nel 2017 ha indirizzato 120 milioni di dollari e distribuito quasi 16 milioni di sovvenzioni. Il denaro serve tanto per la lotta alla malaria in Africa quanto alla protezione degli animali e ai laboratori di carne coltivata.

Good Ventures

Nel 2011, Dustin Moskovitz (cofondatore di Facebook e di Asana) e Cari Tuna (giornalista del «Wall Street Journal»), sua moglie, creano una fondazione: la Good Ventures. Good Ventures e Give Well sostengono le stesse cause e hanno lo stesso spirito altruista, e nel 2014 si avvicinano per fondare l'Open Philanthropy Project, pur mantenendo ciascuna la propria identità.

L'Open Philanthropy Project

Anche l'Open Philanthropy Project è un anello importante di questo vasto movimento che sta all'origine della carne coltivata. Lo spirito viene dalla rete internet e dai militanti dell'*open*[10]. Uno dei suoi partigiani più ferventi è Mark Surman, presidente e direttore della Fondazione Mozilla[11], che nel 2008 avanza l'idea di filosofia *open*: «Immaginate un mondo nel quale i filantropi documenteranno e condivideranno sempre di più le loro ricerche, i loro ragionamenti, i loro risultati e i loro errori per aiutarsi reciprocamente a imparare più velocemente e a servire il mondo con più efficacia». In quel momento era poco esteso, ma dopo due anni la ricercatrice Lucy Bernholz, del Centro di filantropia e della società civile dell'Università di Stanford, dichiara che le organizzazioni senza scopo di lucro dovrebbero se-

10 Open source: programmi informatici liberi, condivisi e aggiornati dalla comunità dei loro utilizzatori; open data: accesso libero ai dati; open governance: dottrina del governo basato sulla trasparenza, la partecipazione dei cittadini e delle organizzazioni della società civile con strumenti di valutazione e di controllo.

11 La Mozilla Foundation sviluppa, tra l'altro, dei browser gratuiti quali Firefox e Thunderbird.

guire le convenzioni delle iniziative *open source* e *open government*. L'idea resta nell'ombra finché non incontra la filosofia dell'altruismo efficace con il valutatore di donazioni Give Well e la Fondazione Good Ventures di Cari Tuna e Dustin Moskovitz. Creato nel 2014, l'OPP diventa indipendente nel 2017. L'Open Philanthropy Project identifica i campi di ricerca, studia le possibilità di «donare in maniera efficace», concede sovvenzioni e investimenti, e condivide informazioni e ricerche. È presieduto da Cari Tuna. Tra luglio 2012 e settembre 2019, l'Open Philanthropy Project ha distribuito quasi 900 milioni di dollari attraverso 703 donazioni a più di 370 organizzazioni diverse nei campi di salute, giustizia, rischi globali e intelligenza artificiale[12], altruismo efficace[13], benessere degli animali (pesci compresi) e lotta alla produzione industriale di carne[14], sostegno ai vegani, alle carni a base di piante e alla coltivazione cellulare[15]. L'OPP sembra particolarmente attento ai movimenti per il benessere degli animali in Cina e in India, il che non gli impedisce di finanziare i vegani e gli animalisti europei (Germania, Danimarca, Gran Bretagna, Norvegia, Francia, Italia, Polonia...). Senza dimenticare il sostegno finanziario al lobbismo animalista nei confronti del Parlamento europeo.

Il Good Food Institute

Come già spiegato (capitolo 4), questa organizzazione, sostenuta a livello economico e politico dal movimento dell'altruismo efficace, vuole cambiare l'offerta alimentare sostituendo le carni convenzionali con carni coltivate o a base di piante. Mobilita i giovani ricercatori per intensificare le ricerche in questi settori, lavora con le aziende agroalimentari per introdurre l'innovazione della produ-

12 14 milioni di dollari al Future of Humanity Institute; 6,5 milioni al MIRI.

13 6,4 milioni di dollari a 80000 Hours; 3,2 al Centre for Effective Altruism; 2,7 a Give Well; 1,6 al Future of Life Institute; 500.000 all'ACE.

14 13,3 milioni per The Humane League; 8,8 milioni a Mercy for Animals; 4,6 per CIWF fuori dagli Stati Uniti...

15 3,5 al Good Food Institute, partecipazione al capitale di Impossible Foods, finanziamento del lobbismo sul cambiamento delle normative per accogliere favorevolmente le carni a base di piante...

zione di proteine senza l'utilizzo degli animali, fa pressioni sui politici per ottenere normative favorevoli a questi "nuovi cibi" e non perde occasione di comunicare con il grande pubblico. Il suo direttore, Bruce Friedrich, vive il suo impegno per la causa animale come una missione divina.

La Cellular Agriculture Society (CAS)

Fondata a marzo del 2018 da Kristofer Gasteratos, ricercatore del tessuto cellulare, la Società di coltivazione cellulare aggiunge la "comunicazione al grande pubblico" agli strumenti della rete vegana. La CAS è finanziata principalmente su "segnalazione" dell'Animal Charity Evaluators. Questa piccola squadra serve soprattutto a pubblicizzare la coltivazione cellulare tra studenti, ricercatori e grande pubblico attraverso le reti social. In un certo senso è un gruppo di guerriglieri d'influenza. Kristofer Gasteratos tiene conferenze nelle università i cui video girano sui social. In una di queste (Gasteratos, 2019b), svela il progetto CMF: «A Vision for Meat Production in 2040», che descrive uno stabilimento di produzione proprio nel cuore di New York, sufficientemente grande da rifornire la città di carne coltivata. Kristofer Gasteratos è anche autore di *90 Reasons to Consider Cellular Agriculture* ["90 motivi per pensare alla coltivazione cellulare", NdT] (Gasteratos 2019a): un appello per la carne coltivata con libero accesso sul sito di Harvard. Il sito web della CAS serve anche alla divulgazione di obiettivi strategici dei sostenitori della coltivazione cellulare. Presenta le sei «Divisioni», le sette «Iniziative» e le quattro «Serie». Oltre al nome dai toni militari, il registro delle «Divisioni» rivela una volontà d'inglobare l'intera società nel veganismo… senza mai pronunciarne il nome.

La Divisione Ricerca «stabilisce le basi accademiche della coltivazione cellulare, il cui accesso non è necessariamente riservato alle università o alle accademie». Bisogna lasciare la porta aperta agli avventurieri del *bio-hacking*. Vorrebbe lanciare «la "Rivista di ricerca sulla coltivazione cellulare": la prima e unica rivista universitaria al mondo dedicata alla coltivazione cellulare», ma non ha ancora trovato la formula giusta e l'editore.

La Divisione Capitolo mira al «coinvolgimento degli studenti e delle comunità locali nella coltivazione cellulare», ed è già radicata in una decina di università.

La Divisione giuridica lavora «per far sì che la coltivazione cellulare abbia una sua regolamentazione legislativa»; pur concedendo «che possa esserci una sovrapposizione con altri tipi di leggi agricole o riferite agli animali», sottolinea che «la coltivazione cellulare comporta delle sfide uniche che necessitano di un'esplorazione indipendente». C'è da notare che il lobbismo si permette di ridefinire i confini dell'indipendenza.

La Divisione di Scienze sociali opera per «scoprire le preferenze dei consumatori riguardo ai prodotti della coltivazione cellulare [...] che interesseranno i consumatori di tutto il mondo».

La Divisione Media usa tutte le tecnologie di comunicazione per pubblicizzare la coltivazione cellulare nel mondo.

Alla Divisione Design compete «l'ideazione del futuro della coltivazione cellulare», chiamando tra l'altro gli scienziati, «i creatori di moda, i grafici e gli architetti» a unirsi alla causa.

Nel registro delle Iniziative, quella dei sottoprodotti mira a incoraggiare la produzione tramite coltivazione cellulare degli abituali sottoprodotti dell'allevamento. La CAS fa l'esempio degli occhi di mucca usati a scopi scientifici nelle aule di lezione, delle orecchie di maiale (fatte seccare per darle ai cani) e degli organi per gli xenotrapianti del futuro: tanti «esperimenti preziosi sul mercato per le aziende future».

L'Iniziativa interplanetaria ha l'obiettivo «di esplorare il potenziale della coltivazione cellulare fuori dalla Terra», cosa che servirà, «poiché nei prossimi decenni diventeremo una specie interplanetaria».

L'Iniziativa per i bambini cura la pianificazione del discorso per i più giovani: «La salute umana e la sofferenza degli animali possono essere argomenti sensibili [...]. Per esempio, sarà prioritario elaborare delle spiegazioni che tengano conto dell'età per rappresentare il vecchio metodo convenzionale di allevamento degli animali in contrasto con il nuovo metodo moderno della coltivazione cellulare che non uccide gli animali». È migliore perché non uccide...

L'Iniziativa militare merita una citazione *in extenso* della sua presentazione: «I militari del mondo intero, con i loro stanziamenti spesso importanti, costituiscono un settore potenzialmente molto qualificato a contribuire alla commercializzazione della coltivazione cellulare.

Un aspetto d'interesse potrebbe riguardare la natura "pulita" della carne pulita in situazioni di guerra. In caso di emergenze nucleari, le radiazioni potrebbero uccidere gli animali da fattoria e contaminare irrimediabilmente le scorte alimentari, ma gli alimenti ricavati dalla coltivazione cellulare, utilizzando banche di cellule, potrebbero essere di grande utilità in questi scenari. Che si tratti di alimenti puliti con una durata di conservazione più lunga o di biomateriali con caratteristiche di sostenibilità uniche, la coltivazione cellulare ha un ottimo potenziale di interessare gli eserciti».

L'Iniziativa Religione esplora «la convergenza tra religione e coltivazione cellulare», poiché «ci sono molte ragioni per credere alla globalizzazione del commercio». Di conseguenza, «bisogna studiare le grandi religioni del mondo per comprendere le loro relazioni con la coltivazione cellulare». Il modo in cui i precetti alimentari delle religioni «entreranno in conflitto con i progressi rivoluzionari della coltivazione cellulare non è chiaro, ed esige un'esplorazione approfondita». Quindi occorre spiegare ai capi religiosi del mondo intero come interpretare le religioni e i loro princìpi sulla coltivazione cellulare.

Siamo in presenza di una visione "totale" del mondo, inquadrata in quella dei vegani. Ideologica. Con un sapore di vertigine totalitaria.

I transumanisti

Ricordiamo che questo movimento filosofico e scientifico punta a migliorare la condizione umana grazie all'utilizzo di tecnologie che consentono di superare i nostri limiti biologici. Oltre ai loro lavori sull'«umanità aumentata» e sui «rischi esistenziali» della nostra vita sulla Terra, i transumanisti si occupano molto di intelligenza artificiale. Ora, l'intelligenza artificiale è indispensabile alle ricerche in biologia di sintesi (cellule staminali animali, sintesi delle proteine vegetali) e al passaggio di queste scoperte alla scala industriale. In sostanza, saranno i robot a gestire al meglio la coltivazione di carne sintetica, almeno per quanto concerne la catena sterile. In futuro saranno realizzati strumenti d'intelligenza artificiale molto potenti. I transumanisti hanno l'intelligenza, e la capacità di prevenire i preconcetti della società creando vari laboratori sui rischi che le intelligenze artificiali potenti e autoapprendenti fanno correre all'umanità.

Uno dei primi laboratori è il Machine Intelligence Research Institute (MIRI), a Berkeley (Università della California), creato nel 2000 con il nome di Singularity Institute for Artificial Intelligence da Eliezer Yudkowsky, uno dei teorici del singolaritarismo[16], con il sostegno di Peter Thiel (Paypal, Clarium).

L'altro laboratorio di riferimento è il Future for Humanity Institute, creato da Nick Bostrom nel 2005, sotto l'egida dell'Università di Oxford (Regno Unito). Dal 2012, la rivale Università di Cambridge ha il suo Centre for the Study of Existential Risk, che conta nella sua squadra, in particolare, Peter Singer, Nick Bostrom, Alison Gopnik, Margaret Boden, Martin Rees e Elon Musk. Lo stesso Elon Musk ha donato 10 milioni di dollari perché Jan Tallinn (cofondatore di Skype) fondasse il Future of Life Institute a Cambridge (Massachusetts, Stati Uniti). Infine, l'ultimo creato, con 10 milioni offerti dal Leverhulme Trust, è il Leverhulme Centre for the Future of Intelligence, a Cambridge (Regno Unito), ma cofondato dalle Università di Oxford e Cambridge, dall'Imperial College e dall'Università della California-Berkeley, dove ritroviamo alcuni membri del Centre for the Study of Existential Risk.

La Singularity University

Infine, per completare questo quadro della rete dei transumanisti, la Singularity University (SU). Fondata del 2008 da Peter Diamandis, fisico, imprenditore seriale, impegnato soprattutto nell'esplorazione spaziale, e Ray Kurzweil, informatico, conosciuto a livello mondiale per il suo lavoro sull'intelligenza artificiale, professore al Massachusetts Institute of Technology (MIT), direttore del reparto di ingegneria di Google, membro anziano dell'Army Science Board, il Consiglio scientifico dell'esercito americano. Entrambi sono dei futurologi e transumanisti appassionati[17]. Installata nel NASA Research Park, a

16 Il singolaritarismo è un movimento fondato sulla credenza in una superintelligenza artificiale (una singolarità tecnologica che stravolge la società).

17 Peter Diamandis è cofondatore della Human Longevity, una società che lavora sul rallentamento dell'invecchiamento. I libri di Ray Kurzweil sono in tutte le biblioteche

San José (California), la loro "Università della singolarità" è una società di consulenza e formazione, un luogo di ricerca, un gruppo di esperti. La SU constata che le prestazioni delle nuove tecnologie – intelligenza artificiale, robotica, nanotecnologie e biologia di sintesi – raddoppiano ogni diciotto-ventiquattro mesi e parla di «tecnologia esponenziale». Pochi responsabili di aziende sono capaci di pensare agli impatti tecnici, commerciali, sociali ed etici di questa dinamica. Non ne hanno gli strumenti. Questa lentezza dell'umanità di fronte ai progressi dell'intelligenza artificiale e al suo incontro con altre tecnologie fa commettere errori di strategia e di gestione. Da cui un'offerta di formazione della SU diretta ai proprietari e ai dirigenti delle grandi società, ai progettisti e agli studenti più brillanti. Per approfondire, ho preso appuntamento con Pascal Finette, direttore dell'imprenditoria e dell'innovazione aperta presso la Singularity University. Pascal Finette, 46 anni, nato in Germania, vive negli Stati Uniti e conduce ricerche sul futuro di queste tecnologie esponenziali per studiarne l'influenza sul mondo degli affari ma anche sugli individui e sulla società. Per fare la stessa cosa della SU ma indirizzata alle piccole e medie imprese, ha cofondato Be Radical, società di consulenza in strategia e di formazione.

«Pascal, se ho ben capito, alla Singularity University lavorate sull'impatto delle innovazioni di rottura...».

«Sì, è così. In particolare, ci concentriamo sulla domanda: "Come sarà il futuro per quanto riguarda i cambiamenti indotti dalla tecnologia o tramite la tecnologia?". Per esempio, come sarà il futuro sotto l'influenza dell'intelligenza artificiale? O di quella della robotica o della biologia di sintesi? Insomma, tutti i grandi interrogativi che il mondo si pone».

«Sto facendo una grande inchiesta sulla coltivazione cellulare e la biologia di sintesi. Voi lavorate con gli agricoltori per prepararli a questo futuro?».

«Se lavoro con chi?».

«Degli a-gri-col-to-ri, Pascal...».

«Intende agricoltori nel senso di agricoltura?».

transumaniste, tra cui Humanité 2.0, la Bible du changement ["Umanità 2.0, la Bibbia del cambiamento", NdT] (2007).

«Sì, parlo di agricoltura cellulare, sa: è un'ulteriore innovazione per gli agricoltori...».

«Sì, ci lavoriamo. Non è il mio settore di esperienza, ma lavoriamo con aziende del settore; persone che progettano e modificano le sementi per le nuove colture. Avrà sentito parlare di questo grande movimento per rimpiazzare la carne con sostituti della carne a base di piante. Ma, in definitiva, probabilmente possiamo creare la carne nei vetrini da laboratorio. Per forme di agricoltura nuove e migliori. Come l'agricoltura di precisione, in cui si utilizzano i satelliti e dei sensori per avere una migliore conoscenza, ad esempio, dei suoli, della salute delle colture o della diffusione di una malattia infettiva tra le coltivazioni. Ha perfettamente ragione: lo sfruttamento agricolo, e l'agricoltura in generale, è una delle industrie che cambierà in maniera drammatica. Sta già cambiando in maniera drammatica».

«Pensa che la coltivazione cellulare sia una tecnologia esponenziale?».

«Assolutamente sì, senza alcun dubbio. Be Radical ha clienti nell'industria ittica, in America del Sud. Dirigono una flotta molto grande di pesca alle acciughe non per il consumo umano, ma per la trasformazione in alimenti per gli animali d'allevamento. A breve termine, continueranno a utilizzare la tecnologia per avere migliori risultati nella pesca. Utilizzano già dei satelliti per localizzare i pesci. Ma a lungo termine, useranno un'alga geneticamente modificata per produrre una proteina equivalente alla proteina delle acciughe. Il futuro della loro azienda non è più nella pesca, ma sostanzialmente nelle fabbriche con enormi serbatoi per coltivare queste alghe che producono la proteina. È già stato sperimentato in laboratorio... Esiste un'alga che fissa l'anidride carbonica (CO_2), il gas che determina il cambiamento climatico, e produce la proteina. Le cose vanno molto veloci».

«Lavorate con start-up di coltivazione cellulare, aziende di sostituti della carne a base di piante, persone del movimento Good Food Institute?».

«Sì. La Singularity University lavora con ogni sorta di gruppi della società in generale, ma l'obiettivo principale sono le grandi aziende e le piccole e medie imprese, talvolta anche imprese molto piccole. Oggi gran parte della società è inclusa nell'attività di queste grandi aziende. Sono dei veri motori della crescita economica, danno lavoro alla gente, forniscono servizi sociali alle persone, ecc. Lavoriamo anche con delle start-up e dei giovani creatori di aziende in tutto il mondo. Vengono da noi poiché danno vita al mondo che noi insegniamo. Li assistiamo ovunque possiamo mettendoli in contatto con delle grandi aziende. Li aiutiamo a capire verso dove tende la tecnologia e come utilizzarla, condividiamo le migliori pratiche su come costruire queste società. Come preparare queste società a fondare una grande comunità di persone nel mondo per diffondere questa conoscenza, queste idee, alle comunità locali».

«Avete sedi in Europa?».

«Lavoriamo molto in Europa. Alcuni nostri soci organizzano degli incontri annuali. Come a Milano, quest'anno. C'è una folta comunità di persone che hanno seguìto i nostri corsi e che fanno un lavoro davvero incredibile in tutta Europa, e abbiamo una rete di sezioni locali, geografiche. Per esempio, nella sezione di Parigi, gli allievi della SU si riuniscono, lavorano insieme e diffondono informazione agli altri gruppi».

«Alla SU, affrontate sul piano filosofico il progresso del mondo? Quali sono le implicazioni etiche dell'intelligenza artificiale? Come sarà il mondo con dei robot che rimpiazzano il lavoro manuale? Quali sono gli impatti etici della modificazione genetica?».

«Un po' ci pensiamo, certo. Dal momento che si tocca la tecnologia, queste domande sorgono spontanee. Quando si modifica o si cambia un gene all'interno di un essere umano, sorge spontaneamente la domanda etica del tipo: "Devo farlo? È la cosa giusta da fare? Quali princìpi morali ruotano intorno a questa cosa?". Facciamo discussioni serie sull'argomento all'interno della nostra organizzazione e della comunità nel senso più ampio coinvolta in questi discorsi. Insistiamo perché queste domande siano poste».

«Quando si pensa a tali innovazioni di rottura, si pensa al disagio sociale, all'instabilità finanziaria o alle nuove malattie che possono portare. Come potete prevederle e dedurne la formazione?».

«Dobbiamo trovare il giusto equilibrio. Da un lato, ha totalmente ragione: queste tecnologie possono essere usate senza senno, senza alcuna considerazione delle conseguenze sociali o dell'impatto sugli individui. È una strada molto pericolosa. Da un altro lato, occorre essere prudenti e non bloccare o tentare di bloccare il progresso per una supposizione o per il timore di una tecnologia. L'importante è parlarne, discuterne molto seriamente con un ampio ventaglio di persone, non soltanto tra esperti della tecnologia. Vede, per esempio, in materia di modificazione genetica, il dialogo si fa tra specialisti. Penso che debba essere un confronto molto più esteso che includa settori più ampi della società».

«In Europa è un argomento molto delicato. In sostanza, la questione è quella del percorso tecnologico, dell'"ideologia tecnica", come la definiva Jacques Ellul: un filosofo e teologo francese che ha insegnato negli Stati Uniti».

«Non lo conosco. Ma ha ragione: è un argomento molto complesso. L'elemento più importante, secondo me, è aprire il dialogo e definire quali sono i paletti: quali cose noi, in quanto società, non accettiamo o rifiutiamo. Oggi la mia paura è raddoppiata. Innanzitutto, la tecnologia si evolve a una velocità – più rapidamente che mai – tale che è indispensabile fare queste discussioni prima possibile, e non mi sembra che si stia facendo quanto necessario. Inoltre, questo richiede che i partecipanti al dibattito abbiano una profonda conoscenza dell'argomento che trattano. È una sfida, poiché i sostenitori dei due schieramenti – pro e contro la tecnologia – a volte danno l'impressione di non capire esattamente di cosa si tratti. Allora si appoggiano all'opinione pubblica, non informata. Viviamo in un'epoca molto complicata, e questo richiede che tutti noi siamo più attenti e molto più impegnati nel confronto su queste tecnologie».

«Allo stesso modo possiamo pensare che la tecnologia plasmi il nostro modo di pensare».

«Per me, in gran parte, le tecnologie non sono buone o cattive; questo dipende dall'uso che ne facciamo. Bisogna riflettere seriamente sul fatto che questo riguarda l'essere umano, i nostri parametri etici e morali, la nostra idea di evoluzione della società».

«Pensa che sia possibile, nelle scienze applicate, che delle persone, una società, decidano di dire: "No! Non evolviamo in questa direzione: neanche un passo in più"?».

«È assolutamente possibile, ed è già accaduto. Pensi alla guerra batteriologica: i leader del mondo hanno deciso di non usare armi batteriologiche, poiché è assolutamente disumano, e in quanto comunità mondiale si sono accordati per non fare avanzare la tecnologia in questo settore. La sfida è l'evoluzione della società mondiale: molti Paesi sono diventati più nazionalisti, meno integrati nel mondo, più isolati. È un buon motivo per essere preoccupati. Abbiamo bisogno di una comunità globale che si riunisca e si accordi sul proprio futuro».

«Avete programmi di formazione per i partiti politici, poiché anche i politici hanno bisogno di essere formati alle tecnologie esponenziali?».

«Sì, ne hanno bisogno, ma non abbiamo programmi specifici per loro. Alcune personalità politiche partecipano ai nostri corsi. Noi stessi facciamo un po' di opera di sensibilizzazione ogni volta che ne abbiamo l'occasione. Sono tedesco di nascita, lavoro anche con i leader politici tedeschi. Non abbiamo programmi speciali per i politici poiché pensiamo che per una comprensione migliore della posta in gioco e dei risultati migliori la formazione debba riunire i leader del settore privato e del settore pubblico, di modo che ci siano legami incrociati tra i due settori. Non vogliamo avviare un programma soltanto per i politici».

«La società e l'economia vanno più veloci dei politici?».

«Purtroppo sì! È un'osservazione personale; non ho dati concreti per dimostrarlo, ma avendo discusso con loro penso che la generazione di politici di 30-40 anni comprenda le sfide e la complessità. In linea generale, il problema principale è che la maggior parte dei nostri sistemi politici è stata creata cinquanta, cento, centocinquanta anni fa, per un mondo molto diverso. Una delle sfide che vediamo è quella del sistema stesso: il suo funzionamento; il modo in cui pratichiamo la democrazia. Il modo in cui prendiamo decisioni in questo sistema è piuttosto fuori tempo rispetto al mondo d'oggi. Ne vediamo un esempio con i russi che utilizzano Facebook per influenzare le elezioni ovunque nel mondo. Tutto questo è una novità, e i sistemi politici non sono stati concepiti per proteggersene. C'è molto lavoro da fare fin dalle fondamenta del nostro modo di concepire la democrazia per adattarlo a questa nuova era».

«C'è anche una grande sfida tra l'evoluzione globale del mondo e la vita locale in cui si gioca la democrazia. Non è facile; non abbiamo gli strumenti filosofici per concepire l'evoluzione globale del mondo e l'evoluzione locale dei Paesi, della democrazia. Non manca forse qualcosa?».

«Sono d'accordo al cento per cento. Prenda una democrazia relativamente giovane come la Germania, che è rinata dopo la Seconda Guerra Mondiale. Sessant'anni fa, quando abbiamo scritto la Costituzione tedesca e concepito il sistema di funzionamento della Germania, il mondo era radicalmente diverso. Oggi, i sistemi sono sempre gli stessi, mentre tutto il resto si è evoluto. Gli affari sono evoluti, la società è evoluta, il nostro modo di pensare è evoluto, ma non il nostro sistema. Penso che, in una certa misura, stiamo arrivando a un punto di rottura».

«Nella vostra Singularity University, siete in grado di concepire questi punti di rottura?».

«Non lo so. Il nostro mandato, in quanto istituzione, non è necessariamente in questo ambito. Ci sono molte persone ben più qualificate di me per riflettere e lavorare su questi aspetti. Ciò che facciamo è mettere sul tavolo gli elementi dell'evoluzione tecnologica, e le implicazioni del loro sviluppo, per aiutare le persone che lavorano all'ideazione dei nuovi sistemi per le nostre democrazie o ragionano su questi argomenti».

8
Così funziona l'impero del falso

Per riassumere brevemente la cartografia della coltivazione cellulare ai suoi inizi: New Harvest è focalizzata sulla ricerca, il Good Food Institute è un gruppo di esperti dinamico e uno strumento di lobbismo politico, la Società della coltivazione cellulare si occupa della comunicazione al grande pubblico, la rete degli altruisti efficaci e quella dei difensori dei diritti degli animali forniscono l'etica antispecista, i magnati del digitale e la filantropia altruista finanziano l'avventura della coltivazione cellulare, le start-up creano prototipi dei sostituti alimentari e curano il marketing verde. Salvo qualche eccezione, tutte queste brave persone sono vegetariane o vegane. Più in disparte, la Singularity University educa l'élite internazionale delle grandi aziende e delle grandi scuole alla rottura sociale generata dall'intelligenza artificiale, dalla robotica, dalle nanotecnologie e dalla biologia di sintesi.

Creare un'azienda su un mestiere conosciuto è tutt'altro che facile. Ancora più difficile è crearne uno *ex nihilo*, come nel caso dei sostituti della carne. È necessario mettere a punto prodotti – inventarne la ricetta e il processo di fabbricazione –, poi ottenerne l'omologazione. E al tempo stesso creare un nuovo mercato. I pionieri della coltivazione cellulare hanno vinto la scommessa sui prototipi. Sanno produrre carne macinata di manzo per hamburger e polpette, straccetti di anatra, petto di pollo per *nuggets*, lardelli di maiale, latte e uova. E, se ci allontaniamo dai prodotti animali, sappiate che gli ultimi prodotti che si annunciano in ordine di tempo sono il caffè molecolare e il whisky molecolare. «Questa gente non rispetta davvero nulla», diranno gli amanti del Jamaica Blue Mountain e dei torbati d'Islay.

Queste aziende hanno potuto fare i loro primi passi grazie a una squadra di scienziati e a un laboratorio pagato da una raccolta di fondi iniziale. Oltre al denaro ricavato dalla rete vegana e dai magnati della Silicon Valley, tre fondi di capitali di rischio e un incubatore di aziende hanno creduto nella coltivazione cellulare fin dai debutti: SOS Ventures, Khosla Ventures, Horizons Ventures per i capitali di rischio, e Y-Combinator per gli incubatori e gli acceleratori di start-up (oltre agli incubatori di SOS Ventures).

SOS Ventures (SOSV) è un fondo di capitali di rischio da 300 milioni di dollari, creato dall'uomo d'affari americano Sean O'Sullivan nel 1995, a Princeton (New Jersey, Stati Uniti). Investe in hardware, software, scienze della vita e servizi al consumatore. SOSV propone corsi di formazione in incubazione-accelerazione in cui i progettisti mettono a punto la loro start-up: IndieBio a San Francisco e RebelBio a Cork (Irlanda) e a Londra per le scienze della vita; HAX a Shenzhen (Cina popolare) e a San Francisco per il digitale e l'internet delle cose; Chinaccelerator a Shangai (Cina popolare) e MOX a Taipei (Taiwan) per l'internet transnazionale; Food-X a New York per il commercio di prodotti alimentari. SOSV investe ogni anno in più di centocinquanta società, in gran parte nella galassia della coltivazione cellulare: Clara Foods, New Age Meats, New Wave Foods, Because Animals, Biomimetic Solutons, The Not Company, Planetarians, Endless West, Finless Foods, Perfect Day, Memphis Meats.

Horizons Ventures, fondato nel 1999, è il fondo di capitali di rischio personale, con sede a Hong Kong, di *sir* Li Ka Shing, miliardario tanto ricco quanto riservato. Cinese di nascita, nel 1928 a Chaochou (Guangdong, Cina popolare), britannico per il successo sociale ottenuto a Hong Kong (da cui il "sir"), canadese di passaporto, per sicurezza, dal 1983. Partito dal nulla, ha costruito un impero industriale internazionale nei settori della plastica, immobiliare, portuale (controlla il 13% del traffico mondiale di container) e finanziario (11,5% della Borsa di Hong Kong). In Francia, controlla in particolare il gruppo Marionnaud. Classificato 28° miliardario nel 2019 dalla rivista «Forbes», con una fortuna stimata in 27,9 miliardi di dollari, è considerato la 46ª persona più influente al mondo. Con Horizon Ventures ha investito molto nelle nuove tecnologie (ricerca spaziale, satelliti, intelligenza artificiale, biologia di sintesi). Nel contesto finanziario ha il soprannome di "Superman" per il suo fiuto a scovare i buoni affari. Quindi, il fatto che Li Ka Shing abbia investito nella coltivazione cellulare nel 2012 (prima del colpo di scena di Mark Post) finanziando Just ha inviato un segnale negli ambienti finanziari. Ha continuato a investire nel settore: i suoi milioni si ritrovano in Modern Meadow, Impossible Foods, Perfect Day, Atomo e Endless West. Questo ha dovuto influire sulle decisioni di altri miliardari del digitale (Bill Gates, Richard Branson, Peter Thiel, ecc.), investitori e multinazionali agroalimentari. Li Ka Shing è andato in pensione da presidente di CK Hutchinson Holdings e di CK Asset Holdings a maggio del 2018, ma ne resta il consulente principale. E Horizon Ventures continua a investire nella coltivazione cellulare.

Khosla Ventures, fondato nel 2004 da Vinod Khosla, miliardario americano (cofondatore di Sun Microsystems), ha sede a Menlo Park (California). Vinod Khosla è classificato da «Forbes» tra le quattrocento persone più ricche degli Stati Uniti. Il fondo ha vari investimenti rischiosi nelle alte tecnologie. Investe molto nello spazio (10 miliardi di investimenti tra il 2005 e il 2015) e nelle tecnologie ecologiche (solare, eolica, LED, efficacia energetica dell'aria condizionata). Nel 2011, Khosla Ventures finanzia la nascita di Hampton Creek (diventato Just) e di Impossible Foods.

Y Combinator, con sede a Mountain View (California), è un acceleratore di start-up cofondato nel 2005 da tre informatici, il britannico Paul Graham, il canadese Trevor Blackwell, l'americano Robert T. Morris, e dalla scrittrice americana Jessica Livingston (*Founders at Work: Stories of Startups' Early Days*). Dalla sua creazione, la società ha coadiuvato quasi un migliaio di società di nuove tecnologie, piuttosto orientate alle scienze della vita.

Esordi difficili

Nel 2004, quando Jason Gaverick Matheny crea New Harvest, la carne coltivata ha ancora un piede nella fantascienza. Le sole colture di cellule *in vitro* esistenti sono destinate a un'altra funzione e con un altro nome: la ricostruzione di tessuti umani danneggiati (ustioni, incidenti). Quattro anni dopo, quando Jason G. Matheny apre la seduta dell'In Vitro Meat Consortium al Norwegian Food Research nstitute (Ås, Norvegia), solo davanti a una cinquantina di universitari (americani, olandesi, norvegesi, austriaci, portoghesi), il programma si limita a identificare le principali sfide scientifiche da risolvere, a formalizzare una rete internazionale e a esplorare vie di finanziamento che, per la loro mancanza, porteranno alla fine del Consortium. A ottobre del 2004, Jason G. Matheny era riuscito a convincere il ministro dell'Agricoltura olandese a finanziare la ricerca sulla carne *in vitro*: 2 milioni suddivisi tra le Università di Amsterdam, di Utrecht e di Eindhoven, in cui lavora Mark Post. Quando il governo non rinnova le sovvenzioni, è un generoso donatore – all'epoca sconosciuto –, Sergey Brin, su consiglio di Jason Matheny, a finanziare le ricerche del gruppo di Mark Post. Il successo arriva nel 2013.

Ripresa

Il successo dei prototipi dei sostituti della carne ha premiato la scelta degli investitori, e ha un effetto inerziale: le start-up si moltiplicano alla vista dei milioni di dollari che si annunciano, e tutto questo, ovviamente, in nome del solito ritornello che bisogna restare sul treno del progresso, tanto più che questo soddisfa i criteri di tutte le cause per il salvataggio del pianeta. La qualità dell'aria urbana e il senso collassologico del tempo presente giocano a loro favore. I pionieri possono fare nuove raccolte di fondi per finanziare il proprio potenziamento (sostituti della carne a base di piante) o l'idea di produrre su scala industriale (carne coltivata).

Ciò che ancora stupisce è la formazione di una bolla finanziaria. Se ne sta formando una con i *novel foods*. Un capitalista all'antica, del XIX secolo o della prima metà del XX secolo – del tipo: «Investo in un'impresa che ha completato i suoi esperimenti e ha bisogno di svilupparsi» –, non si riconoscerebbe nelle pratiche attuali. Eppure, per timore di perdere un nuovo bottino, i fondi d'investimento seguono passo per passo Li Ka Shing, Bill Gates, Sergey Brin, Peter Thiel, Richard Branson e altri. In realtà, al momento, nulla indica che per la carne *in vitro* il passaggio al livello industriale sarà competitivo. Né che ne sia scontata l'accettazione del grande pubblico. Per ora, entusiasma i già convinti – ossia coloro che già non mangiavano carne – e i progettisti sul modello delle start-up, capaci di persuadere i finanzieri con un seducente discorso sulla «disrupzione» carico di promesse di guadagno. Quindi, si vedono arrivare centinaia di milioni di dollari, e ogni nuovo milione serve a giustificare l'investimento dei successivi, e lo *startupper* è ricco prima di aver venduto uno solo dei prodotti che annuncia come geniali. Come vincere a poker senza dover mostrare le carte.

Terzo tempo

Partendo da questa piccola frittella di carne macinata olandese di 142 grammi, tutti i pianeti sembrano allinearsi per favorire lo sviluppo dei sostituti della carne naturale. Gli altruisti raccolgono molto denaro; qualche miliardario noto – Bill Gates, Richard Branson – firma assegni; le prime aziende di false carni decollano. In parallelo, la società civile internazionale si mobilita sempre di più per la salute del pianeta. Come le cellule che coltivano sui banchi dei loro laboratori, queste giovani aziende si moltiplicano. A cambiare tutto sta il fatto che i vegani americani ragionano da capitalisti: vogliono vendere i loro surrogati di carne e di piatti cucinati a base di carne a più persone possibile. Siamo lontani dagli istinti di devozione degli anni Settanta in Europa, che in parte riverberano ancora oggi. Secondo i vegani americani, sarà il denaro a veganizzare il mondo. Non si cerca di convincere il proprio vicino: troppo poco in termini di mercato. Si punta all'uomo qualunque che spinge il suo carrello in un qualsiasi supermercato del mondo. Ai parenti in uscita familiare al fast food. Agli adolescenti anticonformisti. Ai giovani dirigenti che vogliono ostentare un segno di disrupzione per integrarsi più facilmente in azienda. Ai lobotomizzati della parte del cervello generalmente deputata alla cucina.

L'unico motivo di esistere, per un'azienda, è il mercato. Le più grandi, le multinazionali, spiano il minimo comportamento dei consumatori, esaminano le flessioni di vendita tra gli espositori dei supermercati, analizzano a fondo uno scarto davanti agli scaffali. I giganti del settore della carne hanno individuato presto il movimento innescato dai sostituti della carne negli Stati Uniti. In America non si scherza sulle quote di mercato dell'hamburger e delle polpette di pollo! L'esempio di Memphis Meats è lampante: a febbraio del 2016, la società di Uma Valeti annuncia di essere riuscita a produrre un prototipo di polpetta di carne *in vitro* per circa 40.000 dollari al chilo. Un anno dopo, a marzo del 2017, riesce a produrre degli straccetti di pollo e di anatra dalla coltivazione di cellule staminali per un costo di 20.000 dollari al chilo. A giugno del 2017, il costo è crollato a 5.280 dollari al chilo. Ad agosto del 2017, la più grande società agroalimentare del mondo, Cargill[1], entra nel capitale di Memphis Meats con Tyson Foods, il gigante americano della carne[2] e 2° al mondo, insieme a Bill Gates e Richard Branson, per un finanziamento totale di 22 milioni di dollari. I capitali sono destinati allo studio del cambiamento della scala di produzione e della riduzione dei costi. In effetti, in previsione dello sviluppo del settore, Tyson Foods ha creato un fondo di capitali di rischio di 150 milioni di dollari basato sulle proteine alternative: le carni senza carne. L'altro esempio, con Beyond Meat, mostra che i giganti della carne, investendo nei sostituti a base di piante, vogliono anche assicurare il futuro. Nel 2016, Tyson acquisisce il 5% del capitale di Beyond Meat, la start-up dell'hamburger vegetale "al sangue", e la finanzia ancora a novembre del 2019, dopo un investimento di 75 milioni anche da parte di Cargill a settembre dello stesso anno. In Brasile, JBS[3], il numero uno mondiale della carne, investe in una propria azienda di sostituti a base di piante. Oramai, i leader mondiali della carne parlano di se stessi come di «produttori di proteine». Si possono scorgere le stesse manovre nel settore dei prodotti caseari. Nel 2017, DanoneWave[4] investe 60 milioni di dollari in una società di prodotti caseari a base di piante in Virginia. A marzo del 2019, Danone annuncia di prevedere un aumento del 300% delle sue

1 Cargill, con sede a Minneapolis (Minnesota), creata nel 1865 da Will Cargill, è rimasta una società di capitali privati (non è quotata in Borsa). Giro d'affari nel 2014: 134,8 miliardi di dollari; utili per 1,87 miliardi di dollari. Cargill è attiva in molti settori agroalimentari: materie prime agricole (cereali, semi oleosi, cacao…), carne, alimentazione animale…

2 Tyson Foods, con sede a Springdale (Arkansas), fondata da John W. Tyson nel 1935, vende 40 miliardi di dollari di manzo, pollame e maiale l'anno.

3 JBS, con sede a San Paolo (Brasile), fondata nel 1953 ad Anápolis (Goiás, Brasile) da José Batista Sobrinho. Un giro d'affari di 47 miliardi di dollari (2014).

4 DanoneWave è diventata Danone North America ad aprile del 2018.

vendite nel settore vegano negli Stati Uniti entro il 2025. Nel 2017, Nestlé si è dotata del programma Food Reform for Sustainability and Health (FRESH), che punta a «creare un insieme di soluzioni commerciali per guidare la trasformazione del sistema alimentare», perché «ciascuno possa mangiare bene nel rispetto dell'ambiente». Nella sua comunicazione, la multinazionale svizzera si compiace del fatto che il rapporto *Plant Based Profits*, di FAIRR (2018) «collochi stabilmente le proteine vegetali nell'orbita degli investitori». Lanciata dalla Fondazione Jeremy Coller, FAIRR (Farm Animal Investment Risk & Return) è una rete di investitori che «sfrutta la potenza dei mercati finanziari per trasformare la produzione mondiale di proteine». In altre parole, scoraggia i grandi investitori (banche, fondi pensione, assicurazioni) a investire nelle industrie della carne e li orienta verso i sostituti della carne o la carne coltivata. Due anni dopo, ad aprile del 2019, Nestlé ha lanciato in Europa il suo Garden Gourmet Incredible Burger, dichiarando che la tendenza agli alimenti a base di piante «è qui per restarci», poiché i consumatori cercano di «ridurre l'impronta di carbonio della loro alimentazione». Possiamo moltiplicare gli esempi: il produttore di pollame tedesco PHW investe nella start-up israeliana SuperMeat (pollo *in vitro*), nell'americana Good Catch (falso tonno a base di piante) e si assicura la vendita e la distribuzione esclusive di hamburger vegani di Beyond Meat in Germania; l'italiana Barilla partecipa alla raccolta fondi dell'americana Planetarians (proteine alimentari); la svizzera Bell Food investe 2 milioni di euro in Mosa Meat, la società olandese di Mark Post, che annuncia la commercializzazione della sua bistecca coltivata per il 2021; in Francia, Buffalo Grill serve i prodotti di Beyond Meat; nei Paesi Bassi, Vion[5] ha annunciato la conversione di uno dei mattatoi – quello di Leeuwarden, che lavora la carne suina – alla produzione vegana.

Il processo di ridefinizione del mercato della carne con sostituti di cellule coltivate o prodotti elaborati a partire da proteine vegetali e additivi è ben avviato, e non si sa ancora se sarà parziale o totale. In eco-

5 Vion: gruppo olandese, creato nel 1930, con sede a Boxtel (Paesi Bassi), presente anche in Germania. Leader europeo per i mattatoi e la lavorazione di suini e manzo. 298.000 maiali e 17.500 manzi abbattuti e lavorati a settimana. Un giro d'affari di 7 miliardi di euro. Il gruppo non è quotato in Borsa e ha un solo proprietario: un'associazione agricola con 16.500 membri.

nomia, le cifre non mentono. Al 15 novembre 2019, sei mesi dopo il colpo di scena di Mark Post, si contavano 490 società che lavoravano sulle alternative alla carne, di cui 317 sui sostituti a base di piante, 15 sui bioreattori e il processo produttivo industriale, e 58 sulle cellule staminali di carne, pesce e crostacei. Queste ultime si dividevano così: 29 negli Stati Uniti; 5 in Canada e in Israele; 3 nel Regno Unito, nei Paesi Bassi e in Germania; 2 in Australia, in Spagna, in Cina, a Singapore; una in Belgio, in Francia (Gourmey: *foie gras* da cellule staminali), in Norvegia, in Svizzera, in Turchia, in Argentina, in Cina, in Brasile, in India e in Giappone. Secondo il GFI, in due anni – 2017-2018 –, gli investimenti in società di sostituti della carne, del latte e delle uova a base di piante hanno raggiunto 14 miliardi di dollari. Benché la carne coltivata non sia ancora commercializzata, tra il 2015 e novembre del 2019 ha attirato 155,3 milioni di dollari di investimenti resi pubblici.

Un piccolo boccone per l'uomo…

Con discrezione – l'informazione ci è arrivata un mese dopo l'evento –, la carne coltivata è tornata di attualità grazie ai suoi primi passi verso l'esplorazione spaziale della NASA. A settembre del 2019, gli astronauti Oleg Skripotchka e Oleg Kononenko, durante il soggiorno nella Stazione spaziale internazionale (ISS), hanno prodotto con una stampante 3D dei tessuti di coniglio, di manzo e di pesce. Dietro l'esperimento, Aleph Farms[6]: società di carne coltivata israeliana cofondata dal biologo Didier Toubia. È stato il primo al mondo a riuscire a coltivare, nel 2018, varie cellule differenti per produrre del muscolo. Aleph Farms ha fornito le cellule di carne perché crescessero nello spazio, l'azienda americana Finless Foods[7] ha fornito le cellule di pesce e la società russa 3D Bioprinting Solutions la stam-

6 Aleph Farms, con sede a Rehovot (Israele), cofondata da Didier Toubia, ha raccolto fondi per 13 milioni di dollari, in particolare dal gruppo israeliano Strauss, da Cargill, New Crop Capital e Vis Vires New Protein, con il sostegno dell'EIT Food (European Institute of Innovation & Technology: un programma dell'Unione europea).
7 Finless Foods, con sede a Emeryville (California), cofondata nel 2016 dai biochimici Michael Selden e Bryan Wyrwas, con l'ambizione di produrre pesce e frutti di mare da cellule staminali. Ha ottenuto finanziamenti per 3,5 milioni di dollari.

pante 3D. Il 25 settembre, le cellule di carne e il loro brodo nutritivo sono stati spediti con la navetta spaziale Soyuz MS-15, che si sarebbe agganciata al segmento russo della Stazione spaziale internazionale, in orbita a circa quattrocento chilometri dalla Terra. Lì sono cresciute «in assenza di peso, usando dei campi magnetici in microgravità». Per Didier Toubia, «l'esperimento nello spazio mostra che la carne può essere coltivata nelle condizioni più difficili, ossia ovunque, in qualsiasi momento e da chiunque». Questo ha permesso a Ioussef Khessouani, del laboratorio moscovita 3D Bioprinting Solutions, di parafrasare Neil Armstrong dichiarando, il 9 ottobre 2019: «È un piccolo boccone per l'uomo, ma uno grande per l'Umanità». Sottintendeva che la carne coltivata rende possibili le spedizioni verso altri pianeti del sistema solare – tutti pensano a Marte, da sei a nove mesi di viaggio – grazie alla possibilità di produrre a bordo del veicolo spaziale il cibo necessario. Lo stesso vale per la futura stazione lunare.

Desiderio di onnipotenza

In un dibattito pubblicato dalla rivista «Wired», Liz Specht, direttrice aggiunta di scienze e tecnologie del Good Food Institute, avanza un altro argomento a favore della carne coltivata e dei sostituti a base di piante (Specht, 2019). Le «carni alternative» hanno il duplice vantaggio di «una reazione rapida ai cambiamenti del mercato» e della soluzione al «problema dello smaltimento della carcassa». In entrambi i casi, Liz Specht considera la biologia animale come la causa delle delusioni dell'industria dell'allevamento, «costellata da cicli di prosperità e di recessione».

È perspicace, e nell'impossibilità di prevedere il prezzo di vendita del vitello al momento di far inseminare la mucca dal toro vede una prova flagrante dell'inefficacia dell'allevamento alla produzione di carne. Per fortuna, con la carne coltivata (lei parla di «carne pulita») ci si può sbarazzare della gestazione e della crescita degli animali:

> I flaconi di cellule congelate utilizzate per produrre la carne possono essere decongelati e [il loro contenuto può] iniziare a dividersi in poche ore. La maggior parte dei professionisti del settore stima

che per la produzione di un lotto di migliaia di chilogrammi di carne occorreranno da tre giorni a cinque settimane. Se i macchinari di produzione lavorassero costantemente le sementi, potrebbero raccogliere il prodotto finito in una settimana. La carne a base di piante e quella da cellule affrontano delle sfide che si prevedono molto meno difficili. I produttori possono modificare le catene di produzione in tempo reale, in risposta alla domanda, il che significa che il sistema genera molti meno scarti ed è più redditizio, poiché i produttori non devono fronteggiare le inondazioni del mercato che fanno abbassare i prezzi (Ibidem).

Il suo secondo argomento rivela al tempo stesso il desiderio di svincolarsi dalle leggi della natura. Nella sua visione efficace del mondo, «il corpo degli animali non è proporzionato ai parametri dei prodotti realmente richiesti dagli umani». I polli sono traditori, poiché possono produrre soltanto un petto e due ali per ogni esemplare, mentre gli americani adorano le ali. *Idem* per i manzi: un solo treno posteriore di carne nobile e un treno anteriore difficile da vendere. Per sostenere la sua brillante dimostrazione d'inefficacia dell'animale, Liz Specht fa un esempio di stupidità sconcertante: «La macellazione di una sola mucca produce soltanto 28 bistecche *T-bone*, 10 di lombo e 8 di scamone. Così, la domanda di una 29ª *T-bone* o di una 9ª bistecca di scamone costringe al massacro di una mucca in più» (Ibidem).

Queste è terrorismo dell'informazione, nel senso stretto di voler indurre il terrore della colpevolezza: la mia bistecca di manzo provocherebbe la morte inutile di una mucca. Come se non potesse esserci un 30° cliente, ecc. Come se si abbattesse una bestia su richiesta del cliente! Ogni macellaio – anche nella grande distribuzione – ordina la sua scorta secondo le proprie stime, e se il 29° cliente non può essere servito a suo piacimento, il macellaio gli risponde gentilmente: «Mi dispiace, non ne ho più; ne avrò tra "X" giorni». Poiché – ignoranza vegana manifesta – Liz Specht ignora che la carne non si consuma appena abbattuto l'animale e che la sua maturazione concede il tempo necessario a equilibrare la domanda. Il commercio di prodotti alimentari non è mai stato governato dalla dittatura dell'immediatezza. È necessario attendere che il salumiere faccia i suoi impasti, il fornaio il suo pane, il lattaio il suo burro. E si tratta sempre di quantità limitate, poiché deperibili. Le ali di pollo o le bistecche di scamone a volontà sono la misura del delirio di acquisti dei maniaci del commercio online, che di commercio ha soltanto il nome. O di coloro che non ingurgitano altro che cibi lavorati, pastorizzati, biologicamente sicuri e imbottiti di sostanze chimiche. Il commercio è relazione, talvolta contrattazione, ma mai un clic su un sito web. Mai un ordine. Eppure è ciò che sogna Liz Specht: «Immaginate come evolverebbe la cucina se i consumatori fossero liberi di scegliere la carne in base ai tagli che desiderano». Un'eliminazione della natura e degli artigiani di specialità alimentari.

Aggiunge ancora un argomento al suo odio per l'attività delle fattorie, che da millenni comporta l'adattamento dell'essere umano all'animale, deplorando la specificità di polli, tacchini, mucche e maiali, che esigono processi di produzione esclusivi per ciascuna specie. *A contrario*:

> Per le carni a base di piante e le carni pulite, la differenza tra produrre manzo, maiale o anche salmone è praticamente minima. Per le carni a base di piante, gli ingredienti principali saranno probabilmente molto simili, o addirittura identici in alcuni casi; mentre le differenze saranno costituite da sottili variazioni dei parametri degli aromi e delle attrezzature di produzione che determinano qualità come la compattezza e la succosità. Una sola catena di produzione può passare dalla produzione di pollo a brandelli a quella di scaglie di tonno con relativamente pochi aggiustamenti o tempi di arresto. Questo permette di ampliare la gamma di prodotti di una sola azienda e, ancora una volta, ridurre i tempi di risposta alla domanda dei consumatori. Se aumenta la richiesta di manzo macinato a base di piante per le grigliate del 4 luglio[8], gli stabilimenti possono aumentare il numero di linee che elaborano questo prodotto con qualche settimana di anticipo. La carne a base di cellule è concepita per essere altrettanto agile (Ibidem).

Liz Specht prosegue la sua arringa con lo stesso spirito di efficacia:

> La potenziale flessibilità dei produttori di carne a base di piante e di cellule nel passare da un prodotto a un altro di una stessa specie

8 Festa nazionale (nota dell'editore)

> (dalla lombata alla costoletta) o di diverse specie, è molto più fluida e meno onerosa rispetto ai produttori di carne convenzionali, e dà sostanziali vantaggi di mercato. A questo si aggiunga un ciclo produttivo più breve, che facilita la risposta in tempo reale alla domanda, e diventa evidente che i produttori di carne pulita a base di piante hanno tutto ciò che gli occorre per utilizzare propriamente le loro catene di produzione e attivare processi più coerenti nei limiti del loro margine di profitto ideale. Mentre il pianeta approfitta senza dubbio più della maggiore efficacia produttiva di queste carni, i vantaggi in termini di efficacia del mercato saranno estremamente proficui per il risultato netto (Ibidem).

In pratica, il discorso economico è chiaro.

Legami

Per proseguire la mia inchiesta, devo partire per Newark, a Princeton. Prima, approfitto della domenica per vedere almeno il mito di San Francisco. Per molto tempo, il Golden Gate è stato il ponte sospeso più lungo del mondo (2,737 chilometri), e scavalca lo stretto collegando la baia all'oceano Pacifico. Ci vado a piedi. Con il naso più spesso rivolto in aria che a terra. Quattro ore buone di cammino. Attraverso il porto. Una vecchia abitudine personale. Più turisti che marinai; più negozi di souvenir che reti da rammendare o losche taverne. Nel Fisherman's Wharf, all'angolo tra Mason Street e Beach Street, il mio sguardo è attirato dai profili di due sagome di uomini disegnate a terra, come quando la Polizia traccia con il gesso il corpo di una vittima. Una scritta, sempre sullo stesso marciapiede: «5 luglio 1934, 5 portuali uccisi dalla Polizia durante lo sciopero generale dei marittimi di San Francisco, colpiti alla schiena». Allora alzo gli occhi: tre gradini sopra quel gesto commemorativo si erge la sede dell'ILWU, l'International Longshore and Warehouse Union: il sindacato dei portuali. Un pensiero ai miei amici portuali di Saint-Nazaire, contestatori come ne esistono pochi, e alla loro cultura anarco-sindacale. Cammino di buon passo, salgo verso il Presidio, il grande parco che domina su questa sponda l'accesso al Golden Gate. Eccolo, in lontananza, sulla svolta di un viale alberato. È bel tempo. Il caratteristico colore arancione del ponte si staglia contro il cielo azzurro. I ciclisti smontano di sella; i pedoni si fermano. Tutti LO guardano, impreziosito da una cornice di vegetazione, poi ognuno riprende il suo percorso verso il ponte. Ovviamente, le coppie si fanno dei selfie. Poi, basta un passo e ci si è sopra. È pieno di gente: la passeggiata domenicale. Lo affronto. Ancora qualche passo e, finalmente, guardo da oltre il parapetto. A destra la baia, la città, l'isola di Alcatraz, e più in là il Bay Bridge, l'altro ponte. A sinistra l'oceano, il Pacifico, l'orizzonte a perdita d'occhio. Un'ora di passeggiata a 67 metri di altezza sui flutti. Sopra giganteschi mercantili e portacontainer. Sotto un elicottero, come nei film. All'ombra di due pilastri di 227 metri di altezza e dei cavi, la cui sezione è grande quanto la testa di un uomo. Con occhi buoni si riescono a vedere le foche che giocano dal lato della baia. Il flusso ininterrotto di veicoli produce un rumore di fondo piuttosto intenso, ma ciò che s'impone agli occhi e alle narici relega le orecchie in secondo piano. Qui l'aria dice mare. Qui il cielo dice altrove. I miei pensieri non riescono a fissare una sola delle decine di immagini del Golden Gate pur impresse nei miei ricordi. Troppa emozione. Ci sono: ci sto camminando sopra. Passeggio nella cartolina postale, con un sorriso enorme sul viso. Sconcerta le tre religiose di cui colgo, fotograficamente, la veste sollevata e annodata alla cintola che lascia scoperta una sottoveste immacolata. Una maniera benedetta di rinfrescarsi. La traversata di ritorno è altrettanto piacevole. Il Sole è passato a Ovest, e proietta un gioco di luci e ombre che produce riverberi.

Sull'aereo che mi porta verso Newark, ripenso a FAIRR, questa «iniziativa della Fondazione Jeremy Coller» di cui ho già parlato. FAIRR è un «elemento di disturbo» assicurato (FAIRR, 2019), poiché occupa una breccia nel mercato della carne:

> [I] consumatori cercano dei sostituti delle proteine che rispondano al loro gusto, alla consistenza e al sapore della carne, del pesce e dei prodotti caseari senza avere le stesse implicazioni per la salute e l'ambiente. Questa crescita della domanda è coincisa con una rivoluzione della tecnologia alimentare in grado di fornire quei sostituti senza utilizzare l'animale vero. [...] Per la prima volta dall'avvento dell'allevamento industriale, circa sessant'anni fa, le

> proteine alternative – che siano a base di piante o di cellule – costituiscono una strada percorribile per rispondere alla domanda mondiale di proteine in maniera sostenibile (Ibidem).

FAIRR rileva nel mercato «il passaggio innegabile a stili di vita flexitariani, vegetariani e vegani» (Ibidem). FAIRR fornisce alla sua rete mondiale di società di capitali d'investimento, di fondi pensione, di gabinetti di gestione dei profitti, di compagnie di assicurazioni (Allianz), di banche (UBS, La Banque postale) gli strumenti «per integrare l'ambiente, il sociale e i governi con le catene di approvvigionamento di proteine» (Ibidem). Non si tratta «di aggiungere nuovi prodotti proteici alternativi al campionario attuale» (Ibidem). Per soddisfare gli investitori di FAIRR: «Le società devono sviluppare una strategia globale [...] per esplorare l'applicabilità delle nuove tecnologie alimentari [...] sfruttare la loro potenza commerciale per incitare i consumatori a utilizzare nuovi prodotti e incitare le loro comunità di fornitori ad attenuare gli impatti sui mezzi di sussistenza degli agricoltori» (FAIRR, s.d. b).

Si tratta, ad esempio, parlando delle attività finanziarie, «di valutare la loro attuale esposizione alle proteine animali» o di considerare i «28 problemi ambientali, sociali e di governo (ASG) che potrebbero nuocere considerevolmente al valore finanziario a breve o a lungo termine» (FAIRR, 2016). Non si può che gioirne. Dopotutto, che le multinazionali adottino comportamenti migliori è comunque un risultato. Il resto – al di là dei piccoli passi ecologisti – riguarda i rapporti di forza sociali e politici (con i dipendenti, con i consumatori, con i governi).

Osservando più da vicino, consultando la lista delle società «membri dell'universo di FAIRR», dei quattro criteri presentati sulla pagina web aperta al pubblico, quello intitolato «proteine sostenibili» è selezionato più volte rispetto a «gestione degli antibiotici», mentre i criteri «sociale» e «governo» non compaiono. Tra le 108 società di questo universo internazionale della finanza, notiamo: Amazon (Whole Foods), Beijing Sanyuan Foods, Bell Food, Carrefour, Chipotle Mexican Grill, Domino's Pizza, General Mills, Groupe Casino, Kraft Heinz, McDonald's, Mark&Spencer, Mondelēz, Nestlé, Tyson Foods, Unilever, Walmart..., sul *fair play* di molte delle quali, se mi permettete questo gioco di parole, è lecito dubitare.

Chi c'è dietro FAIRR? Jeremy Coller. Quest'uomo d'affari britannico, nato nel 1958, è a capo di Coller Capital, fondata nel 1990, con sede a Londra, leader mondiale sul mercato secondario dei capitali d'investimento[9]. La società ha investimenti finanziari per un capitale di 7,15 miliardi di dollari e il sostegno di circa centosettanta dei principali investitori istituzionali al mondo. In breve, Jeremy Coller ha potere. Nel 2018, il «Financial News» ha classificato Jeremy Coller tra le cinquanta persone più influenti d'Europa. È anche uno dei finanziatori di Elders[10].

Inoltre, Jeremy Coller ha creato CPT Capital: un fondo d'investimenti con sede a Londra, basato sulle proteine vegetali, la carne da cellule staminali e le proteine ricombinanti. Lo scopo di CPT Capital è quello «di guidare la rivoluzione tecnologica dei cibi e dei materiali rimpiazzando gli animali nella catena dell'approvvigionamento». Il portafoglio di CPR Capital comprende più di trentacinque società, tra cui Beyond Meat, Impossible Foods, Memphis Meats, Perfect Day, Good Catch, Geltor, Clara Foods, Modern Meadow, BlueNalu, Aleph Farms, Mosa Meat: undici società di coltivazione cellulare. E CPT Capital sponsorizzava la conferenza del Good Food Institute alla quale ho assistito a San Francisco.

Vegano convinto e molto interessato alla filantropia all'americana, Jeremy Coller ha creato nel 2002 una fondazione che porta il suo nome, di cui uno dei due obiettivi, dichiarato sulla pagina principale del suo sito web, è «far cessare l'agricoltura industriale». L'altro è potenziare l'insegnamento presso il Coller Institute of Venture e la Coller School of Management, in partenariato con l'Università di Tel Aviv.

Per eliminare l'agricoltura industriale, la Fondazione Jeremy Coller gioca su due fronti. Da un lato, fornisce consulenze agli investitori: «Puntare a un maggior benessere non solo è importante per rispon-

9 È stata Coller Capital ad acquistare il settore "capitali d'investimento" del Crédit agricole nel 2012.

10 The Elders: gruppo di "saggi" creato da Nelson Mandela nel 2007, con Muhammad Yunus, Gro Harlem Bruntland, Jimmy Carter, Kofi, Annan, Graça Machel, Desmond Tutu, Mary Robinson, Li Zhaoxing, Lakhdar Brahimi, Ela Ramesh Bhatt, Fernando Henrique Cardoso. L'obiettivo: risolvere i problemi del mondo usando «quasi mille anni di esperienza collettiva». Jeremy Coller fa parte del gruppo di finanziatori: The Elders' Advisory Council.

dere alle aspettative dei consumatori, ma può avere al tempo stesso un effetto benefico sull'efficacia, la redditività e il valore sul mercato delle società che tengono conto dei rischi per la salute».

Quindi, come le organizzazioni altruiste americane già descritte, la Fondazione Jeremy Coller tenta di prosciugare il flusso di denaro indirizzato all'allevamento a vantaggio delle imprese di sostituti della carne o di carne coltivata. Un modo di porre l'attenzione sul rendimento finanziario degli investimenti nelle multinazionali della carne. Dall'altro lato, finanzia programmi di organizzazioni internazionali di difesa degli animali come Compassion in World Farming (CIWF)[11] e World Animal Protection (WAP)[12], entrambe britanniche. È il caso di Business Benchmark on Farm Animal Welfare (BBFAW)[13]: un sistema per valutare la considerazione per il benessere degli animali d'allevamento da parte delle grandi aziende del settore alimentare. Oggi, BBFAW classifica un centinaio delle maggiori società. Va detto, per inciso, che CIWF ha ricevuto 4.693.975 dollari negli ultimi tre anni (2017-2019) dall'Open Philanthropy Project, e WAP 544.607 dollari nel 2016 dalla stessa organizzazione «altruista efficace» di cui ho parlato nel capitolo precedente. Senza complottismo, è chiaro che esistono vasi comunicanti, ideologici e finanziari, a livello internazionale, tra i movimenti vegani, le organizzazioni animaliste, gli industriali della coltivazione cellulare e i finanzieri.

Mille miliardi di dollari

Bruce Friedrich ci spiega il motivo dell'improvvisa corsa alle "proteine alternative" da parte di multinazionali e investitori appoggiati da associazioni. Quando smette la veste di direttore del Good Food Institute per indossare quella di proprietario di New Crop Capital, non si parla più di clima, di salute o di benessere animale: «Nel 2014, il mercato mondiale dei sostituti della carne valeva circa 3,4 miliardi

11 CIWF, fondata nel 1967 da Peter e Anna Roberts, una coppia inglese di produttori di latte. Ha sede a Godalming (Surrey, Regno Unito), e opera in dieci Paesi.
12 WAP, fondata nel 1981, con il nome di World Society for the Protection of Animals (WSPA). Ha sede a Londra, e opera in quattordici Paesi.
13 BBFAW: vedi il loro sito www.bbfaw.com.

di dollari, e dovrebbe crescere del 7,5% l'anno nei prossimi cinque anni, ossia quasi 6 miliardi entro il 2022. E si tratta di stime al ribasso; quindi è un settore entusiasmante» (FAIRR, s.d.).

Il rapporto pubblicato nel 2019 dal gabinetto americano di consulenza in strategia AT Kearney va oltre. Annuncia che «i nuovi sostituti vegani della carne e la carne coltivata hanno il potenziale per sconvolgere l'industria della carne» (Gerhardt, Suhlmann, Ziemßen *et al.*, 2019). L'anno passato, quest'ultima ha avuto un giro d'affari di mille miliardi di dollari a livello mondiale su una scala di valore totale di circa 1900 miliardi di dollari, includendo le aziende di lavorazione e distribuzione. Per gli esperti di AT Kearney: «La sostituzione della carne sconvolgerà soprattutto il settore della carne tradizionale, per un valore di circa 1000 miliardi di dollari. Le aziende di lavorazione e i commercianti al dettaglio vendono prodotti finiti, che si tratti di carne o di sostituti della carne, ai consumatori finali e sono meno toccati, o per nulla, dai nuovi prodotti e dal cambiamento di comportamento dei clienti» (Ibidem).

A subire l'impatto saranno gli agricoltori (grandi colture, allevamento, ingrasso), i mattatoi e la filiera a monte coinvolta (sementi, mezzi di produzione). Il rapporto evidenzia che «le soluzioni per aumentare l'efficacia della produzione di carne convenzionale sono quasi esaurite»[14] e «che migliorare l'efficacia dei metodi convenzionali non è sufficiente a lungo termine per fronteggiare le sfide pressanti del nostro sistema alimentare». I sostenitori dell'«agricoltura di precisione» otterranno soltanto dei miglioramenti di margine, «senza sconvolgere il metodo convenzionale di produzione della carne». Una strada spianata per i surrogati come i sostituti vegani e la carne coltivata: «È solo una questione di tempo, e poi i sostituti prenderanno una fetta di mercato consistente [...] La carne coltivata vincerà sulla distanza. Tuttavia, nella fase di transizione saranno fondamentali dei nuovi sostituti vegani della carne».

Per gli analisti di AT Kearney, il 35% di tutta la carne consumata nel 2040 verrà da cellule staminali, e il 25% da sostituti vegani. Basandosi su dei sondaggi condotti in India, in Cina e negli Stati Uniti

14 Tutte le citazioni che seguono sono tratte dallo stesso rapporto (Gerhardt, Suhlmann, Ziemßen et al., 2019).

sui prodotti "non abbattuti" e a basso consumo di risorse, «l'accettazione, sia in termini di legge che da parte dei consumatori di carne coltivata, sarà un fenomeno mondiale». Fattore chiave della propagazione del sisma, «le società tecnologiche basate sulle cellule e la fermentazione sfrutteranno la loro proprietà intellettuale per coprire il maggior numero possibile di prodotti di origine animale». L'onda d'urto dei «nuovi metodi biotecnologici nell'industria della carne» toccherà l'industria alimentare nella sua globalità, poiché «prodotti come il latte, l'albume d'uovo, la gelatina e il pesce possono essere creati con una tecnologia simile». Inoltre, questo sconvolgimento da parte dei nuovi arrivati offre «ampie possibilità» a nuovi fornitori, in particolare nel settore della chimica, della biotecnologia, dei bioreattori. Prudente sulla «velocità dello sconvolgimento», il gabinetto dichiara nientemeno che: «I nuovi sostituti vegani della carne saranno in forte crescita durante la fase di transizione (fino al 2030), mentre la carne coltivata – con un tasso di crescita del 41% annuo – sorpasserà i nuovi sostituti vegani della carne tra il 2025 e il 2040, a seconda dei progressi tecnologici e delle preferenze dei consumatori».

AT Kearney ne è certa: «Nelle industrie alimentari, i metodi produttivi basati sulle cellule e la fermentazione apriranno la strada a una cultura dell'alimentazione su misura». Presto verrà il tempo in cui il consumatore programmerà la stampante 3D, collocata in cucina, in base alla soglia di acidi grassi prescritta dal suo medico curante.

9
L'affabulazione efficace

Provenendo da San Francisco, sono atterrato dopo cinque ore e mezza di volo e tre ore di fuso orario a Newark, da dove un treno mi ha deposto dopo un'ora buona a Princeton Junction. Princeton, New Jersey. Un'oasi di tranquillità a metà strada tra New York e Philadelphia. Strade alberate, case basse, giardini, parchi, edifici in stile vittoriano. Viali che invitano a passeggiare. E disseminati in un vastissimo parco gli edifici di una delle più antiche e celebri università private americane (1746). L'università è orgogliosa della sfilza di premi Nobel, di medaglie Fields, di vincitori del premio Turing. Albert Einstein ha vissuto qui, dal 1935 alla sua morte. Alla Princeton University, il filosofo australiano Peter Singer è titolare della cattedra di Etica. Ci ho tenuto a incontrarlo in quanto autore di *Liberazione animale* (2015 [1975]) e di *La cosa migliore che tu puoi fare. Cos'è l'altruismo efficace*: due opere di riferimento per gli *startupper* della coltivazione cellulare e i militanti vegani. Mi ha dato appuntamento nel suo ufficio all'università, al 5 di Ivy Lann; "*Ivy*", in inglese, è l'edera, ed è anche una strizzata d'occhio alla Ivy League, che riunisce le otto università private americane più prestigiose della costa Nord-Est americana, tra cui quella di Princeton.

Peter Singer è un filosofo utilitarista sostenitore dell'altruismo efficace. Secondo lui, donare una parte della propria ricchezza personale per "ridurre la sofferenza" delle persone più povere dei Paesi in via di sviluppo è un dovere morale di ciascun cittadino di un Paese sviluppato, a patto che la sua donazione sia più efficace possibile. Per avere un mondo migliore, inteso come la possibilità di ognuno di essere felici, propone di analizzare le cause che nuocciono a questa felicità e studiare scientificamente le azioni che porteranno più vantaggi rispetto all'investimento (in tempo, in denaro, ecc.). Per esempio, una delle strategie dell'altruismo efficace è guadagnare più denaro possibile per donarlo alle brave persone che propongono i migliori progetti per delle buone cause. Conviene lavorare in una multinazionale – che d'altra parte causa molti danni – se il salario che guadagnate vi permette di fare del bene in misura maggiore rispetto ai danni del vostro impiego nella multinazionale. Il concetto di "sofferenza" permette a Peter Singer di prendere la senzienza[1] come criterio di appartenenza alla stessa comunità morale in cui si ritrovano tutti gli esseri sensibili, vale a dire capaci di sentire personalmente delle cose. È questo che lo porta a rifiutare di mangiare animali, poiché il beneficio che ne otterrebbe sarebbe inferiore alla sofferenza inflitta, ossia la morte dell'animale. Contrariamente a Tom Regan[2], suo collega, che rivendica l'uguaglianza di diritti tra umani e animali, Peter Singer sostiene un'equa considerazione della sofferenza (o della soddisfazione) indifferentemente dalla specie vivente. Questo gli permette, in «casi marginali», di parteggiare per la specie umana. Diversamente da Tom Regan, che sostiene che la vita di un babbuino adulto vale più di quella di un neonato umano che non ha ancora consapevolezza della vita[3].

L'ufficio di Peter Singer è al primo piano di una grande e sontuosa dimora rivestita di ardesia, che si erge su un prato alberato, come si usa qui. Peter Singer m'invita a sedermi di fronte a lui, dall'altro lato della scrivania. Quasi fossi uno studente.

«Cosa pensa delle start-up della coltivazione cellulare e acellulare, e del fatto che annuncino una rivoluzione nel modo di produrre il cibo?».

«Spero che ci riescano, e che possano produrre e forse ridurre, e alla fine sconfiggere, l'agricoltura basata sugli animali, poiché penso che l'agricoltura convenzionale, da un punto di vista etico, non sia una

1 Senzienza (dal latino sentio, sentis: «percepire attraverso i sensi»): capacità di provare soggettivamente delle cose (sapere di soffrire, di essere felici). Peter Singer riprende con la senzienza la distinzione fatta dai filosofi del XVIII secolo tra la facoltà di pensare (la ragione) e la facoltà di sentire (la senzienza).

2 Tom Regan (1938-2017), filosofo e giurista americano, teorico del diritto degli animali.

3 Nel 1984, Tom Regan è insorto pubblicamente contro il trapianto di un cuore di babbuino su un neonato (deceduto ventuno giorni dopo).

semplice parabola. Non lo è dal punto di vista del trattamento degli animali e dell'agricoltura, né in ragione del suo contributo al cambiamento climatico e alla distruzione delle foreste, e di molti altri problemi ambientali».

«In quanto divulgatore dell'idea che nutrirsi di animali sia immorale in proporzione al beneficio che apporta, in cosa la fabbricazione di carne da cellule le interessa?».

«Personalmente, sono più di quarant'anni che non mangio carne. Quindi non sono particolarmente interessato agli hamburger da cellule animali. Ma so che gli amanti degli hamburger sono talmente tanti che sarebbe impossibile persuaderli ad avere una dieta a base vegetale, e allora spero che la coltivazione cellulare riuscirà a fornirgli il prodotto desiderato senza assassinare animali e con un vantaggio incomparabile per l'ambiente».

«La carne prodotta in questo modo non ripropone la domanda sulla vita?».

«È una questione molto francese» mi dice sorridendo. «Lei parla di domanda sulla vita; ma qual è la domanda sulla vita? Non c'è una sola domanda legata alla vita: ce ne sono molte. Se mi chiede se, dal momento che sono vive, le cellule fanno parte del vivente, non è un problema. Non è un problema perché le cellule staminali non hanno sentimenti: non possono soffrire. Per me, ciò che è primordiale per una cosa vivente, ciò che è importante sotto il profilo etico, è il fatto che abbia una certa forma di consapevolezza e possa soffrire, provare piacere, gioire».

«Dato che oggi per "carne" si intende comunemente la carne proveniente da un animale ucciso, è possibile classificarne come "carne" una ottenuta da coltivazione di cellule staminali?».

«Penso che il termine "carne" vada oltre il prodotto di un animale ucciso. Da molto tempo utilizziamo la parola "carne" in un altro senso: per esempio nel mondo vegetariano. Non vedo obiezioni a usare il termine "carne": è una parola che in senso ampio indica vari tipi di alimenti sostanziosi. In particolare, penso che i prodotti della coltivazione cellulare, utilizzando cellule animali, siano innegabilmente carne, poiché le cellule sono le stesse di quelle ottenute con l'animale. Forse la struttura è un po' diversa, ma simile; si tratta senza dubbio di carne».

«Si potrebbe dire che le sostanze si equivalgono?».

«Sì. Penso di sì».

«La domanda sull'equivalenza è interessante. Il fatto che due cose siano equivalenti non significa che siano identiche. Parlare di equivalenza non significa sdoganare la copia, il falso? Non si rischia d'introdurre un'ambiguità morale?».

«Non vedo rischi per questo genere di prodotti; a livello morale vedo piuttosto dei vantaggi».

«Ma se tutto si equivale, c'è il rischio di perdere la singolarità del prodotto animale?».

«Penso che abbiamo perso la singolarità del prodotto animale già da molto tempo, quando abbiamo iniziato ad avere mandrie di migliaia di animali, decine di migliaia di polli nello stesso pollaio, tutti dello stesso ceppo genetico, tutti allevati con gli stessi alimenti... Già da molto tempo abbiamo perso la singolarità individuale degli animali».

«La produzione di proteine animali tramite fermentazione – che sembra la strada di industrializzazione più probabile – si basa sulla modificazione genetica dei lieviti e dei batteri per produrre proteine. Cosa pensa della modificazione genetica?».

«La modificazione genetica deve essere esaminata caso per caso. Non sono a favore o contro la modificazione genetica in quanto tale. Per esempio, gli animali geneticamente modificati viventi hanno problemi di salute e soffrono per essere stati modificati geneticamente. La modificazione genetica delle piante può presentare rischi ambientali, poiché diffondendosi in maniera incontrollata le piante possono contaminare la natura selvatica. Quindi è necessario valutare il rapporto benefici-rischi in ciascun caso. Nel caso della modificazione genetica dei lieviti, posso dire che non c'è alcun rischio. Potrei sbagliarmi, ma nessuno mi ha detto il contrario. Non c'è possibilità di recare sofferenza, poiché il lievito non ha sensibilità, e non c'è alcun problema ambientale. Se la modificazione genetica porta grandi vantaggi, come la riduzione della sofferenza della morte animale, penso che questa forma di modificazione genetica sia accettabile».

«Una persona di New Harvest mi ha confidato che i progressi scientifici nella coltivazione di cellule staminali permettono di prevedere che presto si potranno ibridare delle cellule staminali per produrre, ad esempio, per fermentazione di queste cellule ibride, del "tonno all'agnello". Questo è progresso?».

«Su questo non ho opinioni. Dipende da cosa ha voglia di mangiare; dal sapore che cerca. Se hanno delle proprietà nutritive speciali, non ho obiezioni di principio a mescolare cellule di specie diverse per produrre cose più saporite, soprattutto se si rispettano gli animali; non sono contrario, se fa bene...».

«Parliamo di piante: cosa pensa della sintesi delle proteine vegetali?».

«In effetti, questa potrebbe essere una soluzione per produrre verdure usando meno terreno agricolo; così resta più terra per i boschi, per la preservazione della natura selvaggia; sembra una cosa ottima».

«Ad ascoltare tutte queste persone intervenute alla conferenza del Good Food Institute, ho l'impressione che si vada verso un'alimentazione maggiormente basata sulla tecnologia e la biotecnologia. Ci si allontana dal rapporto con la natura che era proprio del cibo proveniente dalle fattorie tradizionali o dalle fattorie biologiche di oggi. Secondo lei, il futuro è più *high tech* che *low tech*?».

«Sì, penso che il futuro sia *high tech*, poiché abbiamo sviluppato sistemi di allevamento che sono già ad alta tecnologia. Ma per certi aspetti è molto penoso per gli animali e molto dannoso per l'ambiente. Nelle fattorie industriali c'è molta tecnologia, e si producono molti animali. Sarebbe bello se l'agricoltura biologica potesse nutrire i 7,5 miliardi di abitanti attuali e i 9,8 miliardi attesi nel 2050. Ma è chiaro che non stiamo andando in questa direzione: il settore dei prodotti biologici rappresenta una piccola parte del cibo prodotto. E la cosa più importante è sbarazzarci dell'allevamento intensivo. Ebbene, soltanto soluzioni ad alta tecnologia hanno il potenziale per riuscirci».

«Sempre nell'ottica di questa evoluzione tecnologica, gli imprenditori della Silicon Valley annunciano che, in un futuro prossimo, potremo stampare questi nuovi cibi a casa con una stampante 3D con cartucce riempite di prodotti alimentari coltivati in un fermentatore, come la carne da cellule staminali. Cosa resta della cerimonia del pasto?».

«Non abbiamo bisogno di stampanti 3D, ma per alcune persone potrebbe essere una scelta pratica. Poco importa: può usare questi prodotti cucinandoli lei stesso, mantenendo la cerimonia tradizionale del pasto. Credo nella funzione sociale dei pasti, nell'importanza di sedersi attorno a un tavolo con gli amici o in famiglia per un pasto, ma non vedo in cosa i nuovi metodi di produzione del cibo lo impedirebbero. La famiglia mangerà solo un pasto più etico».

«Questi muovi sistemi di produzione del cibo introducono una vera rottura di civiltà. Possiamo addirittura parlare di doppia rottura: rottura con diecimila anni di agricoltura e di addomesticazione degli animali e dei vegetali; rottura per l'abbandono della dieta onnivora dell'uomo...».

«Non sono molto d'accordo con questo. Innanzitutto, se mangiamo carne cellulare e verdure, continuiamo a essere onnivori. Inoltre, la rottura con diecimila anni di agricoltura tradizionale è iniziata negli anni cinquanta, quando abbiamo cominciato a togliere gli animali dai campi per metterli in degli edifici e siamo diventati totalmente responsabili di ciascun granello di cibo che mangiano. Quella è stata la rottura decisiva e sfortunata con diecimila anni di agricoltura tradizionale. Allora sì, forse con la coltivazione cellulare l'agricoltura vive una rottura ulteriore, ma è una rottura resa necessaria dal primo cambiamento avvenuto settant'anni fa».

«Questa grande rottura può provocare un terremoto economico, sociale e culturale. Quali strumenti può offrire il filosofo per concepire questa situazione nuova, che oltretutto è su scala globale?».

«Il filosofo dovrebbe interrogare i valori dello Stato e ciò che potrebbe essere fatto per proteggere alcuni elementi caratteristici dell'agricoltura tradizionale, almeno nei paesaggi contraddistinti da quest'agricoltura, e per trovare occupazioni a tempo pieno per le persone dislocate dall'agricoltura, oltre che nuovi utilizzi delle terre agricole. Penso che tutte queste cose siano possibili e si stiano facendo. Penso che ci sarà una dislocazione. Abbiamo già visto dislocazioni significative con il potenziamento dell'industria animale; pochissimi agricoltori a gestione familiare hanno approfittato del cambiamento. Ora abbiamo molte disrupzioni provocate da internet: per esempio la disrupzione causata da Uber nel settore dei taxi. In genere, queste disrupzioni riescono perché la gente le usa, e possiamo dire che la gente ne avesse bisogno. In questo caso, c'è una risposta ai bisogni di carne animale per le generazioni future del pianeta».

«In quest'ottica, iscrive queste start-up dei nuovi cibi nella lista delle cause per cui un altruista efficace può donare o investire?».

«Sì, certamente. Penso che l'altruismo efficace possa aiutarci a sviluppare queste aziende. Io stesso sono donatore al Good Food Institute, poiché ragiono da altruista efficace. Ho anche investito in una società francese – Suprême –, che vuole produrre *foie gras* da cellule staminali per evitare la crudeltà nella produzione del *foie gras*. Mi dicono che il 70% dei francesi dichiara di sentirsi a disagio a mangiarlo... ma ne mangiano comunque. Chi produce hamburger da cellule staminali è in concorrenza con prodotti molto economici; chi produce *foie gras* coltivato con cellule staminali entra in competizione con prodotti molto costosi: ha un vantaggio economico».

«I biotecnologi fanno appello all'intelligenza artificiale, ai robot: lei è interessato a questa relazione tra intelligenza biologica e intelligenza artificiale?».

«Sì, m'interessa, ma non ho tempo per approfondire...».

«Una conversazione con un robot le interessa? Un robot filosofo potrebbe esistere?».

«Non credo che imparerei qualcosa da un robot filosofo. Forse deve ancora accadere, ma penso che se dovessi conversare con un robot manterrei una certa distanza...».

«Non si rischia di restare intellettualmente imprigionati nelle logiche tecnologiche? Al punto di cercare soluzioni ai nostri problemi soltanto nello sviluppo della tecnica?».

«Non credo esista un rischio. La tecnologia è concepita, diretta e regolamentata da esseri umani. A volte è difficile da regolamentare, e ci sono casi che lo dimostrano, ma penso sia eccessivo dire che ne siamo prigionieri. E se talvolta accade che siamo in conflitto con la tecnologia, siamo in grado di fare marcia indietro e prendere una direzione positiva».

«Cosa pensa dei *bio-hacker*? Ne ho incontrato uno che mi ha raccontato di sperimentare le proteine su se stesso. Mi ha anche parlato molto del movimento transumanista. Trasformare l'uomo è una soluzione ai problemi del mondo?».

«Sarà possibile in futuro, sempre che si possa fare nelle condizioni giuste, ma ancora non si sa. Credo che l'idea di provare a migliorare le specie non sia cattiva, se possiamo apportare dei miglioramenti. Bisogna porsi la domanda di cosa sia un miglioramento e di quale miglioramento abbiamo bisogno».

«I transumanisti lavorano sulla longevità».

«Sì, lo so».

«Il mio interlocutore mi ha sorpreso: un uomo giovane di appena quarant'anni che parlava di longevità...».

«Quando ero giovane, ho conosciuto una persona che lavorava sulla longevità e recensiva i centenari. Oggi, con tutti i progressi compiuti, ci sono migliaia di centenari, e ognuno di noi si dice che forse potrebbe essere uno di loro. Questo mi rende felice».

«Più in profondità, ciò di cui parliamo fa nascere una domanda: quella del posto della morte nella nostra società. Siamo sempre più lontani dalla morte. Se non si uccide più per mangiare, se ai giovani si allunga la vita, come pensare alla morte?».

«Se si vive una buona vita non si ha voglia di morire, e se si ama qualcuno non si vuole che muoia; quindi è naturale voler prolungare la vita, se possibile».

«C'è una domanda che avrebbe voluto che le facessi?».

«Sì, una domanda diretta sul perché abbiamo bisogno della coltivazione cellulare. Certo parlo della sofferenza degli animali, indico i problemi ambientali, ma penso che in questo preciso momento dobbiamo focalizzare sul costo ambientale della carne. L'Amazzonia continua a bruciare, soprattutto a causa della gente, in Brasile, che vuole più pascoli per il bestiame o terre per coltivare la soia. Ma il 70% della soia è destinata a nutrire gli animali, e questo è uno spreco delle sue proprietà nutritive. Penso che il cambiamento climatico sia la grande sfida che dobbiamo affrontare nel XXI secolo. E continuare a mangiare, in particolare, manzo e agnello, che hanno le emissioni di gas serra più elevate, è incompatibile con la lotta al riscaldamento globale».

Lascio Peter Singer verso le 17. Fuori mi attendono un bel sole di tardo pomeriggio, una temperatura clemente e questa vegetazione che abbellisce il contesto universitario prima di insinuarsi nella città. Decido di tornare a piedi in albergo. Stimo una camminata di un'ora e mezza. Questo mi permetterà di riflettere su ciò che mi ha detto Peter Singer. Passata la biblioteca Lewis, progettata da Frank Gehry, raggiungo presto Washington Road. Mi lascio sulla sinistra gli edifici del dipartimento di Matematica, disegnati dall'agenzia Hugh Stubbins. Ho l'impressione di attraversare un bosco. Alla mia sinistra, nascosto tra gli alberi, intuisco l'edificio di Chimica. Alla mia destra, e più in alto di me perché il pendio della strada aumenta, le strutture sportive. Il declivio naturale mi conduce a un ponte su Carnegie Lake. Il lago è un serbatoio prodotto da una diga eretta sul fiume Millstone. Ha come emissario il canale Delaware. Decido di seguirne la riva destra, che, se la mappa sommaria che ho recuperato e se il mio senso dell'orientamento non m'ingannano, dovrebbe condurmi non lontano dall'albergo. Il sentiero somiglia a una strada di alaggio. Lo spessore del sipario di alberi su entrambe le rive dà la sensazione di essere soli al mondo e in piena natura. Mi abbandono alla passeggiata e alla contemplazione di questo scrigno naturale. Nel canale ci sono molti pesci. Delle rane li raggiungono quando arrivo alla loro altezza. Il sottobosco ha qualcosa d'insolito per me, che ho più familiarità con le foreste: non ha, o ha poco, il carattere selvaggio delle specie che hanno conquistato il terreno e la luce sotto gli alberi. Ai lati del sentiero, lo spazio non è conteso dai rovi, dalle ortiche e dagli arbusti di confine. In effetti, è troppo "pulito" per essere davvero naturale. Anche lo scoiattolo che mi taglia la strada e si arrampica tranquillamente su un tronco sembra avere la coda troppo ben pettinata. E non aver paura di nulla, tanto meno della mia presenza. Questo lembo di natura che sfrutta il fiume canalizzato per insinuarsi nell'urbanizzazione è un parco, non un'interruzione selvaggia della città. Incontro pochissime persone. Due uomini che fanno jogging. Una donna in bicicletta. Un lettore dietro a un cespuglio. Due ragazze che passeggiano. Un tizio attaccato al suo smartphone seduto sul bordo dell'acqua. Un uomo con il cane al guinzaglio. Mentre cammino, rifletto su ciò che mi ha detto Peter Singer.

Rimugino sulla leggerezza con cui ha evitato la mia domanda sull'equivalenza di sostanza e sul rischio d'introdurre con essa una crepa morale nella visione del mondo: un'elusione della verità. Un omaggio alla falsità. Secondo Peter Singer, la carne coltivata vale quanto la carne. Si tratta di cellule muscolari e svolge le stesse funzioni della carne proveniente da un animale. Salvo chiamarla «carne» anche se non è esatto. Questa carne coltivata non ha il vissuto specifico di un animale, con la sua alimentazione, i suoi ormoni, le sue gioie e i suoi dolori di una vita. Tuttavia questo vissuto conferisce qualcosa alla carne. Del resto, è per questo che animali della stessa linea genetica, dello stesso sesso e della stessa età non hanno lo stesso sapore e la stessa tenerezza. Non è la prima volta che mi occupo dell'equivalenza di sostanza. È un vecchio cavallo di battaglia degli americani negli accordi di libero scambio e nell'etichettatura dei loro prodotti.

La polemica scientifica, poiché in questo caso di ciò si tratta, risale all'inizio degli anni Novanta. L'equivalenza di sostanza è un'invenzione del linguaggio con la pretesa di concetto scientifico escogitata dai grandi produttori di sementi del mondo per facilitare il lancio sul mercato dei primi OGM e nobilitarli agli occhi dei consumatori. Per persuadere le autorità sanitarie pubbliche (negli Stati Uniti e in Europa), le aziende di biotecnologia (come Monsanto, Pioneer, DuPont, Bayer, BASF...) hanno elaborato un piano per influenzare la definizione dell'apparato di normative, il livello di rigore dei test tossicologici e degli studi d'impatto ambientale. La loro idea: far accettare che le piante geneticamente modificate non sono in fondo diverse dalle stesse piante convenzionali poiché svolgono le stesse funzioni. Nel 1988, l'OCSE[4] ha formato un gruppo di lavoro con l'obiettivo di raggiungere un accordo per la regolamentazione globale delle autorizzazioni di queste nuove tecnologie: il GEN (Gruppo di esperti nazionali sulla sicurezza in biotecnologia). Parallelamente, lo stesso anno, queste e altre imprese hanno creato l'International Food and Biotechnology Council (IFBC), che nel 1990 ha pubblicato un rapporto intitolato *Assuring the Safety of Food produced by Genetic Modification*, in «Regulatory, Toxicologic and Pharmacology», in cui si precisava «che il principale strumento di valutazione dei prodotti geneticamente modificati consiste nella comparazione della composizione del nuovo prodotto con quella degli equivalenti tradizionali in quanto ai livelli dei loro elementi costituenti», e conclude: «Per inquadrare alimenti o ingredienti alimentari prodotti a partire da fonti geneticamente modificate non è necessaria nessuna nuova misura normativa». Su questo rapporto si è basata la stesura della legislazione americana. In seguito, l'OCSE ha convalidato ufficialmente la definizione e l'ha battezzata con il nome di «equivalenza di

4 L'Organizzazione per la cooperazione economica europea (OECE), creata nel 1948 con sede a Parigi, è diventata nel 1961 l'Organizzazione per la cooperazione e lo sviluppo economico (OCSE), a vocazione mondiale. Oggi conta trentasei Paesi membri.

sostanza» in un rapporto intitolato *Évaluation de la sécurité des denrées alimentaires issues de la biotechnologie moderne* ["Valutazione della sicurezza dei generi alimentari della biotecnologia moderna", NdT]. Secondo il rapporto: «Il concetto di equivalenza di sostanza è la concretizzazione del principio secondo cui gli organismi esistenti utilizzati come alimenti o come fonte di alimenti possono servire da base per la comparazione, sul piano dell'innocuità del consumo da parte dell'uomo, con un alimento o un ingrediente alimentare modificato o nuovo» (OCSE, 1993).

In questo caso, l'idea di equivalenza sostanziale non riposa su una dimostrazione scientifica irrefutabile – ad esempio, quella che permette di stabilire la legge di gravità universale –, ma sulla «concretizzazione di un principio». Ho la sensazione che per la carne coltivata si stia preparando la stessa cosa. Quindi trovo il filosofo un po' leggero, ma tutto sommato coerente con il suo utilitarismo.

Un'altra cosa che mi colpisce nelle osservazioni di Peter Singer è l'impegno che mette nel considerare sempre le cose in un'ottica di rapporto costi-benefici, d'individuo e di sofferenza. Mai nella dimensione collettiva né del loro inserimento nella storia. Rompere diecimila anni di civilizzazione, e allora? Se è meglio di cinquant'anni fa, dov'è il problema? Evoca il lontano (i Paesi poveri), gli animali (per difendere la sua morale), ma mai il gruppo umano locale nel quale potrebbe vivere; mai interroga o considera il governo; mai una definizione del bene comune. L'altruismo efficace fa riparazione sociale individuale, ma una somma di individui altruisti efficaci fa una società? In definitiva, l'altruismo mi sembra soprattutto volto a nutrire l'autostima e la perpetuazione dello *status quo*. Poiché, in fondo, i poveri resterebbero tali se, in un modo o nell'altro, diretto o indiretto, i ricchi non ne mungessero i portafogli? Nonostante i suoi fronzoli, l'altruismo efficace mi sembra un falso strumento concreto per cambiare il mondo. Il suo spirito di efficacia a tutti i livelli affascina talmente gli adepti da confinarli nella pratica, nel rendimento, nel cronometro del tempo. Tutto passa dalla funzionalità, dalla meccanica dell'azione. Dove sono la contemplazione, il torpore, le divagazioni intellettuali, le fantasticherie, i gesti inutili o gratuiti, l'imprevedibile, il tempo di viaggiare senza pensare ad apparire agli occhi dell'Altro o il tempo di perdervisi? Tutto ciò che non si concretizza in efficacia, tutto ciò che non serve a nulla da un punto di vista economico eppure è tanto indispensabile... E spesso tanto bello... Temo, a questo punto della mia riflessione, che la società anglosassone emergente non abbia rotto i ponti con tutta questa gente. È allora che esco fuori dal bosco per ritrovarmi in un campo da golf.

10
Sensibile

New York, Pennsylvania Station. Un'ampia stazione sotterranea proprio nel cuore di Manhattan in cui si incrociano metropolitane, treni a lunga percorrenza e servizi ferroviari locali. Il tutto arricchito da un centro commerciale volgare quanto tutti i complessi commerciali del genere. Ristorazione rapida, catene e piccoli negozi avvilenti di banalità, come nel disegno di Guillaume Pépy alla direzione della SNCF[1]. Fare dello spazio pubblico un tempio del commercio. Non uno spazio pubblico qualunque, ma le stazioni: lo spazio sacro degli addii e del ritrovarsi. Lo spazio delle solitudini e degli amori. Lo spazio delle partenze per le vacanze. Uno spazio in cui i ferrovieri, ormai invisibili, erano i testimoni principali delle nostre gioie e dei nostri dolori. Le nostre stazioni, monumenti di architettura del XIX secolo o degli anni Sessanta, sono ristrutturate non più attorno al loro oggetto principale, ma intorno a un enorme ammasso di commerci in mezzo ai quali lo straniero in città fatica a trovare alla prima occhiata un binario, un treno, uno sportello di biglietteria, una sala d'attesa, un'uscita. Il treno e il viaggio, ormai, non sono altro che un pretesto per i commercianti.

Penn Station non sfugge a questa malattia del commercio ovunque che divora gli istanti tanto preziosi del "nulla". Questo pieno di nulla indispensabile al ragionamento, alla poesia, al nutrimento della propria intimità. Dunque, a New York ci si crederebbe alla stazione di Rennes,

1 Ciò non toglie nulla alla riuscita architettonica di alcune stazioni e al loro inserimento nel tessuto urbano.

di Bordeaux, di Parigi-Montparnasse o di Parigi-Nord, al centro di un posto qualsiasi sul pianeta del falso, dell'inutile, del brutto e dell'odore di oli da frittura surriscaldati. Un'abominevole battaglia di neon ammiccanti per prodotti scadenti dell'obsolescenza programmata. Un passo avanti nella dittatura del tempo, che vola per chi va di fretta al lavoro, di fretta per tornarne, e i cui istanti liberi servono solo a vuotargli il portafogli. Il colmo dell'oscenità. L'imbroglio arriva persino a promuovere il servizio offerto all'utente, che può rientrare direttamente a casa senza dover fare la spesa dove abita. Una battuta d'arresto mortale per la vita locale, i commerci e i legami sociali. Un passo avanti nella solitudine dell'individuo in un mondo in cui niente esiste senza un atto di acquisto. Un passo in più verso il divenire una preda.

Non c'è dubbio: la grande città non mi fa bene al morale. Mi faccio strada fino all'unico posto che parrebbe civilizzato: un bar in stile irlandese. Ampio bancone, birre, e soprattutto caffè espresso. Il tempo di rileggere i miei appunti in attesa della prossima intervista. Ho appuntamento alla stazione, in superficie, ai piedi del Madison Square Garden[2] che l'affianca. Devo pranzare, al Pennsy Food Hall, con un erede intellettuale di Peter Singer: Jacy Reese, cofondatore nel giugno del 2017, con la sua compagna Kelly Witwicki, del Sentience Institute, qui a New York.

Un altruista antispecista militante

Jacy Reese ha lavorato prima come ricercatore all'Animal Charity Evaluators (ACE), un'organizzazione con sede a Berkeley (California), antispecista, altruista efficace, che elabora una classifica delle ONG antispeciste del mondo intero per guidare i donatori verso le organizzazioni più "efficaci". L'ACE ha iniziato le sue attività nel 2012 con il nome di Effective Animal Activism (EAA), come ramo dell'organizzazione britannica 80000 Hours (consulenze per carriere altruiste efficaci), a sua volta emanazione del Centro per l'altruismo efficace, affiliato al Uehiro Centre for Practical Ethics dell'Università di Oxford. Siamo nel gioco delle scatole cinesi descritte nel capitolo

2 Madison Square Garden: celebre impianto sportivo, per concerti e incontri.

7. In testa, le prime dieci organizzazioni a cui devolvere denaro raccomandate dall'ACE sono, nell'ordine: Albert Schweitzer Foundation, Animal Equity, The Humane League, The Good Food Institute, CIWF-USA, Faunalytics, L214, The Nonhuma Rights Project, Open Cages e ProVeg International. Tre di queste organizzazioni sono teste di ponte del movimento antispecista in Europa: l'Albert Schweitzer Foundation, L214 e ProVeg International.

Sempre concentrato sulle questioni dell'alimentazione e sull'allevamento industriale in particolare, Jacy Reese lavora in seguito per l'Effective Altruism Foundation. Entusiasmato dai progressi tecnologici alimentari, scrive un libro il cui titolo è sufficientemente esplicito: *The End of Animal Farming* ("La fine dell'allevamento"). Prosegue nel solco dell'altruismo efficace con il Sentience Institute.

Sentience è un termine inglese che non ha traduzione in francese [in italiano si traduce con "senzienza", NdT]. Oggi è utilizzato soprattutto dai militanti dei «diritti degli animali», ed è centrale nella dimostrazione della loro teoria antispecista (filosofia che considera la classificazione darwiniana delle specie come una forma di razzismo contro il quale bisogna lottare e secondo cui bisogna dare agli animali uno statuto morale). Quindi ho aperto due dizionari inglesi (non inglese-francese) per verificare la parola originale. Il dizionario «Cambridge» fornisce la definizione seguente: «La facoltà di poter provare delle sensazioni», mentre il «Collins» mi dà la scelta tra quattro interpretazioni:

– due nella lingua di Shakespeare:
  - «lo stato o la facoltà di essere sensibile; coscienza»,
  - «percezione sensoriale che non implica l'intelligenza o la percezione mentale, sensazione»;

– due nella lingua adottiva di James Welch:
  - «uno stato o una facoltà sensibile, capacità di sentire o percepire, coscienza»;
  - «semplice coscienza o sensazione che non implica il ragionamento o la percezione».

Si può solo constatare che non esiste una sola parola francese che copra interamente il campo semantico di *sentience*. Bisognerebbe tradurlo con una cosa come «sensibile e cosciente di esserlo» (cosa non evidente per un animale). Ecco perché ho mantenuto il termine originale inglese.

Il Sentience Institute è un gruppo di esperti senza scopo di lucro «per studiare l'ampliamento della cerchia morale dell'umanità», mi spiega Jacy. Con questo intende rispondere alla domanda: «Come possiamo includere altri esseri: gli umani di Paesi lontani o le entità ambientali come laghi e oceani, montagne ed ecosistemi, animali non umani e primati o conigli?». Inorridito dall'utilizzo dei conigli nei test cosmetici come nella gastronomia, il Sentience Institute ha identificato «la più ampia frontiera di questa cerchia morale», su cui concentra la sua lotta: «Quella degli animali di allevamento, poiché sono più di cento miliardi e sono trattati in maniera atroce». La piccola squadra di quattro persone e i ricercatori che mobilita concentrano i loro studi per «comprendere meglio che tipo di tecnologia e che tipo di attivismo, che tipo di cambiamento istituzionale e politico potrebbe condurre alla sostituzione di questo sistema alimentare». In due anni ha già raccolto più di mezzo milione di dollari per portare avanti le sue ricerche.

«Jacy, quando parlate di ricorso alla tecnologia, a cosa vi riferite?».

«La tecnologia è un nuovo strumento nel campo dell'attivismo. Gli attivisti s'interrogano sul modo di cambiare le mentalità, su come convincere qualcuno. Come fargli sentire l'esigenza di interessarsi ai diritti degli animali o all'ambiente? Le tecnologie dell'informazione esistono da decenni e hanno avuto un certo successo. Ma non hanno prodotto tutti i cambiamenti che gli attivisti, i difensori dei diritti degli animali o dei diritti dell'uomo speravano.

Bisogna usare la tecnologia in altro modo. Anziché cambiare direttamente le mentalità, cambiare il modo di pensare, di sentire o di credere, bisogna cambiare il paesaggio economico, cambiare i prodotti disponibili. Cambiare la scelta proposta alle persone.

La tecnologia alimentare ci permette di spingerci oltre. I movimenti ecologisti hanno sensibilizzato il cuore e la mente della gente, ma non ne hanno cambiato molto le opzioni di scelta».

«Allora qual è la tecnologia più potente per l'attivismo?».

«Questi hamburger a base di piante. È una carne a base vegetale concepita per avere lo stesso sapore, lo stesso profilo proteico e nutrizionale del manzo macinato. La gente vede che può mettere nel piatto una proposta a base di piante. Non ha bisogno di una grande bistecca o di un grande hamburger – pezzo forte dell'alimentazione americana

– con qualche verdura e un dolce. Questi hamburger a base di piante sono in vendita nei fast food. Questo cambia il concetto della cultura alimentare. A lungo termine, penso che a giocare il ruolo principale non saranno i sostituti della carne, ma i prodotti della coltivazione cellulare. Ma ora la carne, i prodotti caseari e le uova a base di piante aprono la strada a grandi cose che verranno».

«La carne coltivata può prendere posto in una dieta vegana?».

«Sì, i vegani sono spinti da varie motivazioni. Alcuni, motivati dalla salute, pensano che la migliore dieta alimentare sia costituita da alimenti interi, a base di piante, insalata, fagioli e riso, e non amano i cibi trasformati. Ad altri non piacciono il pane bianco o le *chips*. Alcuni pensano che le proteine animali, come l'eme, siano degli ingredienti interessanti. Una delle ragioni per cui l'Impossible Burger somiglia tanto alla carne è che contiene un'imitazione dell'emoglobina col gusto metallico del sangue che molte persone ricercano. La motivazione sta nel sapore, non nella salute. Io, che affronto ancora questa questione dal punto di vista del benessere animale, onestamente non sono convinto che i prodotti dei piccoli animali d'allevamento siano tanto male per noi. Esistono molte dimostrazioni nutrizionali di quale sia la migliore dieta alimentare per l'uomo. È risaputo che gli eccessi di zuccheri raffinati e di olio sono nocivi per la salute. Non penso che esistano prove valide per cui tutti dobbiamo adottare questa dieta interamente a base di piante, ma è bene farlo dal punto di vista dell'animale».

«Se ho ben capito, non vi opponete soltanto all'allevamento industriale, ma all'allevamento in generale».

«C'è stata un'evoluzione nelle mie convinzioni. Sono un utilitarista. Una filosofia che punta a ridurre il più possibile la sofferenza e a massimizzare la felicità. Da questo punto di vista, se gli animali sono trattati bene, se vivono ciò che noi chiamiamo una vita piena e positiva, la loro vita vale la pena di essere vissuta. Se provano più felicità che sofferenza è una buona cosa. Tuttavia, ho iniziato a osservare da vicino in cosa consisteva l'allevamento senza crudeltà. La vita reale di un animale: non soltanto in una prospettiva filosofica originale e miope, né da un punto di vista sociologico, ma il posto che prendeva in un sistema umano. Ho iniziato a diventare più critico. All'inizio di questa ricerca non ero vegano; lo sono diventato quando mi sono convinto che nell'allevamento in generale ci sono molti problemi. L'allevamento degli animali senza crudeltà è un fallimento. C'è molta più sofferenza di quanto ci si aspetti. È come con i problemi umani. Se proviamo a trattare gli umani come dei beni, se gli diciamo che li tratteremo bene, non funziona. Ecco perché abbiamo i Diritti dell'uomo. Penso che abbiamo bisogno di una protezione simile per gli animali».

«Il Sentience Institute vuole rappresentare i diritti politici della natura?».

«Non siamo un'entità politica. Non saremo un'organizzazione designata di delegati della natura. Alcune organizzazioni cominciano a lavorarci. Gli sono stati attribuiti alcuni territori e dei fiumi. Negli Stati Uniti le società sono come le persone: hanno libertà di parola e, ad esempio, hanno facoltà di agire in giudizio, di querelare in una vicenda giudiziaria».

«È necessario creare un'organizzazione, un partito per portare un messaggio politico da parte della natura?».

«A lungo termine penso che abbia un senso. Sarà un cambiamento radicale. Negli Stati Uniti, per esempio, si delegano dei rappresentanti di vari Stati, in proporzione alla popolazione. Questo quadro non prevede nulla per le entità non umane, che si tratti della natura, di animali o anche di altro. Quindi dobbiamo sviluppare strutture per farlo. Sarebbe un punto di partenza. A oggi, il progetto relativo ai diritti dell'uomo non mira a far avanzare le cose negli zoo. A New York, un elefante tenuto nello zoo del Bronx ha ottenuto uno *status* giuridico. La prossima tappa sarà designare entità governative per rappresentare gli animali, poiché essi non possono sedere in un'assemblea legislativa, ma potrebbero esserci degli esseri umani designati, come si fa per rappresentare in tribunale gli esseri umani affetti da malattia mentale o i bambini».

«Con la tecnologia, possiamo pensare che tra dieci o venti anni non avremo più bisogno di agricoltori per i prodotti vegetali, poiché potremo ottenere le stesse proteine grazie alla biologia di sintesi... Potrebbe essere utile per i viaggi spaziali...».

«È probabile. Uno dei primi esperimenti di carne coltivata è stato finanziato dalla NASA. Si trattava di carne di pesce rosso, come potenziale mezzo per nutrire gli astronauti. L'agricoltura in quanto industria continuerà a contrarsi. A un certo punto, che si tratti di coltivazione verticale, in serra, o di qualcosa di più incentrato sui laboratori, in realtà produrremo il cibo in una sola qualità di terreno. L'agricoltura può essere molto efficace. Infatti, ciò che è paradossale è che l'allevamento di polli, di cui ho appena parlato, può diventare ancora più efficace, fino a ottenere una caloria animale da due calorie vegetali. Anche l'allevamento industriale può essere molto efficace... Potrebbe volerci molto, e potremmo dover affrontare compromessi in materia etica e ambientale».

«Questo nuovo sistema di produzione alimentare crea una rottura di civiltà, cambia la rappresentazione del cibo. Qual è l'argomento valido per avvicinare la gente verso i nuovi cibi?».

«L'argomento è che la nostra cultura è associata principalmente ai nostri piatti. Se si produce questo contenuto a base di piante e di coltivazione cellulare, si ottengono sempre gli stessi alimenti. Non c'è differenza. Negli Stati Uniti abbiamo il 4 luglio, e ci piace stare all'aperto e fare grigliate di hot-dog e hamburger. Nel giorno del Ringraziamento abbiamo il tacchino, e a Natale il prosciutto cotto al miele, e questo non cambierà. Ciò che cambia è il modo di ottenere questi prodotti. Gli umani adorano la carne, ma non amano uccidere gli animali. L'allevamento industriale, che non è vero allevamento, non ci piace particolarmente. Le persone mangiano carne perché ha un buon sapore, non perché implica l'uccisione degli animali. Il cambiamento tecnologico gli permetterà di avere il cibo che gli piace e allo stesso tempo attenuare i problemi esistenziali con i quali ci confrontiamo in quanto società, che si tratti di sofferenza di animali in massa o di problemi della salute umana come l'obesità o l'emergenza climatica. La tecnologia ci fornisce lo strumento per avere il meglio dei due mondi».

«In una nuova società in cui gli animali non devono morire per nutrire le persone, qual è il posto della morte? Dove troviamo la morte nell'educazione?».

«Non ci preoccupiamo per gli animali, poiché ci ricordano la nostra stessa mortalità. Gli animali da compagnia vengono sepolti. Gli animali selvatici muoiono nell'ecosistema e ridiventano alberi. Per certi aspetti, è nichilista, questo non ha senso, poiché non hanno un'anima che possiamo veder volare via dai loro corpi. Come durante la sepoltura di un essere umano, nel modo in cui i nostri cari continuano a esistere nelle nostre vite. Forse questo ci costringe a separarci da loro.

Se ammettiamo di essere fatti della stessa sostanza degli animali, se ammettiamo che sono sensibili come lo siamo noi, che sono coscienti e noi siamo coscienti del fatto che vivono, dobbiamo realizzare che sono morali e noi siamo morali. O che sono fatti della stessa sostanza degli alberi, che fanno parte dell'ecosistema e che noi, in questo senso, non abbiamo niente di particolare. È un circolo vizioso: più usiamo gli animali, più ne uccidiamo o più vediamo morire animali intorno a noi, più siamo desensibilizzati, spinti a non farci problemi per loro perché non li vediamo tanto sensibili quanto noi. Ma funziona anche al contrario, poiché meno animali uccidiamo, meno li consideriamo come dei beni, più ci curiamo di loro.

Quando avremo fatto questo balzo tecnologico ed economico nel nostro comportamento quotidiano, che sia di fronte alla mortalità o nel modo di percepire gli animali come proprietà, li vedremo più simili a noi stessi. Avremo degli animali da compagnia che moriranno, forse vedremo morire degli animali selvatici, gli investimenti mortali sulle strade sono un problema che forse non scomparirà mai, o almeno non presto. Vedremo ancora degli animali morire, ma non li vedremo morire in una sorta di massacro di massa industrializzato, per il nostro consumo, per il nostro benessere gastronomico egoista».

«Studiate il lavoro dei *bio-hacker* e del transumanesimo?».

«La biopirateria ha applicazioni alimentari, in particolare nella biologia del formaggio. La caseina è una delle proteine del formaggio, spesso designata come quella che gli conferisce il suo carattere specifico. Se la produciamo con del lievito, ad esempio, o in dei microrganismi, possiamo fare il formaggio senza utilizzare animali. È l'approccio della società Perfect Day.

Dal punto di vista dell'altruismo efficace, la pirateria biologica è molto interessante. Sono un acceso sostenitore della comunità a lungo termine. È così che definiamo il fatto di concentrarsi sul proprio impatto a lungo termine. Questo ci permette di pensare, per esempio: "Come potrei aiutare più allevamenti possibile l'anno prossimo? Come posso far adottare una politica perché non ci siano più animali in gabbia? Come convincere più persone a diventare vegane?". Tutto questo per ridurre molte sofferenze l'anno prossimo».

«Parlate di lungo termine…».

«Sì, resto concentrato su come lavorare sulle traiettorie di tutte le specie, in particolare quella dell'essere umano, nel corso del prossimo decennio, del prossimo secolo, o dei prossimi millenni. Adottare questa visione millenaria e assicurare il benessere di tutti gli esseri sensibili. Da questo punto di vista, la biopirateria potrebbe giocare un ruolo importante grazie al transumanesimo, cambiando o modificando le nostre cellule. Alcune persone vogliono che diveniamo più morali: possiamo piratare il nostro cervello in modo da avere più neurotrasmettitori compassionevoli. In fondo, potremmo crearci da soli. Trasformare noi stessi in una specie più morale. Questo solleva una selva di questioni etiche. È giusto cambiare la propria moralità? Dobbiamo giudicare a partire dalla nostra nuova o dalla nostra vecchia visione del mondo? Sono domande difficili; è molto importante rifletterci su. L'intelligenza artificiale e queste questioni di singolarità o di esplosione d'intelligenza possono condurre a cambiamenti molto rapidi».

«La singolarità nel senso di tecnologie esponenziali?».

«È il cuore del pensiero altruista efficace, poiché c'è un valore aggiunto. Se non costruiamo una società moralmente buona, se non ci prendiamo abbastanza cura degli animali, per esempio, quando si produrrà un'esplosione d'intelligenza, artificiale o meno, o l'umanità si estenderà fino alle stelle, saremo bloccati dalla nostra moralità. Allora sarà più difficile organizzare movimenti sociali, cambiare il mondo come sapremmo farlo oggi. Quindi è urgente costruire una società migliore, poiché disporremo di questo enorme potere tecnologico, che si tratti di pirateria biologica, d'intelligenza artificiale, di nanotecnologia o di tutt'altra cosa. Avremo gli strumenti per creare sofferenza o un'enorme felicità su scala molto più grande».

«Resta la questione dell'incremento demografico, che progredisce più velocemente delle soluzioni della carne coltivata...».

«Uno dei principali fattori di incremento della velocità di questa evoluzione è la rapidità del cambiamento climatico. Più il clima si deteriora, più il numero di uragani aumenta. Allora la gente è più propensa ad accettare in fretta soluzioni che esitava ad adottare. L'allevamento è un problema ambientale di difficile soluzione poiché ne siamo tutti coinvolti quotidianamente. Mangiare cibo proveniente da un animale è un comportamento umano viscerale. È molto più facile staccarsi dai combustibili fossili, poiché li associamo alle maree nere come quella della Exxon Valdez, a tutti quegli animali sporchi di petrolio, alle enormi catastrofi ambientali che provocano. Mentre la carne è associata a ciò che siamo in quanto popolo, alla nostra vera cultura. Ma quando ci sono state le primarie democratiche per le elezioni presidenziali, abbiamo avuto due candidati – Cory Booker e Julián Castro – che hanno inserito nei loro programmi il benessere degli animali».

«Questo atteggiamento dei politici sulla questione è recente?».

«È una novità. Era la prima volta che in un dibattito presidenziale americano si parlava di veganismo o di allevamento industriale. Poiché Cory Booker è egli stesso vegano».

«Come reagiscono gli agricoltori? Avete contatti con gli agricoltori o le organizzazioni di agricoltori?».

«La cosa più importante da tenere a mente è che l'industria dell'allevamento si è notevolmente concentrata, e nel quotidiano impegna effettivamente poche persone. Molte di queste sono allevatori di bestiame con ranch o fattorie relativamente piccoli in cui allevano un numero abbastanza ridotto di animali. La maggior parte degli allevatori fa più lavori, poiché non è più un mestiere sostenibile.

Il grosso degli animali si trova in allevamenti o in piscicolture estremamente grandi. Gli allevamenti di polli ospitano spesso più di centomila animali in una sola struttura. Queste entità costituiscono quindi l'essenza della sofferenza animale e sono la forza principale contro cui dobbiamo agire».

«Pensate che questa lotta e queste nuove tecnologie alimentari possano essere sostenute dagli Stati Uniti a livello internazionale?».

«Gli Stati Uniti sono stati di grande aiuto per queste società straniere; non l'insieme degli Stati Uniti, ma la Silicon Valley. Quando parlo con i molti imprenditori di altri Paesi, a Singapore per esempio, che ama considerarsi come un centro di biotecnologia, constato che alcune persone partono per stabilirsi nella Silicon Valley. Lo fanno perché le loro start-up passino per gli incubatori californiani, per essere vicini alle società di capitali di rischio. Ci sono anche ragioni per le quali gli Stati Uniti lottano e continueranno a lottare per adottare questi nuovi prodotti. Prima, e innanzitutto, poiché abbiamo una forte lobby dei prodotti di origine animale. In confronto ad altri governi, le società hanno un'influenza sproporzionata sulla nostra legislatura.

Ad esempio, abbiamo leggi che vietano di chiamare "hamburger" un hamburger vegetale, o "salsiccia" una salsiccia a base di piante. Per loro, il latte di soia dovrebbe chiamarsi "bevanda alla soia". Credo che questo dibattito esista anche nell'Unione europea. Questa lobby dei prodotti di origine animale è molto potente, e porrà il problema. Ma esistono società di lavorazione della carne che si considerano soprattutto dei trasformatori e distributori. Tyson, il secondo trasformatore di carne al mondo, ormai si considera come un'azienda di proteine. Queste società non sono legate all'idea di utilizzare l'animale come fonte di proteine nei loro prodotti. Vogliono soltanto un hamburger: un prodotto da poter vendere per guadagnare denaro. Tyson investe negli alimenti a base di piante e di cellule staminali. Sono molto entusiasti di questi nuovi prodotti. Vedremo queste entità iniziare a vacillare. La grande questione che si pone negli Stati Uniti è sapere se queste aziende saranno abbastanza forti da contrastare la lobby dei prodotti di origine animale».

11
Fondamentalista della ricerca

New York, Tribeca, ore 9 del mattino. Come molti quartieri di New York, Tribeca è un'abbreviazione della sua posizione topografica: «Triangle Below Canal Street» ["Triangolo sotto Canal Street", NdT]. Questo quartiere di edifici bassi, di strade poco trafficate, dà a New York un'aria di città di provincia. Una rappacificazione dello sguardo dopo la grande violenza dei grattacieli appuntiti del Financial District che danno l'assalto al cielo. Nel XVII secolo, i campi coltivati dai coloni olandesi venivano a morire lungo l'Hudson e nutrivano una parte di Manhattan. Passato in mano ai coloni inglesi, il quartiere è diventato residenziale, conservando delle sue origini il commercio di prodotti agricoli e tessili. Oggi è colonizzato da artisti, uomini d'affari e celebrità (Beyoncé, Robert De Niro, Mariah Carey, Leonardo Di Caprio, Justin Timberlake). Quindi, i prezzi sono scottanti, si trasformano magazzini in appartamenti, fioriscono negozi di lusso e gallerie d'arte.

Stamattina presto è piovuto, l'aria è libera dalle polveri sottili, le strade ancora umide si aprono a un sole un po' pallido, fa fresco. Cammino di buon passo, apprezzando la comodità e la morbidezza delle mie scarpe. Da migliaia di anni l'essere umano indossa calzature di cuoio. Questo trattamento della pelle animale ci accompagna: dalle scarpe agli zainetti, dagli abiti alle sedie, dai sedili delle auto ai portafogli. Oggi, il commercio mondiale del cuoio vale circa 65 miliardi di dollari l'anno. L'uomo che devo incontrare rivoluziona il settore: fabbrica cuoio senza pelle animale coltivando proteine di collagene. Ha iniziato coltivando pelle umana, per la prima volta realizzata con delle stampanti 3D, per testare prodotti farmaceutici e cosmetici. Con l'idea, fin dal principio, di arrivare un giorno a coltivare organi biologici di ricambio: c'è ancora strada da fare, ma quest'ambizione dà l'idea del personaggio. Da cui il nome della sua prima società – Organovo –, creata nel 2007 a San Diego, in California. È ancora attiva e quotata in Borsa[1]. Dalla pelle umana al cuoio, c'è solo il tempo di porsi la domanda: «Se posso fare la prima, perché non posso fare il secondo?». Per questo ci tengo a incontrare nel corso di questa inchiesta Gabor Forgacs: pioniere atipico proveniente dalla ricerca in Fisica teorica. Non è né vegano né altruista efficace. È un ricercatore di talento, e ai miei occhi è sospinto dalla scienza. Durante una conferenza a Londra, nel 2015, confidava: «Se possiamo sostituire gli organi potremo vivere in eterno, e sta a noi decidere se lo vogliamo o no»[2]. Questo dà un'idea della sua ricerca scientifica.

Risalgo Greenwich Street. Gabor Forgacs mi ha dato appuntamento alla Maison Kayser – un profumo europeo, di pane e brioche alla francese –, dove si accalcano gli impiegati in via di assunzione degli uffici. È chiaro che Gabor non voleva ricevermi nei locali di Modern Meadow, la società che ha creato nel 2011 a Nutley (New Jersey), a 25 chilometri a Ovest di New York, di fronte a Tribeca passando per l'Hollande Tunnel. L'uomo ha un atteggiamento di segretezza ben riuscito. Modern Meadow, 90 dipendenti, ha ottenuto finanziamenti per circa 60 milioni di dollari, soprattutto da parte di due investitori asiatici: il fondo sovrano di Singapore Temasek e Horizon Ventures, la società di capitali di rischio di Hong Kong a cui ho già accennato. Questo gli ha permesso di sviluppare Zoa: il primo cuoio prodotto senza pelle animale. Il prototipo seduce l'industria del lusso, nicchia di mercato puntata da Gabor Forgacs, che ora mobilita i designer di moda per perfezionare la prima collezione di «cuoio bioprodotto» per l'utilizzo da parte dei professionisti della moda e del lusso. Riguardo al nome, *zoa* in greco significa «essere vivente». Si ritrova il suffisso *-zoi* o la radice *zoo-* in protozoi, idrozoi, metazoi, zoo, zootecnia, zoologia, epizoozia…

1 Organovo ha un giro d'affari di 62 milioni di dollari (2016) e 4,23 milioni di dollari di utili (2017).
2 Riferito dalla BBC.

Zoa nasce da una proteina di collagene. Composto di aminoacidi, il collagene è la proteina più abbondante nei mammiferi (dal 25% al 35% del corpo). Si trova nelle ossa, nella pelle, nei muscoli, nei tendini. Dà forza, protegge e struttura i tessuti, gli dà morbidezza ed elasticità. Il calo della sua produzione caratterizza la vecchiaia. I chirurghi estetici iniettano il collagene per "cancellare" (temporaneamente...) le rughe o gonfiare le labbra.

In un primo tempo, Gabor Forgacs ha coltivato delle cellule di collagene come coltivava le cellule della pelle: in un vetrino da laboratorio. Oggi, lo "bioproduce" facendolo secernere da un lievito geneticamente modificato allo scopo. Il collagene è raccolto e depurato. Il cuoio è prodotto in fogli. L'intero procedimento dura meno di una settimana. È ancora più caro del cuoio animale, ma questo non preoccupa molto il mercato del lusso. Gabor spera di iniziare a consegnare il suo prodotto ai primi clienti entro due anni. Il tempo di mettere a punto il ciclo industriale.

Il potenziale creativo di questa bioproduzione è immenso. Basta con le inevitabili cuciture dei vestiti di cuoio e le differenze di colore (la tinta è integrata alla bioproduzione), di consistenza, di spessore, di morbidezza tra una pelle e l'altra. Basta con i difetti, le cicatrici e le punzecchiature. In forma liquida, questo "cuoio" si presta a varie applicazioni, come l'idea di una pistola a spruzzo o l'associazione con fibre, naturali o meno. Abbiamo potuto vedere una maglietta a maniche corte di zoa esposta al Moma[3] durante una mostra sulla moda nel 2017. Con un potenziale creativo tale, la bioproduzione interessa i grandi sarti, e anche i pellettieri, che vi vedono la fine dei loro problemi di qualità, di regolarità d'approvvigionamento, di fluttuazione dei prezzi.

Gabor Forgacs è stato prima un fisico, laureato in Fisica delle particelle nel suo Paese natale, l'Ungheria, e in seguito ha lavorato in Francia per il Commissariato per l'energia atomica e poi negli Stati Uniti. La scienza non ha frontiere. Ma nella sua vita mancava qualcosa: lui che aveva abbandonato il suo sogno di diventare medico per

3 Musem of Modern Art, New York.

la troppa sensibilità alla vista del sangue era ancora innamorato delle scienze della vita. Ha ripreso gli studi in Biologia ed è diventato biofisico. Un mestiere raro all'inizio degli anni Duemila. Lavora con Malcolm Steinberg (1930-2012), uno stimato biologo appassionato dei meccanismi fisici dello sviluppo embrionale. Gabor Forgacs ricerca allora la legge fisica che l'embrione utilizza per svilupparsi. Bisogna tenere a mente che «la vita comincia dalla minuscola massa discreta di una cellula, sferica; poi diventiamo tutt'altro che sferici», riassume davanti a un doppio espresso. È chiaro che sa quanto «i geni sono importanti», ma lui studia «i cambiamenti nei meccanismi fisici di forma e la loro interazione con i meccanismi genetici». È diventato il suo campo scientifico. «Da quel momento [nel suo laboratorio di Organovo: NdA] abbiamo costruito strutture di embrioni, e inizialmente lo facevamo a mano, e la cosa era molto fastidiosa. In seguito, abbiamo iniziato a usare delle stampanti 3D, e poi ho pensato che forse avremmo potuto costruire strutture e prodotti di origine animale, e non solo tessuti umani».

«Allora avete creato Modern Meadow: prima azienda a lanciarsi nella coltivazione di cellule staminali animali, anche se la cosa è poco nota...».

«Sì, era il 2011, prima di Mark Post, prima di creare Modern Meadow, eravamo riusciti a produrre della carne. Abbiamo realizzato quattrocento o cinquecento sfoglie di bistecca che abbiamo fatto assaggiare a molte persone. Ogni sfoglia pesava mezzo grammo e ci era costata 100 dollari! Poi abbiamo abbandonato, poiché siamo stati costretti per motivi finanziari. Ci siamo concentrati sul cuoio, ma ero avvilito dal fatto di aver dovuto interrompere le ricerche sulla carne coltivata. Ho continuato a ragionarci con alcuni amici e colleghi. Nel 2017, abbiamo finalmente deciso di rilanciare il progetto carne con Fork & Goode. Perché ora pensiamo di avere una comprensione migliore della materia, di avere individuato i nostri errori. E molti di coloro che hanno intrapreso la strada della carne coltivata commettono ancora molti errori. Anche noi, certamente».

«Volete spiegarmi quali ostacoli scientifici affrontano i produttori di carne coltivata?».

«Avere la carne come progetto significa voler costruire una struttura identica a quella di una bistecca. Siamo molto, molto lontani da quest'obiettivo. Ma possiamo ottenere della carne macinata. Per farlo, abbiamo bisogno di cellule: miliardi e miliardi di cellule. Nessuno è in grado di farlo a un prezzo competitivo. Noi coltiviamo cellule su due dimensioni, su determinate superfici. È estremamente costoso».

«Perché?».

«L'alimentazione delle cellule è molto onerosa. Tutto ciò che riguarda quella che chiamiamo tecnologia della coltivazione cellulare è costoso. Occorrono dei fattori di crescita, vari elementi per nutrire le cellule. Occorre un ambiente sterile che necessita di un equipaggiamento e un contesto speciali. È davvero costoso. Quindi, non avremmo potuto impegnarci economicamente in questa lavorazione. Eppure non è stregoneria: meno che provare a produrre un fegato o un cuore, dove si incontrano gli stessi problemi e più sofisticatezza. Ma nella medicina rigenerativa occorrono meno cellule. Se a partire dalle sue cellule potessi produrre un cuore nel mio laboratorio sarebbe un risultato fantastico. Per un cuore sarebbero necessarie circa cento milioni di cellule. Ma se voglio nutrire l'umanità mi occorrono tonnellate e tonnellate di materiale cellulare. Ecco la scienza. Niente di straordinario. È soprattutto una questione pratica».

«Come coltivate le cellule in massa? E in maniera economica, di modo da creare un prodotto che la gente potrà permettersi di pagare?».

«In medicina rigenerativa, se potessi produrvi un cuore, mi darebbe tutto ciò che ha. Allora nessun prezzo sarebbe troppo elevato. Ma non per una bistecca. Dunque, è questo il vero problema. Pensiamo si tratti di una questione scientifica, ma in realtà è una questione tecnica. La scienza è all'origine di tutti i problemi tecnici, e quindi ce ne sono molti. Come manipolare le cellule, come orientare le cellule…».

«Per produrre carne avete bisogno non soltanto di cellule di carne, ma anche di cellule adipose, di fibre?».

«Sì, occorrono cellule di tessuto connettivo, di grasso, di muscolo. Se è di questo che stiamo parlando, allora anche oggi sarebbe un esercizio inutile. Poiché non penso sia realmente possibile. Bisogna proporre idee innovative, ed è qui che entra in gioco la scienza: è lei che consente la tecnologia della coltivazione cellulare. Così, come probabilmente sa, un certo numero di società utilizzano cellule staminali per coltivarle, ma anche coltivarle in numero astronomico è una sfida.

Le cellule staminali possono dividersi all'infinito, e questo semplifica le cose, poiché se si inizia da una cellula muscolare, questa non si dividerà mai all'infinito, e quindi bisognerà rimediare».

«Che tipi di nutrimenti, di fattori di crescita date alle cellule?».

«Questo dipende dal tipo di cellula. Ogni tipo di cellula necessita di uno specifico fattore di crescita o di un brodo di fattori di crescita: non lo sappiamo con esattezza».

Penso che non mi stia dicendo tutto. Si capisce che le sue frasi sono molto prudenti e discrete. Appena faccio una domanda troppo precisa, la schiva. Eppure, dal tono, dal modo allegro in cui parla di alcune strade intraprese dai suoi colleghi, ho la sensazione che sia alla vigilia di un grande progresso scientifico o tecnologico. Sento in lui un'esultanza trattenuta. Ha lasciato le redini di Modern Meadows a suo figlio Andras, che ha una laurea in Studi aziendali. Ciò che fa muovere lui è la ricerca di base, e il fatto di fondare una società ogni volta che scopre qualcosa, almeno in teoria. So anche che lui e suo figlio sono tra i fondatori di Fork & Goode: una start-up newyorkese creata nel 2018 con Niyati Gupta al comando e Anthony Atala come direttore. Questo trio Forgacs-Gupta-Atala mi emoziona. Niyati Gupta, laureato a Harvard e a Yale, ha più di dieci anni d'esperienza nel mercato dell'alimentazione, passati da McKinsey e Syngenta. Anthony Atala, medico (urologo), ha fondato e dirige il Wake Forest Institute for Regenerative Medicine (WFIRM). Ha depositato 250 brevetti, scritto più di 500 articoli su riviste, ricevuto il Premio Cristoforo Colombo e il Word Technology Award in Tecnologia e Medicina. Come si dice volgarmente «roba pesante», e non stupisce, vista la levatura di Gabor Forgacs. Questo conferma la mia intuizione: qui gatta ci cova. Gabor ha accettato il nostro incontro a patto esplicito che non gli faccia domande su Fork & Goode, da cui alcuni giri di parole.

«Il corpo di un animale, come quello degli esseri umani, produce zucchero, ormoni e molte sostanze che contribuiscono alla crescita della cellule. Un corpo assembla, dosa e fa molte altre cose ancora. Come si riproduce in laboratorio questa complessità?».

«La sfida è proprio questa, ma non abbiamo bisogno di questa complessità del corpo per produrre carne. O almeno spero, poiché se così fosse allora non vale neanche la pena di provarci. Tuttavia, quando si estrae una cellula dal corpo, non è più la stessa cellula, e non si sa esattamente di cosa quella cellula possa necessitare *in vitro*. Possiamo tentare di capire, poiché possiamo giocare con quella cellula. Sono misteri, problemi con cui ci stiamo confrontando».

«Nell'attesa, utilizzate il siero fetale di vitello per nutrire le vostre cellule, non è vero?».

«Sì, è un elemento nutritivo, un ingrediente del brodo nutrizionale che diamo alle cellule. Proviene dalle giovani mucche abbattute. È brutale. Nessuno (nell'ambiente della carne *in vitro*) vuole usarlo poiché è contrario all'etica. Ma la maggior parte delle persone che fanno coltivazione cellulare, ancora oggi, lo usano poiché contiene tutti i fattori di crescita e gli ormoni necessari alla crescita cellulare. È un siero che si sviluppa nel corpo, indirizzato a ogni specie di cellula: è una sostanza meravigliosa per la coltivazione *in vitro*. Salvo che è molto costoso e non è stabile, poiché la composizione non è esattamente la stessa da una mucca all'altra; quindi non si può riprodurre. Ed è molto contrario all'etica dei produttori di carne *in vitro* [allusione al benessere degli animali: NdA]».

«Come potete superare questo ostacolo?».

«La risposta breve è, secondo me, che ancora non lo sappiamo. Allora, qual è la novità? Certo, analizziamo questo siero di vitello fetale. Oggi siamo bravi ad analizzare le cose. Vediamo cosa c'è dentro e proviamo a riprodurlo *in vitro*. I fattori di crescita sono delle proteine. Possiamo produrle con la massima fiducia, e poi assemblarle con una logica che ci sembra utile.

Si ottiene ciò che chiamiamo un "ambiente chimicamente definito". Riproducibile identico oggi, domani e dopodomani. Ma è anche terribilmente caro. Ci sono molti fattori di crescita e molti ormoni. Abbiamo provato a produrli con proteine ricombinanti, con la manipolazione genetica. Sono tecniche di biologia di sintesi».

«Usate CRISPR-Cas9? I batteri modificati per le proteine ricombinanti?».

«È una possibilità. Ce ne sono altre. Ma il fatto è che si fa in un laboratorio, come un'azienda farmaceutica. È sempre necessaria la stessa enorme quantità di supporto [supporto nutrizionale: NdA], ed è costoso! Oggi sul mercato esistono supporti definiti, ma sono assolutamente carissimi. È il problema numero uno. Il problema numero due è che si crea questo supporto definito per un tipo di cellula, per esempio per le cellule adipose. Nessuno garantisce che sarà buono per un altro tipo di cellula. Mentre il siero fetale bovino funziona più o meno con tutte le cellule. Quindi dobbiamo sviluppare dei supporti per i vari tipi di cellule muscolari, adipose, fibroblasti, tessuti connettivi e forse ematiche. È semplicemente fastidioso. Quindi è necessario qualcosa di radicalmente nuovo. Poiché la vecchia scuola non funzionerà».

«E allora?».

«Le cellule staminali sono innanzitutto un'idea nuova, poiché si tratta di un tipo di cellula che si può far sviluppare in quantità astronomiche, e le cellule non cambieranno probabilmente le loro caratteristiche, poiché sono cellule staminali. Ma in realtà lo fanno, poiché una cosa è essere una cellula staminale all'interno di un corpo, e un'altra cosa è essere la stessa cellula staminale fuori dal suo corpo d'origine.

Ebbene, vanno coltivate e in seguito fatte differenziare nei tipi di cellula che si desidera ottenere, e in ogni caso è molto costoso. È l'approccio di molte aziende di carne coltivata. Non il nostro. Modern Meadow ha iniziato con le cellule staminali primarie, provenienti dall'animale, poi abbiamo fatto proliferare quelle cellule. Ci siamo riusciti; siamo stati i primi a produrre carne, ma era troppo costoso. Abbiamo anche iniziato a fare il cuoio dalle cellule e abbandonato per le stesse ragioni di costo. Allora ci siamo orientati sulle proteine di collagene. Con le proteine ricombinanti l'approccio è molto diverso. Non si può fare la carne con le proteine ricombinanti, o allora non sarebbe carne. Se vuoi la carne devi usare ciò che ti permette di ottenere la carne».

«Se ho ben capito, le scoperte di Modern Meadow sulla coltivazione di carne vi permettono oggi un nuovo approccio in rottura con il precedente, con le cellule staminali?».

«Assolutamente sì: abbiamo imparato molto. Abbiamo imparato a non farlo, e poi abbiamo fatto un ragionamento serio. Ora ne sappiamo molto di più di quanto ne sapessimo allora. Non sappiamo tutto, certo che no, ma con Fork & Goode apriamo nuove sfide. Riusciamo a vedere la luce in fondo al tunnel...».

«Con la vostra tecnologia segreta, può dirmi tra quanto tempo produrrete il vostro primo pezzo di carne?».

«Non voglio dire nulla in proposito, poiché non abbiamo ancora prodotto carne. Abbiamo sviluppato...». Silenzio... «Abbiamo delle idee su una tecnologia molto diversa da quella di tutti gli altri. Con la stessa tecnologia neanche ricomincerei l'avventura. So che non funzionerebbe. Dopo Modern Meadow sono accadute molte cose in questo settore, ma nulla di radicale. Ci vuole qualcosa di radicalmente nuovo per uscire dalla battuta d'arresto, ma ho l'impressione che nessuna di queste società sia in grado di inventarlo… Certo, non conosco tutte le tecnologie di queste imprese, e in questo campo ci sono persone molto intelligenti che ne sanno quasi o tanto quanto me. L'approccio brutale non funzionerà. Per approccio brutale intendo la coltivazione di cellule come facciamo da cinquant'anni. Anche rendendo più sofisticato l'innesco, si migliorerebbe il risultato, ma sarà un progresso incrementale che non funzionerà, o sarà necessario un cambiamento radicale. Non un cambiamento incrementale. Questo è molto importante. Stanno avvenendo trasformazioni rivoluzionarie».

Non ne saprò di più su Fork & Goode. Ritorno sulla concorrenza, poiché sembra stuzzicarlo sul fronte dell'onestà scientifica.

«Eppure ho assaggiato del pollo *in vitro*, e non era tanto male…».

«Sono certo che nessuna società di carne coltivata abbia un prodotto da vendere. Quel pollo è solo in parte del pollo, e non soltanto perché non è al cento per cento cellulare. Sono quasi certo che contenga materiale di origine vegetale. Forse c'è una determinata percentuale di cellule animali, ma è bassa, poiché nessuno sa come far crescere delle cellule su quella scala. Miliardi e miliardi e miliardi di cellule. Just non è in grado; Memphis Meat non lo sa fare. Quel pollo… Non voglio dire cose irresponsabili, ma non può contenere materiale cellulare al cento per cento. Sarebbe proibitivo. Anche un pezzettino».

«Che considerazione ha del lavoro di Aleph Farms?».

«Aleph Farms è una delle quattro o cinque società israeliane di carne coltivata. Sono persone serie, degli ottimi scienziati. Hanno annunciato una bistecca. Io non l'ho vista. È una bistecca fina così». Fa il gesto con il pollice e l'indice distanziati appena. «Ancora una volta, contiene cellule animali. Penso che contenga anche proteine vegetali. Non credo che le cose siano radicalmente cambiate dai nostri primi passi con le cellule staminali».

«Non crede a chi annuncia una bistecca coltivata tra due anni sul mercato?».

«Mi dispiace, sono stronzate. Personalmente, non credo. Però sarei molto contento di vederla, poiché, se si può fare, è una cosa che avrà implicazioni al di là della carne coltivata. Significherà poter sviluppare delle cellule fuori dal corpo in quantità astronomica. La medicina rigeneratrice ne ha bisogno. Le applicazioni, quindi, sarebbero enormi. Dal canto nostro, credo che disponiamo di una tecnologia unica, molto diversa da quelle di tutti gli altri, e speriamo di riuscirci».

«Ho assaggiato un hamburger a base di piante: sinceramente, non è buonissimo, s'incolla al palato...».

«Sono d'accordo. Non è solo quello, ma non è neanche sano. Eppure ci sono persone che la pensano diversamente. Lei dice che non è buono, e lei è francese... è diverso! Ma sono d'accordo, e a riguardo non sono tanto diverso da lei. L'ho assaggiato; lo conosco. All'inizio, i primi hamburger erano orribili, davvero orribili, e ora sono molto meglio. Ma dire che non si riesca a distinguere tra questo hamburger a base di piante e un vero hamburger è una bugia. È un altro prodotto, e non chiamatelo hamburger».

«Il successo di questi falsi hamburger è supportato da tutto il movimento vegano».

«Certo, ma non siamo nati per essere vegani. La storia dell'umanità è profondamente legata al consumo di carne. Ora proviamo a fare una cosa per cui non siamo stati programmati. Può funzionare con i vegetariani e i vegani, ma semplicemente non è naturale per il corpo umano».

«Tutto questo lavoro di ricerca introduce una grande rottura nel modo di pensare...».

«È un elemento di perturbazione. È il termine inglese. È qualcosa che sconvolge davvero, ma guardatevi attorno: ogni giorno c'è qualcosa di sconvolgente. È il mondo in cui viviamo, ed è molto eccitante».

«Sulla scia della ricerca sulle cellule, seguite il lavoro dei transumanisti?».

«È diverso: diventa gerontologia, e fa pare della medicina. Non m'interessa; queste cose le lascio ai medici. Ma è una sfida intellettuale incredibile. È una questione scientifica.

In linea generale, prendiamo le distanze da questioni puramente scientifiche, come la sopravvivenza dell'umanità. Tutti sanno che nel 2050 saremo nove o dieci miliardi di persone sulla Terra. Ci saranno forse 100 miliardi di animali terrestri. Di loro sappiamo che non sono molto diversi da noi e che hanno bisogno delle stesse risorse. Abbiamo soltanto un pianeta. Dobbiamo fare una riflessione seria. È estremamente complicato. Non so quale sia la soluzione, e penso che non lo sappia nessuno. Vi dite: "Facciamo quello che possiamo"; e penso che sia l'atteggiamento giusto. Possiamo fare di più? Sono certo che potremmo fare di più, ma ancora una volta, se si fa di più da una parte si fa meno dall'altra. Non è facile. È un'equazione con varie incognite, o un orizzonte con numerose condizioni, e non potrete mai soddisfare tutte le condizioni. Come trovare l'*optimum*? Forse anche trovare l'*optimum* non sarà sufficiente. Non lo so. Noi tentiamo».

«Come immagina il mercato alimentare tra vent'anni?».

«Potrei dire qualunque cosa; tra vent'anni non ci sarò più, ed è quasi impossibile fare previsioni ora. Le cose cambiano troppo in fretta. Mi piacerebbe che gli animali non fossero più allevati per essere abbattuti. Credo sempre di più che queste creature ci somiglino molto. Siamo diversi per molti aspetti, poiché per nostra fortuna il percorso evolutivo ci ha posto in condizioni e in grado di ucciderli, di farne ciò che vogliamo, di fare qualsiasi cosa. Ma questo non significa che dobbiamo usare il nostro talento per uccidere. Mi piacerebbe vedere una catena di approvvigionamento alimentare con dei processi produttivi molto più etici e sani, poiché di questi tempi le aziende del settore alimentare sono guidate esclusivamente dal profitto. Potremo abbandonare questo approccio? Non lo so. Nella vita ci sono talmente tante condizioni da soddisfare che qualunque previsione è quasi impossibile. Partiamo dall'assunto di avere successo con la carne coltivata: cosa ne sarebbe degli agricoltori? Cosa ne sarebbe degli allevatori? Perderanno il lavoro? È vero. Quindi è contrario all'etica. Fate una cosa qui e distruggete qualcosa laggiù».

«Lei mangia carne?».

«Certo. L'adoro. Questo non significa che sia felice di come è prodotta. Faccio attenzione a ciò che mangio, e non vorrei mangiare una cosa qualsiasi. Prendo in considerazione il modo in cui è stato allevato l'animale. I manzi di Kobe sono allevati in maniera diversa. Non so se dal punto di vista etico sia diverso, ma questi manzi stanno bene. Nelle loro stalle c'è la musica. Vengono massaggiati. Stanno bene. Vengono uccisi a fine giornata, apparentemente sereni».

«Ad ascoltare i vegani, trovo che non pensino – non più dello stretto necessario – alla morte... Credono forse di vivere in eterno? Se occorre uccidere per mangiare, si impara il posto della morte nella vita. Da bambino ho appreso in fattoria l'importanza, la serietà, di uccidere un animale per mangiare. Non era un piacere. Era un momento serio. Abbiamo rispettato l'animale. Possiamo ucciderlo e mangiarlo. Il momento dell'abbattimento non era una festa. Eravamo in silenzio. Dopo sì, era la festa, poiché non mangiavamo carne tutti i giorni».

«Proprio così. Sono d'accordo. Non c'è bisogno di mangiare carne tutti i giorni. E si pongono molte questioni filosofiche. Da quando è comparsa la vita, gli animali uccidono soltanto per nutrirsi, ed è diverso da ciò che fanno gli umani. Esiste un modo etico di procurarsi la carne? La carne coltivata lo è certamente. Sarà altrettanto buona rispetto alla carne di origine animale? Non lo so; i nostri cibi e il nostro modo di mangiare si evolvono. Ma è difficile credere che non avremo mai bisogno di carne».

12
Un approccio misurato

Ci siamo conosciuti a settembre, alla conferenza del Good Food Institute (GFI). Didier Toubia partecipava a una tavola rotonda dedicata alle principali sfide da individuare per commercializzare la carne coltivata. Era l'unico rappresentante di una società, la sua, tra professori universitari e la direttrice aggiunta di scienze e tecnologia del GFI. Il moderatore era il fondatore e dirigente di SynBioBeta: un'autorevole piattaforma dedicata alla biologia di sintesi. Didier Toubia ha evitato qualsiasi trionfalismo e ha avuto cura di precisare che la strada da fare per passare alla produzione di carne coltivata è tanta quanti i tipi di cellule con le quali le aziende lavorano. «Sbrigatevi con calma…», avrebbe detto Nicolas[1].

Abbiamo scambiato alcune riflessioni, e ha riso molto quando gli ho chiesto se la carne coltivata poteva essere kosher; poi ha mormorato, poiché parla in maniera controllata: «Sì, deve essere possibile, e anche halal; è un mercato più vasto». La conversazione si annunciava interessante, ma il richiamo alla sua agenda vi ha posto termine. Allora abbiamo deciso di rivederci al suo prossimo passaggio a Parigi, previsto per il mese successivo. Mi ha confidato che allora avrebbe avuto delle novità: Aleph Farms, la sua società, era alla vigilia di un annuncio importante.

Didier Toubia ha creato Aleph Farms nel 2017, a Tel Aviv

1 «Hâtez-vous lentement, et, sans perdre courage / Vingt fois sur le métier remettez votre ouvrage» [Sbrigatevi lentamente, e senza perdere il coraggio / Venti volte rimettete mano alla vostra opera, NdT], in L'Art poetique, di Nicolas Boileau, 1674.

(Israele), con due punte della biologia di sintesi: Neta Lavon, laureata in Biotecnologia, e Shulamit Levenberg, laureata in Genetica biomedica, conosciuta per le sue scoperte sulla vascolarizzazione delle strutture tissutali derivate da cellule staminali. Il nostro uomo viene dal mondo della medicina: un mondo in cui si ripara la vita, al contrario dei *bio-hackers* californiani affascinati dal potere del fai da te. In precedenza, questo plurilaureato (biologo, ingegnere agroalimentare, con un master in commercio e uno in direzione aziendale) aveva creato IceCure, una società di crioablazione, in particolare di cellule cancerose, oggi (ben) quotata in Borsa. Prima aveva lanciato NLT Spine, una società di sviluppo di dispositivi medici per la chirurgia mininvasiva della colonna vertebrale, venduta per 52,5 milioni di dollari nel 2016.

Aleph Farms sembra prendere a sua volta la via del successo. A dicembre del 2018, la società è riuscita a produrre un pezzo di carne a partire da quattro tipi di cellule (muscolari, lipidiche, vascolari e connettive) «coltivate su un ponteggio in un ambiente speciale»[2] per ottenere una struttura di 5 millimetri di spessore prossima a quella di un pezzo di carne animale. Una prima mondiale. Il pezzo di carne era piccolo, ma la speranza è grande di poter, un giorno non lontano, coltivare un muscolo. Il costo, ancora elevato, nell'ordine dei 50 dollari per pochi grammi, è comunque diminuito molto in confronto ai 300.000 dollari richiesti cinque anni prima da Mark Post per 142 grammi di cellule. Il risultato di Aleph Farms sta nella crescita simultanea di cellule differenti e nella loro strutturazione collettiva. In genere, i tessuti crescono insieme, interagendo con i numerosi processi chimici e fisici del corpo di cui fanno parte. *In vitro* è diverso: selezioniamo noi al posto loro l'alimentazione necessaria e indispensabile alla moltiplicazione rapida delle cellule. Niente di più. È ciò che hanno fatto Mark Post e molti di coloro che ne hanno seguito l'esempio. E il risultato è una "carne" che è un assemblaggio di strati di cellule coltivate in piano su dei supporti nutritivi. La squadra di Aleph Farms segue evidentemente un percorso diverso. La coltivazione delle quattro specie diverse di cellule non è un affare da poco, tanto più se sono nutrite

2 Nella vita normale, un muscolo si forma e cresce all'interno del corpo, interagendo con tutto il corpo.

con la stessa ricetta, e il loro assemblaggio resta per il momento un segreto scientifico e industriale. Dietro l'enigmatico «ponteggio» al quale si riferisce Didier Toubia si cela un misterioso supporto fisico sul quale le cellule si fissano e si moltiplicano.

Un mese dopo il nostro incontro, l'8 ottobre 2019, aprendo lo sportellino della posta da cui ricevo a domicilio le notizie dal mondo, ho compreso il sottinteso di Didier Toubia a San Francisco: «Un piccolo boccone per l'uomo...», diceva il giornale, che citava le parole dell'astronauta che aveva coltivato e stampato per la prima volta della carne nello spazio, come ho raccontato in precedenza (capitolo 8). Questi progressi folgoranti collocano Aleph Farms nel gruppo di testa dei coltivatori di carne a livello mondiale.

Come Gabor Forgacs, Didier Toubia è prudente su una data per il lancio sul mercato. Al contrario dei fanfaroni e degli annunci ad effetto californiani, Aleph Farms parla in modo aperto, senza cercare di dissimulare le sue ricerche, senza la missione di salvare il mondo, senza crociata anti-allevamento, senza catechesi vegana: «Noi plasmiamo il futuro dell'alimentazione producendo cellule di carne coltivata che somiglia alla carne convenzionale». «Che somiglia», e non "che è".

Non vedrò Didier Toubia a Parigi. Mi aveva proposto di andare a trovarlo alle giornate di studio «Agriculture cellulaire et alternatives aux produits lact-ovo-carnés» ["Agricoltura cellulare e alternative ai prodotti caseari, a base di uova e di carne", NdT] organizzate da Florence Burgat, Nathalie Rolland e Nicolas Treich, il 3 e 4 ottobre 2019. Avevo fatto i conti senza la diffidenza degli organizzatori, che al mio arrivo hanno replicato dicendo che l'incontro era vietato ai giornalisti; cosa non menzionata in nessun punto del modulo d'iscrizione che avevo compilato. Ecco un'idea molto curiosa e poco corrente della scienza. Tanto più che due degli organizzatori sono direttore e direttrice di ricerca all'INRA, un'istituzione pubblica, e che la manifestazione, benché privata, ha il sostegno della loro istituzione e molti dei suoi membri vi partecipano. E che alle tavole rotonde si annunciava la partecipazione di persone esterne al mondo scientifico. A meno che non si tratti, non oso crederlo, di un'opposizione alla mia persona, come rappresaglia alla mia inchiesta sugli attivisti vegani e i loro finanziamenti, apparsa su «We Demain» qualche mese prima. Se fosse così sarebbe molto avvilente. Per risolvere questo contrattempo, che oltre a Didier Toubia mi impedisce di incontrare altre due persone, decidiamo di finire per telefono – lui a Parigi, io in Bretagna – la nostra conversazione iniziata a San Francisco. Con gioia e buon umore.

«Da Aleph Farms, a che punto siete con il passaggio alla produzione di massa a partire da cellule staminali? Quali sono i problemi da risolvere?».

«Stiamo lavorando sulla piattaforma di coltivazione su vasta scala. Per cambiare scala, ci sono ancora delle sfide tecnologiche da affrontare su cui concentriamo le nostre risorse. Sviluppiamo varie tecnologie che dovrebbero permettere di realizzare una piattaforma più facile da approntare pur mantenendo lo stesso livello di qualità. La qualità è ciò che differenzia la nostra carne da quella coltivata negli Stati Uniti. Loro lavorano piuttosto sugli hamburger o altri prodotti lavorati, mentre noi lavoriamo su veri tagli di manzo. Da qui a un anno, un anno e mezzo, avremo una buona idea sul modo di produrre carne su scala vastissima, nel rispetto dell'ambiente».

«Lavorate sulla consistenza?».

«Due cose ci caratterizzano. Da un lato, la capacità di produrre carne. Siamo riusciti a riprodurre un vero pezzo di carne. Stiamo migliorando la tecnica di coltivazione per aumentare lo spessore del pezzo di carne. Oggi ha uno spessore di qualche millimetro ed è grande come una carta di credito. Dall'altro lato, siamo stati i primi a porre l'accento sulla coltivazione di vera carne, a riprodurre le caratteristiche culinarie, sensoriali, nutrizionali e di consistenza. La consistenza della mucca e del manzo è la più difficile da riprodurre. Il nostro approccio differisce da quello di altre società che considerano la carne come una proteina. Il nostro approccio alla carne viene dalla mia formazione agroalimentare francese: la carne è un alimento unico, portatore di un valore emotivo, culturale, sociale e addirittura religioso, per ciò che concerne le tre grandi religioni del Libro. Noi cerchiamo di riprodurre quella complessità che dà profondità alla relazione con la carne come la conosciamo oggi. Vogliamo produrre vera carne, non soltanto proteine animali. Carne simile a quella che conosciamo, ma senza i problemi del benessere animale, dell'impatto ambientale e della salute pubblica associati all'allevamento industriale».

«Se ci riuscite, sarà la fine dell'allevamento…».

«Insisto: non vogliamo sostituire l'allevamento tradizionale, ma al contrario essere un'opportunità per gli agricoltori di tornare a pratiche più tradizionali, agrobiologiche, estensive. La carne coltivata sostituirà una parte dell'allevamento industriale in cui gli animali portano un numero, dove si è già persa la relazione con l'animale, dove la produzione si basa soltanto sull'efficienza. Siamo portatori di una via più efficace, che permette di produrre la stessa quantità di carne con meno risorse naturali e soprattutto evita i problemi legati all'allevamento industriale».

«Non rischiate che anche il vostro sia un procedimento industriale?».

«La nostra specificità è la capacità di produrre vera carne e di sviluppare una piattaforma di produzione senza ricorso agli OGM. Cerchiamo di restare vicini alla natura. Il nostro obiettivo è essere una specie di estensione del manzo e di continuare a ricavare dal manzo un processo naturale di crescita della carne, soprattutto del muscolo. Il nostro corpo, come quello degli animali, si rinnova costantemente. Produciamo nuovi tessuti per rimpiazzare il vecchio muscolo. Quando invecchiamo, il vecchio tessuto viene rimpiazzato più lentamente, e da questo deriva la degenerazione. Alla Aleph Farms proseguiamo questo processo di rinnovamento del corpo animale all'esterno dell'animale. Lo facciamo in maniera controllata, tentando di restare il più possibile vicini al processo che si svolge nell'animale, di mantenere la stessa cellula e di non modificarla geneticamente. Riusciamo a co-coltivare cellule diverse insieme come in natura. Sostituiamo la matrice extracellulare dell'animale, costituita soprattutto da collagene, con una matrice di origine non animale che riproduce lo stesso processo di formazione di un tessuto strutturato in tre dimensioni, ossia la carne come la conosciamo. Cerchiamo davvero di attenerci al processo naturale, di essere un'estensione del manzo e di non sostituirci alla natura, a dire il vero».

«Alla fine avremo un pezzo di carne da mettere sul conto come dal macellaio?».

«La piattaforma di coltura che stiamo allestendo può produrre direttamente la bistecca: un gran numero di bistecche».

«Le aziende californiane fanno piuttosto carne macinata e alcune vogliono stamparla in 3D, con una macchina...».

«Non è assolutamente il nostro approccio. Noi produciamo carne lasciando che le cellule crescano in maniera più naturale possibile».

«Riguardo all'alimentazione delle cellule che co-coltivate, avete trovato un modo per nutrirle senza il siero fetale di vitello e a un costo inferiore?».

«Lavoriamo su una piattaforma al cento per cento senza componenti animali: senza siero fetale bovino. Penso che nessuna società di carne coltivata abbia intenzione di usare il siero fetale nell'ambito di una produzione commerciale. Noi siamo già passati a una piattaforma senza siero da un po' di tempo. Uno degli aspetti dello sviluppo della piattaforma di coltivazione su grande scala è la formulazione di un substrato di coltura che sostituisca il siero. Un substrato che consenta di produrre più carne a costi inferiori. È ancora costoso, ma lavoriamo a questo miglioramento».

«Quindi depositerete un brevetto che può farvi guadagnare molto?».

«Non so se sia brevettabile. Il mio obiettivo non è tanto finanziario e di un massimo profitto, ma avere il massimo impatto positivo e sociale in materia di approvvigionamento. Il pianeta è in fase di crisi ambientale. Oggi gli animali sono visti come macchine per produrre carne. L'allevamento industriale è indirettamente responsabile di gran parte dei problemi constatati, che siano a livello globale della deforestazione, della scomparsa dell'Amazzonia o degli incendi legati alla coltivazione della soia per nutrire gli animali. La soia prodotta in monocoltura distrugge i terreni e porta alla desertificazione. L'allevamento intensivo è fonte di epidemie: mucca pazza, influenza suina, influenza aviaria. Ogni nuova epidemia è più intensa della precedente. Questo crea problemi di sicurezza sanitaria. I metodi di allevamento industriali sono responsabili del 18% dei gas serra, che aggravano l'emergenza climatica. Abbattiamo 60 miliardi di animali l'anno per nutrire 7 miliardi di umani. Il consumo di carne dovrebbe aumentare dal 50% al 70% entro il 2040. È un sistema non sostenibile. Non possiamo continuare a produrre al ritmo attuale. La carne coltivata rientra tra le soluzioni che permetteranno di fronteggiare la domanda riducendo gli impatti di cui ho appena parlato. Non è l'unica: l'allevamento dovrà comprendere varie soluzioni, come l'allevamento rigenerativo, i metodi alternativi di produzione animale, e parlo di bio. Sono metodi complementari».

«Sottolineate la responsabilità della carne industriale nello sviluppo della resistenza agli antibiotici a livello mondiale».

«È un argomento delicato di cui si parla poco, soprattutto in Francia. Nel mondo, ci sono 700.000 morti l'anno per resistenza agli antibiotici a causa, tra l'altro, del loro utilizzo massiccio negli allevamenti industriali. Questi antibiotici servono a prevenire le epidemie, ad esempio l'influenza suina. A contatto con gli antibiotici, i batteri sviluppano delle mutazioni e infettano l'uomo, nel quale queste mutazioni impediscono agli antibiotici che dovrebbero curarlo di essere efficaci. L'Organizzazione mondiale della sanità prevede che nel 2045 ci saranno più morti nel mondo per resistenza agli antibiotici che per cancro. È l'argomento di salute pubblica numero uno per le organizzazioni mondiali che si occupano di salute. Anche qui, la carne coltivata senza antibiotici fa parte della soluzione».

«Comprendo le sue spiegazioni, ma piuttosto che voler continuare a produrre tanta carne, ci si può anche dire che innanzitutto bisogna mangiare meno carne?».

«Una delle soluzioni, in effetti, è mangiare meno carne. Oggi la carne è considerata un prodotto importante per un'alimentazione sana ed equilibrata come raccomandato dall'Organizzazione mondiale della sanità. Importante poiché contiene dei nutrienti difficili da sostituire con le verdure, ma da consumare in piccole quantità. Ne mangiamo troppa; è necessario ridurre. Il nostro obiettivo non è spingere le persone a mangiare più carne, ma far sì che la carne che mangiamo abbia un minore impatto ambientale rispetto a oggi. La carne è fonte di proteine di ottima qualità, ed è fonte di vitamine A, B, B_{12} e ferro. Mangio la carne e mi piace; ne mangio meno rispetto a venti anni fa; sono flexitariano, cioè uno che mangia carne pur essendo sensibile ai metodi di produzione e che riduce il proprio consumo».

«In Israele, come reagisce alle vostre ricerche il settore dell'allevamento?».

«Abbiamo strette collaborazioni con molti di loro. Non con tutti, poiché il settore agricolo oggi è in crisi e la condizione degli agricoltori è poco riconosciuta. In Francia, il 53% degli agricoltori è tecnicamente fallito, ed è mantenuto artificialmente da finanziamenti europei. Il numero di allevatori di bovini è diminuito da 75.000 a 50.000 tra il 2011 e il 2018. Collaborare con gli agricoltori e gli allevatori potrà essere un modo per integrarli in questo nuovo metodo di produzione agricola, e fornirgli uno strumento per migliorare la loro condizione e riallacciare i rapporti con il consumatore. Il nostro obiettivo è aprire un dialogo costruttivo con gli allevatori. Il mondo agricolo è consapevole che tutti i settori economici si sono innovati negli ultimi vent'anni; si sente che anche l'agricoltura necessita di innovazioni. A medio termine, da qui a dieci o venti anni, ci saranno due categorie di prodotti di carne: la carne prodotta in maniera convenzionale bio e la carne coltivata. Ciascuna categoria metterà l'accento su diversi valori, come accade oggi con il vino rosso e il vino bianco: sono entrambi dei vini, ma non sono intercambiabili e rispondono ai gusti dei consumatori o a dei contesti specifici. La nostra idea non è di sostituirci alla carne convenzionale».

«Si può immaginare che parte del vostro lavoro possa servire a rallentare l'invecchiamento umano? Penso alla rigenerazione delle cellule».

«In origine, la nostra piattaforma è stata sviluppata per applicazioni mediche. Abbiamo creato Aleph Farms nel quadro di uno scambio di tecnologie presso l'università Technion con il professor Levenberg e il gruppo Strauss[3]: il più grande gruppo agroalimentare israeliano. Si tratta di trasferire nel settore agroalimentare una piattaforma scientifica sviluppata per riparare gli organi danneggiati di pazienti umani».

«Pensavo fosse l'inverso. Storicamente, molte ricerche scientifiche nell'allevamento, soprattutto di genetica e di riproduzione, hanno faticato per passare all'uomo, ad esempio la fecondazione *in vitro*, il trasferimento degli embrioni...».

«Alcune tecnologie sviluppate oggi per rendere la carne cellulare accessibile a tutti potrebbero in un secondo tempo essere a loro volta utilizzate per applicazioni mediche. Ma non è questo il nostro obiettivo».

«Con la carne coltivata, non ci sono animali abbattuti; allora si può fare una carne coltivata e kosher?».

«La nostra carne può essere halal; c'è più mercato rispetto a quello kosher; ma sarà anche kosher a certe condizioni».

3 Gruppo Strauss: uno dei maggiori attori agroalimentari israeliani. È la storia di due famiglie di emigrati ebrei in Palestina. Una russa – i Fromenchenko –, fuggita dal comunismo nel 1933, aveva avviato una produzione di dolciumi, caffè e cioccolata con il marchio Elite. L'altra – gli Strauss –, fuggita dal nazismo nel 1936, specializzata nella produzione di prodotti caseari e gelati. Entrambe le aziende divennero leader nel proprio settore. Fusione nel 2004. Acquisto da parte di Unilever nel 2014.

«Bisognerà cambiare il rituale!».

Ride. «Il fatto di produrre carne halal o kosher senza abbattere animali è un'ottima cosa. In Francia, la maggior parte della carne è halal[4], anche se non sempre c'è scritto. È un argomento importante in Europa, dove ci sono sempre più pressioni politiche per ridurre la macellazione rituale».

«Per concludere, se le dico che la coltivazione cellulare è una tappa in più nella logica tecnica che ha industrializzato l'agricoltura, come reagisce?».

«Ai miei occhi, la coltivazione cellulare è in sintonia con l'approccio delle origini dell'agricoltura. Diecimila anni fa, per inventare l'agricoltura, l'uomo ha guardato la natura e ha osservato come crescono gli animali. Ha saputo "addomesticare" questo fenomeno naturale e trasferirlo sotto il proprio controllo, per avere un maggiore accesso al cibo spendendo meno energie per ottenerlo e producendo di più con meno risorse. Questa appropriazione e questa assunzione del controllo di un fenomeno naturale hanno permesso la sedentarizzazione e lo sviluppo delle civiltà antiche e moderne che conosciamo. Oggi accade la stessa cosa: osserviamo la natura che ci circonda, questo processo cellulare che ha luogo nel corpo del manzo, e lo riproduciamo in maniera controllata. Vale a dire che inseriamo un processo spontaneo di moltiplicazione cellulare nell'ambito di una piattaforma sotto controllo umano per produrre questa carne. Ci sono meno risorse utilizzate e il controllo sulla produzione di carne. Diecimila anni fa, l'approccio era legato all'insieme dell'animale; oggi il nostro approccio è simile, ma basato sul tessuto cellulare, su una parte dell'animale. La coltivazione cellulare è un'evoluzione naturale dell'approccio agricolo».

4 Didier Toubia si riferisce a un rapporto del Conseil général de l'alimentation, de l'agriculture et des espaces ruraux ["Consiglio generale dell'alimentazione, dell'agricoltura e degli spazi rurali", NdT] (CGAAER) di novembre del 2015 (rapporto 10035-99), che evidenzia come il 50% dell'abbattimento totale di bovini, ovini e caprini è effettuato secondo il rituale halal o kosher, mentre la domanda corrisponde a circa il 10%. Il motivo: è più facile continuare ad abbattere con uno solo dei due rituali che riconvertire ogni volta tutta la catena in "non rituale".

13
Cambiare l'essere umano per cambiare il mondo

New York, Penn Station, stavolta per prendere il treno per Boston, dove devo incontrare James J. Hughes, sociologo e bioetico, cofondatore, con il filosofo svedese Nicklas Bostrom, dell'Institute for Ethics and Emerging Technologies (IEET: "Istituto dell'etica e delle tecnologie emergenti"). L'IEET è un laboratorio del transumanesimo. Il transumanesimo, come definito dai suoi membri, è un «movimento culturale e intellettuale che sostiene che è possibile e auspicabile migliorare radicalmente la condizione umana con l'uso della ragione, in particolare sviluppando e diffondendo ampiamente le tecniche che puntano a eliminare l'invecchiamento e a migliorare in misura significativa le capacità intellettuali, fisiche e psicologiche dell'essere umano».

In pratica, i transumanisti vogliono modificare l'essere umano (genetica, trapianti, impianti elettronici...) per accrescerne le capacità intellettuali e fisiche, in particolare con il fine ultimo della vita eterna. Ecco perché investono in ricerche sulla longevità umana, la genetica, la biologia cellulare, la biologia di sintesi. Senza entrare nei misteri del movimento transumanista, va detto che è scisso in due correnti principali in conflitto sulla questione della condivisione o meno del progresso e delle tecniche tra classi sociali e Paesi diversi. In sintesi, il ramo libertarista[1] vuole che vincano i migliori; il ramo liberale è per la condivisione democratica. Nick Bostrom e James Hughes fanno parte

1 Il libertarismo è una filosofia politica centrata sulla libertà individuale, la proprietà privata e il mercato. I libertaristi vedono il mondo come una vasta unione di individui che cooperano tra loro o meno; si oppongono al potere dell'amministrazione pubblica dello Stato (scuola, salute, cultura, ecc.).

di questo schieramento democratico. Nicklas Bostrom è un membro eminente del transumanesimo. Nel 1998 ha fondato la World Transhumanist Association, diventata Humanity+ nel 2008, con sede a Los Angeles. È noto per la sua «teoria della simulazione», secondo la quale c'è una forte possibilità che l'evoluzione tecnica ci faccia sprofondare in un mondo di simulazione informatica talmente sofisticato da non permetterci più di distinguere tra le menti biologiche e le menti simulate dall'intelligenza artificiale dei robot. Forse ci siamo già, secondo lui. Nel 2005 ha fondato, e dirige tuttora, il Future of Humanity Institute (FHI: "Istituto per il futuro dell'Umanità"), un centro di ricerca interdisciplinare dell'Università di Oxford (Regno Unito). La squadra di ricerca focalizza sulla portata a lungo termine delle innovazioni in embrione (intelligenza artificiale, biologia di sintesi, ecc.). Il FHI collabora strettamente con il Centre for Effective Altruism e il Machine Intelligence Research Institute (MIRI), già citati, il DeepMind, OpenAI, il Leverhulme Centre for the Study of Existential Risk. Questa embricazione di persone e di reti altruiste efficaci e transumaniste non sorprende, dato che entrambe le correnti vogliono «il massimo bene per l'Umanità». È anche del tutto logico trovare nella squadra del FHI Toby Ord, il fondatore di Giving What We Can, di cui parlo nel capitolo 7, a p. 105. Pur entusiasti di questa evoluzione del mondo, Nicklas e Hughes hanno compreso l'importanza di riflettere sui rischi che comporta, da cui la creazione dell'IEET con James Hughes.

Il treno rapido per Boston somiglia al Trans Europe Express degli anni Sessanta-Settanta. Una sola classe: la prima.

Seduto per quasi quattro ore nel treno, prendo i miei appunti e ragiono. Mi tornano in mente le affermazioni di Ryan Bethencourt. È amico di Aubrey de Grey[2], e ne è affascinato quando quest'ultimo parla della possibilità di vivere mille anni. Quindi, Ryan ha preso delle sostanze per provare ad allungarsi la vita, in particolare rapamicina[3] e

2 Aubrey de Gray, informatico inglese, autoproclamatosi gerontologo, i cui lavori hanno come obiettivo la vita eterna.

3 La rapamicina, nota anche come sirolimus, è un immunodepressore utilizzato per i trapianti d'organi e nella cura di alcuni tipi di cancro. Il suo nome viene da un batterio da cui è estratta: batterio scoperto nel 1964 a Rapa Nui (isola di Pasqua). Degli esperimenti sui topi hanno mostrato un allungamento della durata della vita.

metmorfina[4]. Mi ha confidato di avere investito in varie start-up che lavorano sulla longevità; poi con calma, con un tono fiacco, mi ha confessato: «Sono uno scienziato nell'anima, e considero il nostro corpo come una macchina che possiamo migliorare». La cosa mi fa riflettere. Penso a Descartes e al suo animale-macchina; a Vladimir Jankélévitch che scriveva: «Il più mostruoso dei supplizi sarebbe proprio essere condannati a non morire mai» (Jankélévitch, 1963). Eppure non è da oggi che l'essere umano è stregato dall'immortalità. Tutte le civiltà, tutti i filosofi, i saggi e i preti hanno interrogato i corpi, le menti, i cieli e gli elementi per comprendere come, dove e perché la vita se ne va. E cercato modi per trattenerla, prolungarla, resuscitarla. Le religioni hanno risolto la ricerca a modo loro, in genere in base alla cultura del tempo della loro comparsa. Sta di fatto che il senso della vita è dato dalla morte. Mi rendo conto che ad avvicinare vegani e transumanisti non è soltanto questo desiderio febbrile di comandare la vita, ma anche la ricerca della vita eterna. Tutte queste persone, non solo se la fanno sotto all'idea di morire, ma non riescono ad accettarlo. Anche in questo i vegani sono in giustapposizione, tirandosi fuori dal gioco della natura.

Boston, South Station, primo pomeriggio. Cielo coperto. Metropolitana, autobus, taxi? La metro mi lascerebbe lontano dall'università, dove sono atteso. Scendo; ignoro gli orari degli autobus e il mio treno è arrivato all'ora del mio appuntamento. È d'obbligo il taxi. Per quasi un chilometro va tutto bene, poi, poco dopo aver preso l'autostrada, il traffico è bloccato. Un ingorgo enorme. Quaranta minuti a passo d'uomo…

UMass, l'Università del Massachusetts, Edificio Quinn. James Hughes mi accoglie nel suo ufficio con il sorriso e un'amichevole stretta di mano. Ho l'impressione che si tratti di un ufficio di rappresentanza piuttosto che di uno di lavoro. Il tempo di salutare e di predisporre il registratore, e iniziamo l'intervista. Gli domando cosa sia per lui il transumanesimo.

«È una filosofia che sostiene che gli esseri umani dovrebbero avere

4 La metmorfina è un antidiabetico comunemente prescritto. Può rallentare l'invecchiamento di alcuni animali (esperimenti in corso).

il diritto di usare la tecnologia per migliorarsi. È l'idea che gli esseri umani possano e debbano riuscire a utilizzare la tecnologia per migliorare le proprie capacità umane. Vivere più a lungo, essere più intelligenti, avere maggiori facoltà di ogni genere. Sul piano filosofico, il transumanesimo attira chi è molto tecno-ottimista», mi risponde.

«E lei, James, è tecno-ottimista?».

«Non mi considero un tecno-ottimista; sono tecno-realista. M'interessano gli effetti reali delle tecnologie. Non cerco di ignorare gli aspetti negativi. Sono sociologo ed esperto di bioetica. Partecipando ai dibattiti sulle biotecnologie, mi sono accorto che ero troppo ottimista sul piano tecnologico. È questo che mi ha fatto avvicinare ai transumanisti. L'IEET è stato fondato dai progressisti, dai liberali e dai socialdemocratici del movimento. Definiamo il nostro orientamento politico "tecnoprogressista". Pensiamo che oggi alcune questioni politiche siano più importanti da discutere di quanto spesso non si dica. Per molte persone, questi problemi sono fantascienza; per noi sono prossimi. La gente che si entusiasma per alcune tecnologie ha la tendenza sia a ignorare le conseguenze politiche di quelle tecnologie, sia a essere libertarista, e quindi a non preoccuparsi dei loro effetti. Noi siamo socialdemocratici, socialisti, gente di sinistra e siamo preoccupati per le conseguenze di queste tecnologie sull'uguaglianza. Siamo anche guidati dai princìpi della scienza, della ragione e della tecnologia».

«Anche nell'alimentazione?».

«Il caso dell'alimentazione è interessante, poiché introduce una delle grandi differenze di visione, riguardo agli alimenti geneticamente modificati, tra i transumanisti che sostengono che non costituiscano un rischio e tutte le persone che si preoccupano, soprattutto in Europa. Non c'è alcuna prova che rappresentino un rischio, ed è evidente che per nutrire dieci miliardi di persone, su un pianeta in cui il clima cambierà rapidamente, dovremo proporre alimenti che necessitano di meno acqua, meno concime, meno insetticidi, che siano più abbondanti e resistenti alla siccità. Non è un'impresa facile. Se da questa visione togliamo gli alimenti geneticamente modificati è ancora più difficile.

I tecnoprogressisti e quelli dell'IEET sono in generale molto critici verso il movimento contro gli OGM, poiché non segue la scienza.

Siamo altrettanto critici nei confronti della Monsanto e della manipolazione dei dati scientifici da parte delle aziende per far approvare i loro metodi. Un altro esempio è quello dei "geni Frankenstein", ve ne ricordate?».

«Si riferisce alla modificazione genetica "Terminator"?».

«Una delle preoccupazioni degli ecologisti è il rischio che le coltivazioni geneticamente modificate possano portare a una contaminazione genetica dell'ecosistema naturale. Uno dei modi per porvi fine è garantire che i geni modificati non possano riprodursi. Il "gene Frankenstein" sarebbe stato un esempio. O si vuole evitare che un prodotto specifico porti a una contaminazione genetica, e in questo caso non deve potersi riprodurre e gli agricoltori dovranno comprarlo ogni anno; o si vuole che possa riprodursi perché gli agricoltori non debbano comprarlo ogni anno, e in questo caso si diffonderà. Se si è contro entrambe le soluzioni, si è contro le coltivazioni geneticamente modificate. Ma capisco che si possa essere contrari agli OGM».

«Cosa pensa dei sostituti della carne a base di cellule staminali o di proteine vegetali?».

«La maggior parte dei tecnoprogressisti è d'accordo per sostituire gli animali che oggi rappresentano una fonte di cibo. Siamo molto entusiasti della carne di laboratorio, della carne da cellule staminali e dei sostituti di origine vegetale. Quanto alla posizione intermedia... Ho domandato a Peter Singer: "Se mi avvicino lentamente da dietro a un pollo e gli torco repentinamente il collo prima che abbia il tempo di soffrire, andrebbe bene?". Peter ha detto di sì, poiché non recherei sofferenza. Quindi è possibile immaginare degli allevamenti industriali senza carne da cellule staminali, senza ricorrere all'Impossible Burger [fatto di proteine vegetali in parte ottenute per modificazione genetica. NdA], ma semplicemente prendendo dei polli, delle mucche e dei maiali veri e modificandoli geneticamente perché non soffrano. Ecco, a mio parere, una proposta etica interessante. È comunque uno spettacolo disgustoso, ma il vero problema è la sofferenza, e questa possiamo risolverla».

«Esistono laboratori che lavorano su questo aspetto della sofferenza? Sui modi per ridurre la sofferenza nei mattatoi?».

«Non saprei indicarvene, ma nel corso degli anni ho sentito dire che alcune persone se ne stavano occupando. In astratto, se possiamo immaginare un tale progresso tecnico, probabilmente significa che sta per arrivare. Vi faccio una domanda: Un pollo ha bisogno del cervello per fare ciò che ci si aspetta che faccia, ossia far crescere il suo corpo?».

Senza attendere la mia risposta – che sarebbe stata tipo: «Secondo me, un pollo non si può ridurre alle cosce e agli straccetti che possiamo degustare; è una vita che interagisce con un ecosistema: quello in cui si trova l'aia» –, James risponde alla propria domanda: «Potreste allevare un pollo senza cervello: per me non sarebbe un problema etico, e in coerenza con la logica di Peter Singer non sarebbe un problema neanche per lui».

Questo approccio tecnico nel venire a patti con la realtà, nel ridurla al suo utilizzo pratico e immediato per l'essere umano mi infastidisce ogni volta che l'ascolto. È proprio da questo che riconosco un altruista efficace: è completamente privo di senso olistico. Riporto la conversazione sulla carne coltivata e sulla rottura che crea con diecimila anni di coltivazione agricola e con le civiltà che questa ha generato.

«È un punto su cui a un transumanista non mancano gli argomenti. È davvero astorico dire che cambiare le nostre abitudini alimentari contemporanee costituirebbe una rottura con la cultura umana, tanto più con diecimila anni di coltivazione. Per la maggior parte di quei diecimila anni, probabilmente abbiamo avuto accesso soltanto a una manciata di prodotti alimentari. Indipendentemente dai semi che coltiviamo e dagli animali che mangiamo ogni anno oppure ogni due anni, la maggior parte di noi non ha un'alimentazione sana da diecimila anni. Dall'invenzione dell'agricoltura. In effetti, l'invenzione dell'agricoltura è stata nociva per la salute umana. Quando da cacciatori-raccoglitori siamo diventati agricoltori, siamo diventati più bassi, con più carie, e la nostra aspettativa di vita è diminuita. È soltanto nel corso degli anni Sessanta-Settanta che abbiamo visto questo miglioramento spettacolare della produttività agricola, con la collettivizzazione delle fattorie sovietiche, la crescita delle aziende agricole americane, ecc. Questa produttività ha radicalmente cambiato la nostra alimentazione. Per non parlare del modo in cui acquistiamo il cibo. La maggior parte delle persone non vedrà mai un animale ucciso per il proprio consumo. Gran parte della gente non vedrà mai il campo di cereali che in seguito consuma come prodotto ultralavorato. Quindi, le nostre abitudini alimentari hanno al massimo sessant'anni».

«Resta l'addomesticamento degli animali: il fatto che da diecimila anni alleviamo animali per mangiarli».

«La maggior parte della gente non mangiava spesso la carne poiché allevare molti animali era troppo costoso. Oggi alcune persone devono adattarsi enormemente per mangiare un prodotto animale, ma molti ne comprano in negozio senza aver mai visto gli animali. In futuro, quel prodotto avrà esattamente lo stesso aspetto e lo stesso sapore, ma non sarà ricavato da un animale. Penso che per la maggior parte della gente questo non rappresenti un grande cambiamento. Ciò che m'interessa di più è che, evidentemente, non ci siamo ancora adattati a una dieta agricola. La maggior parte di noi non digerisce bene gran parte dei cereali. Ci sono allergie al glutine e così via… Non ci siamo adattati a una tale assunzione di zucchero e di grasso. L'aspettativa di vita non diminuisce. L'obesità aumenta. Abbiamo delle pessime abitudini alimentari. È perché siamo ancora delle scimmie, e ora siamo esposti all'abbondanza. O dobbiamo cambiare noi stessi, o dobbiamo cambiare i nostri cibi. Probabilmente è più facile cambiare alimentazione, ma forse potremmo anche cambiare noi stessi. La sola maniera efficace di perdere peso è riprogrammare l'intestino. Solo il 5% delle persone che seguono una dieta alimentare perde peso. L'unico metodo efficace è tagliare l'intestino e lo stomaco. Quindi è certamente più facile cambiare la nostra alimentazione. Quello che m'interessa è capire come potremo modificare gli alimenti conservandone l'attrattiva. Che contengano comunque sale, zucchero e grassi, ma senza danneggiare il nostro corpo».

«Questa rottura» mantengo il punto «apre una nuova era. Fate delle proiezioni riguardo alla nascita di nuovi cibi?».

«Molti di noi ricordano la vecchia idea futurista dei cibi sostituiti con pillole; cosa che sembrava assurda. Negli anni Trenta, Quaranta e Cinquanta, tutte le foto mostravano gente che mangiava pillole. Noi oggi consumiamo molte pillole, ma le assumiamo insieme al cibo, e non al posto del cibo. Assodato che il futurismo non è adatto a fare proiezioni, dirò che ci sono due o tre proiezioni futuriste di cui ci si può fidare. Una cosa in cui credo è il cambiamento climatico. Renderà sempre più difficili alcune coltivazioni e renderà l'allevamento degli animali sempre più costoso. In ogni caso, è probabile che non mangeremo più animali e dovremo coltivare altri tipi di alimenti, resilienti in un mondo dal clima mutevole. Non ho opinioni certe su quali potranno essere questi alimenti. E lei che ne pensa?».

Allora parlo della possibilità di ripensare l'intera produzione alimentare, certo per dieci miliardi di persone e sotto la pressione del cambiamento climatico, ma a partire dai territori e per i territori. Dobbiamo ragionare a livello locale, per Paesi, per regioni, a ciò che si può produrre in funzione delle risorse. Dobbiamo fermare le massicce importazioni di soia e di mais in Europa.

«Se consideriamo il futuro fra trent'anni, la nanotecnologia e la stampa 3D ci consentiranno di avere una "scatola" in cucina, e sarà sufficiente scaricare una ricetta per preparare una pietanza e semplicemente stamparla. Forse all'inizio la stampante potrà rispondere soltanto a esigenze specifiche, ma spero che un giorno la nanotecnologia sarà tanto potente da permettere la produzione molecolare. Potremo mettere nella stampante ciò che vogliamo per preparare il cibo. All'inizio sarà costoso, soltanto per i ricchi, ma possiamo immaginare queste stampanti nel suo negozio di vicinato. Non dovremo più trasportare delle cose. Sarà sufficiente trasmettere la ricetta del prodotto che vuole al commerciante, che la stamperà».

«Quando parla di nanotecnologie, come pensa si possano utilizzare nell'alimentazione?».

«Può fare da mangiare! Possono migliorare l'alimentazione in molti modi. Prima parlavo di pillole. Uno degli argomenti che da molto tempo preoccupa l'Organizzazione mondiale della sanità è quello delle malattie cardiovascolari. Stando agli studi condotti fino a oggi, dare a ciascun abitante dei Paesi in via di sviluppo una pillola di polipillina, contenente un po' di aspirina, un po' di statina per il colesterolo e un po' di antipertensivi, ne aumenterebbe l'aspettativa di vita e ne ridurrebbe i rischi cardiovascolari. Potremmo farlo, poiché gli effetti collaterali dell'assunzione del farmaco per chi non ne ha bisogno sono meno gravi rispetto ai benefici per le persone che ne hanno bisogno. Immagini come questo approccio all'alimentazione potrebbe migliorare il futuro. Con la nanotecnologia giusta, potremo somministrare alle persone delle pillole che contengono ciò di cui potrebbero aver bisogno, e la nanotecnologia sarà in condizioni di stabilire di cosa hanno bisogno e quando ne hanno bisogno. La pillola potrà misurarle la glicemia e fornirle il farmaco contro il diabete. Le nostre nanotecnologie faranno parte della medicina e dell'alimentazione».

«Nanotecnologie, robot: come vede quest'associazione tra intelligenza biologica e intelligenza artificiale?».

James mi risponderà con un lungo e interessante giro di parole.

«Ancora una volta, la storia inizia con l'agricoltura. La prima tecnologia che abbiamo inventato è stata la fabbricazione dei vestiti, o qualsiasi altra cosa. Probabilmente abbiamo inventato il fuoco un milione e mezzo di anni fa. Ci ha permesso di mangiare abbastanza proteine da consentire alla nostra neocorteccia di iniziare a svilupparsi. Abbiamo la corteccia prefrontale più dispendiosa del regno animale. Non la più grande, ma la più dispendiosa, poiché consuma un terzo delle nostre calorie. È grazie al fatto che mangiamo cibi cotti che si è potuta ingrandire. Prendete gli scimpanzé: i bonobo passano tutta la giornata a mangiare eppure non assumono ancora calorie sufficienti a far crescere una neocorteccia. Noi siamo diventati intelligenti grazie alla cottura del cibo. Una volta diventati abbastanza intelligenti, abbiamo scoperto il sistema per coltivare più cibo. Non era molto vantaggioso per la nostra salute, ma l'agricoltura che abbiamo inventato era buona. Poi, infine, siamo riusciti a fare in modo che solo una parte di noi dovesse coltivare il cibo perché l'altra potesse dedicarsi ad altre attività. Allora siamo passati dall'agricoltura all'era della fabbricazione. Quest'epoca ha mostrato che si possono fare soldi e si può vivere d'altro che di agricoltura. Si potevano produrre cose nelle fabbriche, ecc. La tappa successiva è stata quella dei colletti bianchi, in cui siamo progrediti iniziando a usare il nostro cervello in interazione. Oggi l'intelligenza artificiale coinvolge i tre tipi di lavoro: l'agricoltura, l'industria e i servizi. Non è scontato che ci sia qualcosa che permette agli esseri umani di fare meglio, più velocemente o a costi inferiori rispetto alle macchine. Sono convinto che in fin dei conti, proprio come siamo stati estromessi dall'agricoltura e dalla fabbricazione, saremo estromessi anche dai servizi, e dopo i servizi non resta granché da fare. Ciò che vendiamo è il nostro lavoro nell'agricoltura e nella fabbricazione, e il nostro lavoro cognitivo nei servizi. I robot fanno il lavoro cognitivo meglio di noi; non ci restano molte cose da fare. Però dobbiamo tutti guadagnarci la pensione. Ecco il futuro che immagino. Un futuro di calo dell'occupazione. Questo si può fare in maniera giusta se assicuriamo a tutti i bisogni primari e l'equa ripartizione dell'accesso al lavoro esistente. Questa evoluzione è inevitabile, e la sua incidenza sull'agricoltura è già concreta: la robotica e l'intelligenza artificiale sono entrate nell'agricoltura e stanno avendo un successo enorme. Questo riduce ancora di più la necessità di agricoltori».

«Come gestire le conseguenze sociali di un'evoluzione simile? Se seguo il suo ragionamento, avremo bisogno di politiche pubbliche per organizzare quest'evoluzione?».

«Conosce Thomas Piketty? Ha appena pubblicato un bel libro su come avere una società più giusta» (Piketty, 2016). «Io sono socialista. Penso che la maggior parte delle risorse debba essere pubblica e che dovremmo avere tasse sui redditi e i patrimoni più elevati. Uno stato sociale molto costoso è uno dei modi per risolvere il problema. Abbiamo un candidato alle primarie democratiche, Andrew Yang, che propone il reddito di base universale: il governo darebbe mille dollari al mese a ciascun americano. Piketty propone una cosa simile. Questo tipo di politica è chiaramente legata all'ansia da disoccupazione tecnologica, poiché se l'occupazione diminuisce e aumenta la disuguaglianza sociale dobbiamo mettere fine a questa disuguaglianza e far sì che tutti abbiano denaro sufficiente per vivere. Penso che gran parte delle mobilitazioni populiste e fasciste che abbiamo visto siano una risposta a questa incertezza economica di fondo».

«Incontra persone della Silicon Valley, i proprietari delle start-up dei nuovi cibi? Vengono a porle domande etiche sull'impatto della loro attività?».

«Sì. Fintanto che non parliamo di tasse o di socialismo». Ride. «Per esempio, per i suoi progetti di intelligenza artificiale, Google ha istituito un comitato etico consultivo, ed è diventata subito una questione politica. Google ha inserito nel comitato dei conservatori per frenare i repubblicani, che sono sempre in conflitto con i media, Facebook, Google, ecc. Ma i conservatori erano talmente conservatori che nessuno voleva lavorare con loro, e allora il consiglio si è sciolto. È un problema enorme. Non penso che la Silicon Valley e la maggior parte degli imprenditori del settore tecnologico si preoccupino davvero dell'etica. Ciò che gli interessa è non avere fastidi. Non vogliono essere convocati al Congresso. Non vogliono essere accusati di razzismo o di un comportamento tipo MeToo. L'etica non può venire dall'autoregolamentazione, ma dai regolamenti governativi. Vale per l'intelligenza artificiale come per i nuovi cibi o i farmaci».

«Può spiegare perché lavora sulla longevità?».

«La maggior parte della gente considera un progresso il fatto che viviamo più di prima. Pochissime persone al mondo pensano che la medicina non sia una buona cosa».

«Sì, ma non siamo già troppo numerosi sulla Terra?».

«È qui che non siamo d'accordo. Io penso che sarebbe meglio se ci fosse più gente. Le persone sono la fonte del significato di questo universo. Finché non incontreremo degli alieni... non abbiamo incontrato nessun'altra creatura senziente nell'universo. Siamo i soli. Più siamo numerosi, più l'universo acquista significato. Se astrattamente potessi scegliere tra avere più rocce o più persone, sceglierei più persone. Inoltre, la questione è sapere quante persone possono vivere su questo pianeta con la qualità di vita che desideriamo e in questo ecosistema. La faccenda non è determinata dal numero, ma dal tipo di tecnologia che utilizziamo, dalla sostenibilità della nostra energia, dal nostro sistema produttivo, dal nostro riciclaggio, dalla nostra alimentazione, ecc. La sostenibilità di queste tecnologie è migliorata. Nel mondo industrializzato, consumiamo meno energia per persona. Il mondo in via di sviluppo non fa che abbracciare gli standard della classe media, e quindi consuma più energie fossili. Nel mondo industrializzato, iniziamo a usare processi di fabbricazione più sostenibili e così via. Se possiamo avere tecnologie più sostenibili e trovare il modo di nutrire dieci miliardi di persone in un mondo che è cambiato allora potremmo nutrirne molte più di dieci miliardi. Se sorvolate il centro degli Stati Uniti, prendete l'Idaho, il Wyoming o il Montana... potremmo spostare tutta l'Africa negli Stati Uniti. Se davvero volessimo, negli Stati Uniti c'è spazio sufficiente per tutti gli abitanti del pianeta. Tutti gli abitanti del mondo potrebbero avere un pezzetto di terra negli Stati Uniti. La domanda è sapere come farlo in maniera sostenibile. Penso che sia possibile. Inoltre, la popolazione mondiale diminuirà. Lei viene dall'Europa, e sa che gli europei fanno pochi figli. È uno dei motivi per cui Angela Merkel lascia entrare tutti quei rifugiati: perché i tedeschi non fanno figli. Se i tedeschi anziani vogliono avere qualcuno che si prenda cura di loro, devono lasciar entrare i siriani. La questione dell'ansia della popolazione riguardo all'immigrazione è un problema, ma è un argomento sconsigliato. In realtà, dal punto di vista ambientale, le uniche popolazioni di cui dovreste preoccuparvi sono quelle americana ed europea, poiché consumiamo cento volte più del resto del mondo. Infine, per il controllo demografico, la cosa migliore da fare nei Paesi in via di sviluppo è insegnare a leggere alle donne e dar loro un lavoro. Non dobbiamo preoccuparci della popolazione: diminuirà».

«Torniamo alla longevità. Come procedere?».

«La vita stessa è l'obiettivo. Sul piano etico, non è difficile argomentare a favore della vita come obiettivo. Se per una persona di trent'anni è preferibile guarire per vivere fino a cinquant'anni, è meno evidente che possa esserci una differenza con un uomo di cinquant'anni che vivrebbe fino a settant'anni, con un uomo di settant'anni che vivrebbe fino a novant'anni e con un uomo di novant'anni che vivrebbe fino a centodieci anni. Non esiste un limite naturale alla durata della vita degli esseri umani: è un'idea religiosa. Può crederci, se vuole, ma non penso che esista un limite naturale alla nostra aspettativa di vita. Ciò che ci preoccupa molto tutti è vivere tanto a lungo e non goderci più la vita. Vediamo persone anziane che non amano la vita. Oggi la gente vive tranquillamente fino a ottanta o novant'anni, e tra questi ci sono pochissimi suicidi. Anche vecchi, malati, costretti a prendere un centinaio di farmaci al giorno e con tutti i loro amici ormai morti, gli esseri umani vogliono continuare a vivere. Allora teniamoli in vita. Vogliamo restare in buona salute sempre più a lungo, vogliamo un'aspettativa di vita maggiore, e sarà la tecnologia a permettercelo».

«Quali tecnologie? Forse il trapianto d'organi?».

«Il trapianto d'organi in quanto tecnologia di longevità è una tecnica molto costosa, invasiva... Bisognerebbe clonare gli organi delle persone, e costerebbe troppo. Vogliamo trovare il modo di riparare i nostri organi. Nei nostri corpi, produciamo di continuo delle cellule staminali. Se avete una malformazione cardiaca, come possiamo ottenere che il vostro corpo la ripari da solo senza operarvi, senza darvi un cuore nuovo, ecc.? I trapianti d'organi esisteranno sempre, e avremo organi artificiali. Gli organi artificiali sono forse preferibili. Gli organi esistenti possono essere sia clonati, sia donati da un altro essere umano, prendendo poi dei farmaci antirigetto, sia coltivati in un maiale, che potrebbe essere un processo a buon mercato, ma la cosa migliore a lungo termine saranno gli organi artificiali».

«Non teme di restare intellettualmente prigioniero delle logiche della tecnologia, come le ha analizzate il filosofo francese Jacques Ellul?».

«Sono d'accordo con alcune di quelle critiche; sono d'accordo nel dire che possiamo avere dei pregiudizi su metà della tecnologia per mancanza di prove. Ai miei studenti faccio spesso questo esempio: alla fondazione degli Stati Uniti, la maggior parte dei neonati erano messi al mondo dalle levatrici. Negli anni Cinquanta dell'Ottocento, molti ricchi americani si sono recati in Francia per studiare la medicina. Al loro ritorno, hanno detto alle levatrici: "Non sapete ciò che fate; v'insegneremo come far partorire". Hanno inventato il forcipe e l'episiotomia. Ma non conoscevano ancora i germi e le scoperte di Pasteur; cosicché, con i medici ostetrici, molte donne morivano dopo il parto. La lezione che se ne trae non è quella di non fare affidamento sulla scienza, ma piuttosto di riconoscere che a volte facciamo affidamento sulla scienza in modo cieco o prematuro, e la soluzione è una scienza migliore. Non abbiamo bisogno di meno scienza, ma sempre di più scienza».

«Restiamo sulla biologia. Può spiegarmi la speciazione umana? Vorrei parlare del rischio di modificare gli esseri umani al punto che non possano più riprodursi con degli umani normali, che è ciò che la biologia chiama una speciazione, ossia la nascita di una nuova specie che non può riprodursi con quella che l'ha generata».

«In *Star Trek*[5] ci sono un padre klingon[6] e una madre umana. Com'è potuto accadere visto che si tratta di specie diverse? Funziona poiché ci si trova in un futuro in cui non si ha più bisogno di fare figli nella maniera tradizionale. L'idea della speciazione non ha senso. Forse in futuro esisteranno degli umani che non potranno avere figli insieme per via biologica ma potranno averne in altri modi».

«Ma la speciazione non ha a sua volta un'implicazione morale?».

«Sì. Alcuni cristiani, ebrei e musulmani credono che l'umanità sia stata creata in questo corpo e che se iniziamo a giocarci troppo violiamo la volontà di Dio. È libero di crederci o di non crederci. Io

5 *Star Trek*: serie televisiva creata nel 1966 e divenuta mitica, ambientata in un universo di fantascienza, con 759 episodi.

6 Klingon: in *Star Trek* è una specie originaria del pianeta Kronos.

non riesco a crederci. Innanzitutto, sappiamo che è esistita almeno una mezza dozzina di varietà di esseri umani. Di cui ignoriamo se potessero accoppiarsi tra loro. Gli umani e i neandertaliani si sono incrociati per molto tempo. Forse ci saremmo potuti accoppiare con l'*Homo floresiensis*[7] o con altre specie. Se esistessero ancora oggi, se non li avessimo fatti estinguere, se i neandertaliani fossero ancora qui oggi, avrebbero dei diritti o diremmo: "No, è solo per gli umani"? È una preoccupazione centrale dei transumanisti, poiché saremo una specie umana e proviamo a stabilire il quadro giuridico e politico che ci permetterà di avere uguali diritti quando saremo sempre più diversi; e penso che questo sia inevitabile».

«Dietro la sua rivendicazione giuridica c'è la questione dell'uguaglianza...».

«Uguaglianza: è una cosa su cui riflettere. Siamo già una specie di una disparità inaccettabile. Alcune persone possono certo riprodursi con noi, ma loro e la loro famiglia hanno molto più potere e diritti di tutti noi altri. Per esempio se, appartenendo a specie diverse, non potessi andare a letto con una delle figlie di Trump e avere un figlio, che differenza farebbe realmente? La differenza è che i Trump hanno più potere di me. Hanno più potere di noi. Possono ritenersi sempre di più separati da noi e considerare i loro interessi come separati dai nostri. E lo fanno già. La categoria dei miliardari si considera già come una classe a parte.

Teme che l'intelligenza artificiale diventi incontrollabile e divori il pianeta? Chi divora il pianeta ed è incontrollabile se non le imprese? Dato che non può guardare in faccia la realtà di oggi, allora se la prende con l'intelligenza artificiale. Oggi, negli Stati Uniti, siamo incredibilmente ineguali: chi è povero vive circa venti anni in meno rispetto a chi è ricco. In futuro, saranno mille anni in meno. È un problema enorme. Penso che sarà uno dei punti forti di una nuova sinistra. Se vuole occuparsi di ciò che siamo oggi, si preoccupi dei futuri umani che potrebbero essere superintelligenti e vivere mille anni, col rischio di essere ancora più iniqui. Vogliamo che tutti abbiano accesso alla

7 *Homo floresiensis*, l'"uomo di Florès": specie estinta del genere *Homo*, scoperta nel 2003 sull'isola indonesiana di Flores. I resti umani fossili sono stati datati tra i 100.000 e i 60.000 anni fa.

longevità. È una conseguenza diretta degli argomenti che avanziamo a sostegno della garanzia di assistenza medica per tutti, dell'universalità del diritto alla salute. Non siamo contro la chemioterapia, ma vogliamo che tutti abbiamo diritto alla chemioterapia. Lo stesso vale per la longevità e le altre tecnologie che causeranno la speciazione; ma saremo noi a scegliere per noi stessi, in maniera graduale e nel quadro di una politica egualitaria».

«Infine, per terminare quest'intervista, cos'è per lei un essere umano?».

«L'essere umano è un modificatore vuoto. Esistono molte definizioni insignificanti. Non sono un positivista logico, ma non credo occorra eliminare tutti i termini sprovvisti di senso.

Quando siamo diventati umani? Quando abbiamo imposto limiti all'umano? Il neandertaliano è umano? La maggior parte della gente dice di sì, ma questo non fornisce una definizione. Penso che non esista una definizione chiara dell'umano, tanto più che con noi stessi faremo sempre più cose: la modificazione genetica, le modificazioni cyborg[8] e, alla fine, il teletrasporto. Credo nell'avvento del teletrasporto. Registrazione della coscienza e salvataggio in un *cloud*. Il problema non è sapere se siamo umani, ma se dobbiamo avere dei diritti. Siamo un esemplare di "persona": è il termine che preferiamo. Potrebbe essere una grossa scimmia ed essere una persona; potrebbe essere un robot ed essere una persona. Potrebbe essere uno straniero ed essere una persona. Potrebbe essere un postumano ed essere una persona. La questione non è sapere se lei è umano o no. Ci sono degli umani che non hanno diritti, che non sono persone: i feti, chi è in stato di morte cerebrale. Ecco due categorie di umani che non sono persone nel senso di essere coscienti di sé stessi nel tempo. Può pensare che non dovrebbero essere uccisi, ma non sono persone. Se ritiene che i diritti dovrebbero essere associati all'identità di una persona – come noi pensiamo –, allora il problema non è essere umano o no, ma essere una persona».

«Parto da ciò che dice. Parla di postumano; come lo definisce?».

8 Cyborg: termine di origine inglese (*cybernetic organism*) che indica un essere umano in cui alcuni organi sono stati sostituiti da macchinari. Una specie di fusione uomo-macchina.

«Ebbene, se non esistono umani allora non esistono postumani. La maggior parte delle persone associa la postumanità all'arbitrarietà della morte e all'idea del teletrasporto. Può immaginare di cambiare sesso: è già possibile, e nessuno mette in dubbio la sua umanità. Ma se trasferisce una copia del suo cervello su un altro supporto – un animale, una macchina o altro –, allora sarebbe considerato umano? È a questo punto che la gente dirà: "Non è umano, è postumano". Se sostituissi tutti i miei organi o alcune parti del mio cervello con la nanotecnologia, la gente mi considererebbe ancora un umano? Probabilmente no. Come si dice in sociologia: l'umano è un concetto astratto. È come il multi-nazionalismo. Essere francese è un concetto astratto. È una cosa che la gente deve inventare ogni volta. In futuro, ci saranno persone che si confronteranno sulle frontiere umane. Ci saranno conservatori umani che diranno che solo tali persone dovrebbero essere considerate umane e ci saranno dei liberali umani che diranno che tutti dovrebbero essere considerati umani. E poi ci sarà gente come noi che dirà che non fa alcuna differenza e che è un dibattito insensato».

14
Il nome della cosa

Le cose si definiscono con il nome che gli diamo; i pensieri si formulano con le parole; le parole corrispondono a un immaginario. Che nome dare a un ammasso di cellule che si sono moltiplicate in un brodo di coltura? Per i primi esperimenti di moltiplicazione di cellule fuori dal loro corpo vivente originario si parlava di coltivazione *in vitro*, ossia, letteralmente, "nel vetro", viste le attrezzature di laboratorio usate. Per le colture di cellule destinate a produrre pelle per i grandi ustionati si parla di «tessuto». Quando Mark Post ha esibito la prima frittella di carne artificiale, un bravo scienziato ha parlato di «carne *in vitro*». L'idea di riempire il piatto con un prodotto definito dalla sua origine – il laboratorio – non ha fatto gioire i creativi del marketing vegano. L'accettazione di un nuovo cibo da parte del consumatore inizia molto prima dell'atto d'acquisto. Passa dall'idea del suo adattamento in cucina, dalle prime conversazioni tra amici sull'argomento, dalla copertura mediatica, dai commenti sui social network.

Il Good Food Institute si è deciso su questa faccenda del nome. Il 6 settembre 2016, il suo fondatore Bruce Friedrich dichiarava:

> "Carne pulita" è una maniera più precisa di definire della vera carne coltivata senza abbattere animali. "Carne pulita" è simile a "energia pulita", nel senso che comunica immediatamente aspetti importanti della tecnologia: al tempo stesso, i vantaggi ambientali e la riduzione degli agenti patogeni di origine alimentare e dei residui chimici. Il termine "coltivato" forma spesso una o due false impressioni nella mente dell'ascoltatore profano; chiamarla "car-

> ne coltivata" crea un'immagine inesatta per esprimere come sarà una produzione di carne pulita su vasta scala. Quando si spiega a qualcuno che la "carne coltivata" è una carne prodotta in coltura anziché in un'animale vivente, si evoca inevitabilmente un'immagine di carne prodotta in un vetrino da laboratorio [...] Quando parliamo del fatto che questa carne è "pulita", le nostre discussioni si concentrano subito sugli aspetti di questa tecnologia che sono i più pertinenti e i più utili per i consumatori, ossia: questa carne è più pulita rispetto a quella degli animali abbattuti, sia perché all'origine non c'è uccisione, sia perché rispetta l'ambiente. Come esempio, possiamo mostrare quest'immagine che compara la crescita batterica e i residui di antibiotici rinvenuti (o non rinvenuti) nella carne convenzionale, nella carne bio e nella carne pulita (Friedrich, 2016).

In queste frasi s'intuisce tutta la repulsione dei vegani per il vivente, inevitabilmente sporco e malsano. Comunque genera diffidenza verso la produzione bio. Non stupisce: lungo tutta questa inchiesta, la maggior parte delle persone ha fatto allusioni al lato "puro" e "sano" dei sostituti della carne, evocando con smorfie disgustate gli zoccoli degli animali che affondano nel terreno, i rischi di contaminazione del budello e le deiezioni animali. Un'ossessione igienista condivisa da una parte della popolazione, poiché l'argomento torna spesso.

Tre anni dopo, il 13 settembre 2019, lo stesso Bruce Friedrich sostiene il contrario: "carne pulita" non è il nome giusto per convincere.

«Abbiamo un'occasione d'oro – ma per poco tempo – d'informare in maniera proattiva l'opinione pubblica su questo metodo di produzione della carne che cambia le carte in tavola. È il momento di allinearsi su un messaggio efficace e un nome di categoria convincente» (Friedrich, 2019).

Per nove mesi ha fatto lavorare un gruppo di specialisti per «esplorare, testare e perfezionare il materiale divulgativo e trovare un nome». La ricerca aveva dei parametri: si trattava «di essere trasparenti e scientifici pur restando radicati ai concetti familiari e a un linguaggio accattivante».

Per farli testare ai consumatori e agli industriali della coltivazione cellulare, gli specialisti del marketing sono partiti da una lista di circa quattrocento nomi, che poi hanno ridotto. Dai test hanno eliminato «carne cresciuta in laboratorio», che certo era "concepita per generare clic" ma mancava di fascino. Hanno scartato «pulita» e «senza abbattimento», poiché questi termini «non rispettavano i parametri minimi di neutralità». Il consenso si è concentrato su «carne coltivata». Anche se i militanti del gruppo parlano ancora di «carne pulita» e gli oppositori di «carne artificiale», di «carne sintetica» o di «*frankensteak*».

Oltre a un nome appetibile per la carne *in vitro*, gli specialisti hanno sviluppato una costruzione narrativa che spiega al grande pubblico che la coltivazione cellulare «abbraccia la scienza della natura», e un'analogia visiva che compara la coltivazione di cellule staminali al taleaggio delle piante. Bruce Friedrich riassume la favola da raccontare:

> Il coltivatore facilita addirittura il processo biologico che si produce all'interno di un animale con l'apporto di calore e degli elementi fondamentali necessari alla costruzione dei muscoli: acqua, proteine, glucidi, lipidi, vitamine e minerali. La coltivazione di carne somiglia al processo con cui aiutiamo le talee a svilupparsi in serra, procurando calore, terreno fertile, acqua e nutrienti (Ibidem).

Ovviamente, nessun paragone scientifico è possibile tra la talea di una pianta, che "naturalmente" crea una seconda pianta nell'interezza di tutte le sue qualità e funzioni, e la moltiplicazione di cellule animali nutrite artificialmente con lo stretto necessario per ottenere il risultato previsto. Questa storia è una stupidaggine, ma il GFI ci tiene al suo *story telling*, alla sua "narrazione". Che racconti o meno la verità importa poco: ciò che è necessario è creare intorno al prodotto un immaginario capace di raccogliere il più vasto consenso. Il pubblicitario gioca sulla voglia di credere, non sulla verità.

La natura del reale

Ma in fondo, si tratta di carne? È questo il nodo della denominazione. La carne, per definizione in tutte le lingue del mondo, è la carne di un animale ucciso per essere mangiato. L'essenza della carne sta in questo passaggio da vivo a morto. Non si può dire lo stesso della «carne coltivata». Non passa per la fase del vivente. Non ha tutte le caratteristiche conferite dal fatto di vivere, di essere nutrita da tutto ciò che mangia un corpo a cui un muscolo appartiene. Non è irrorata da vasi sanguigni e linfatici, né vi si trovano le terminazioni nervose che gli fanno provare una vita fatta di sensazioni positive e negative, né è attaccata a ossa che la sostengono in una tensione fortificante. Non ha alcun vissuto. Non appartiene a un essere vivente a contatto con i pascoli o con i propri simili, con la biodiversità selvatica, con un allevatore che se ne prende cura, con un paesaggio che la sua azione contribuisce a scolpire. Quindi non è carne. L'insistenza dei vegani, dei militanti della coltivazione cellulare, dei loro ingegneri del marketing ad aggrapparsi alla parola "carne" e a non accettare di apporle un aggettivo qualificativo è un abile espediente. Togliete la parola "carne" e la produzione di cellule staminali ricavate da un muscolo di stinco di manzo o da una piuma di pollo non sedurrà mai il grande pubblico. Immaginate per un istante di dare un nome alla realtà in quanto tale: «mucchio di cellule staminali di manzo allevate in laboratorio», o, se allo stadio industriale si riesce a strutturare il prodotto: «ammasso di fibre muscolari prodotto in bioreattore»... La posta politica, quindi, è autorizzare o meno l'utilizzo della parola "carne" per ciò che non lo è.

Lo stesso vale per le parole "hamburger", "*nuggets*", "*finger*", "salsiccia", "gamberetto", "astice", "prosciutto", "straccetti d'anatra", "*paté*"... Gli uomini e le donne che lavorano nell'alimentazione possono risentirsi e agire in giudizio contro lo snaturamento del loro ghiotto vocabolario. Più globalmente, ci si può interrogare sulla pertinenza dell'utilizzo dei termini «coltivazione cellulare» o «acellulare». In effetti, non ci sono prodotti agricoli sui banchi ad alta tecnologia delle start-up della carne coltivata nella Silicon Valley né altrove!

La mia affermazione non è soltanto di natura formale. La denominazione di questi prodotti a vocazione alimentare è legata alla loro accettazione commerciale. Non è un caso che Beyond Meat e Impossible Foods si battano perché i loro falsi hamburger vegani siano messi nel settore «carne» dei supermercati. *Idem* per il loro inserimento nella sezione «carne» dei menù dei ristoranti che li propongono ai loro clienti. I surrogati della carne a base di proteine vegetali hanno bisogno di confondere il linguaggio per prendere il posto della carne, e non per ampliare la scelta, come fingono i loro sostenitori. Anche così tentano di aprire la strada alla carne coltivata.

C'è anche questa fastidiosa propensione del mondo vegano a definire un alimento non più per ciò che è, ma per la morale che esprime – come il «delizioso hamburger prodotto senza crudeltà e in maniera sostenibile» – o per l'evoluzione che porta, come il «futuro delle proteine» e le «proteine alternative». Non si parla più di pietanze, ma di rappresentazioni morali. Al contrario, uno stufato di lepre, dei crauti, una guancia di manzo, un maialino da latte alla griglia, un lucioperca al burro bianco, un carré d'agnello, un pollo al dragoncello, un rombo, una testina di vitello ci riconducono direttamente alla verità fisica dell'allevamento, della caccia e della pesca, di un modo di preparazione e di cottura. A un passato che s'invita volentieri a tavola, il vegano preferisce brucare in un futuro di fantasia.

Una vittoria culturale

Il tentativo di riscrivere il nostro lessico va oltre. La volontà dei produttori di alternative alla carne (e non di "carni alternative", come si legge) di guadagnarsi il consenso della grande massa dei consumatori ai loro prodotti ha fatto nascere un nuovo appellativo dei comportamenti alimentari – il flexitarianesimo – e dei suoi praticanti: i flexitariani. Il flexitarianesimo sarebbe la pratica alimentare di una persona che non mangia carne tutti i giorni. Allora mi chiederete: «Che differenza c'è con noi onnivori?». Qual è la rottura con l'attenzione che dedichiamo a variare i nostri menù quotidiani? NESSUNA, salvo che, secondo i vegani, il flexitariano è una persona che parte dall'intenzione di ridurre il suo consumo di carne, ossia che potrebbe un giorno diventare uno di loro. Non occorre fare nessuna professione di fede, né prendere alcun impegno a ridurre il proprio consumo di carne, nessun impegno a militare contro la produzione industriale di carne o contro l'allevamento, nessun impegno per il benessere degli animali, alcun impegno sul clima o la biodiversità. Nessuna adesione al rigorismo vegano. Assolutamente nulla. Non è niente in confronto a tutti gli onnivori che ogni giorno militano nelle ONG ambientaliste. Del resto, è sufficiente qualche cena in città per vedere molti giovani rampanti diventare flexitariani. Evidentemente, detta da loro, la definizione gli dà o rigenera un'identità ribelle a basso costo, e senza dover sopportare alcuna difficoltà sociale. Si può dichiarare a testa alta: «Sono flexitariano», e intanto servirsi altro spezzatino di vitello. Senza cambiare nulla, ma con un supplemento di spirito ecologico tanto vago quanto la propria dieta alimentare, e tanto ambiguo quanto può esserlo la parola di un individuo senza ascoltatori. Altrettanto sfrontato.

Dichiararsi flexitariani permette di mantenere la propria posizione di avanguardia sociale. Molto più facile che aderire a un impegno collettivo del tipo «Nuit debout» ["Notte svegli", NdT] o "gilet gialli". Il termine si diffonde nei quotidiani, con i commentatori televisivi, tra i ristoratori, e inizia a radicarsi seriamente nel linguaggio. È una vittoria ideologica dei vegani e della loro industria. Una sconfitta culturale dell'ecologismo; una sconfitta politica per gli allevatori.

Non voglio essere frainteso. Non m'interessa che una persona mangi vegano, halal, kosher o segua qualsiasi altra dieta. Rientra nella sua libertà. Ma quando un gruppo si accinge a cambiare il vocabolario per modificare il nostro modo di pensare e di agire, è un grave attentato alla libertà.

Lo stesso significato di "un futuro nel piatto" vale per i siti web, i blog, i convegni e i laboratori che si autoesaltano con un atteggiamento Food Tech o Food 2.0. In effetti, è un tentativo di massificazione organizzata della generazione nata a cavallo del secolo. Nata nella tecnologia, questa generazione cerca al tempo stesso di trovare un senso all'alimentazione. È sensibile all'emergenza ecologica e alla nocività del cibo industriale che può rovinargli la salute. I furbi hanno fiutato il nuovo mercato e maneggiano le chiavi che sedurranno questa generazione: cucina rapida (basta perdere tempo e denaro con i lumaconi a tavola), inglesismi, applicazioni digitali, ingredienti inusuali, colori dei cibi insoliti (mangiare rosa...), luoghi di consumo diversi (camion ristoranti), codici di abbigliamento, un nome che riunisca questa gioventù – nome forzatamente inglese –: i *foodies*. Ed è nata una "comunità" sui social network. Per non perdere tempo, si mangia in piedi lo *smart food* davanti a un *food truck* o scomodamente seduti al minuscolo angolo di un tavolo o del bancone. Piatti spesso ben presentati, sempre troppo cari per la quantità servita. È *light*, ma anche bio, locale, senza OGM, senza glutine: in breve, soddisfa tutti i criteri del politicamente corretto. Il cibo vegano vi prospera. È raffinato. Scusate, molto raffinato. Con il pretesto che sono biologici, senza solfiti e talvolta vegani (senza chiarificazione con albume d'uovo), si servono vini cattivi, anche questi altrettanto costosi per ciò che valgono: dei vinacci. Ma, ed è questa la ragione del successo, tutte queste brave persone si sentono membri attivi di una specie di rivoluzione culturale che unisce alimentazione, salute e bellezza. Vale a dire una miniera d'oro per il marketing. È civile, tremendamente civile: disperatamente civile.

L'eccesso di sensibilità nuoce alla salute mentale

I militanti vegani francesi non sono da meno in fatto di manipolazione delle menti. Con uno zelo consumato, prendono d'assalto la Rete per introdurre espedienti nella riflessione filosofica. Un esempio sintomatico è l'utilizzo del termine "senzienza", di cui ho dato una traduzione a p. 141. Sul piano fonetico, si pensa a «sentenza, sentenzioso, sentenziare», o a «risentire» e «sensazione». Chi conosce il significato della parola? La stragrande maggioranza della gente non l'ha mai neanche sentita, e ancor meno pronunciata. Da qualche anno compare nella prosa vegana e dell'altruismo efficace. Si diffonde sulla scia degli attacchi alle macellerie e delle dimostrazioni antispeciste insanguinate con la salsa di pomodoro. La prima volta che l'ho vista in un testo ho pensato a un errore di traduzione. In effetti, non esiste in francese una traduzione ufficiale, accademica. Aprite i dizionari francesi; nessuna traccia della parola. Eppure esiste una definizione di senzienza su «Wikipedia» francese, che vi riporto:

> Il concetto di senzienza è centrale nell'etica animale, poiché un essere senziente prova dolore, piacere e varie emozioni; ciò che gli accade lo interessa. Questo gli dà una prospettiva della propria vita, degli interessi (a evitare la sofferenza, a vivere una vita soddisfacente, ecc.) o dei diritti (alla vita, al rispetto...). Questi interessi e questi diritti implicano l'esistenza dei nostri obblighi morali verso gli altri esseri senzienti.

Dunque è una parola che potremmo tradurre con «sensibile e cosciente di esserlo». Un essere sensibile è capace di provare gioia e dolore nell'istante in cui li prova senza tuttavia costruirne la coscienza, il ricordo, il desiderio di rinnovare o meno l'esperienza di quelle sensazioni. Può anche averne coscienza senza però usarla. Si constata allora l'imprecisione della definizione di «Wikipedia»; in particolare: «Questo gli dà una prospettiva della propria vita», che è una deduzione antropomorfa infondata non verificabile sulla capacità di questi «esseri» a proiettarsi nel futuro come gli umani. La suddetta senzienza darebbe «dei diritti (alla vita, al rispetto...)»: qui ci si dà un pizzicotto per sapere se la nostra senzienza ci lascia due neuroni per riflettere su ciò che leggiamo! Il fatto di essere un vitello "felice", un pesce rosso "triste" o un maiale "depresso" darebbe dei diritti! Sorvolo sulla base scientifica con cui si misurano i sentimenti degli animali e gli aggettivi con cui li si qualifica. I diritti sono un concetto politico forgiato dai rapporti di forza in una società composta da cittadini e cittadine che intendono far prevalere determinate regole della convivenza, del bene comune, della libertà individuale e collettiva, ecc. Il diritto è una costruzione democratica. In una dittatura esiste soltanto il diritto di tacere e obbedire. Allora, sostenere come una deduzione logica incontestabile un diritto degli «esseri senzienti» incapaci di esprimere la loro concezione del rapporto tra individuo e collettività rasenta l'encefalogramma piatto di chi pronuncia questo tipo di fandonie. Andiamo in fondo alle cose: l'unica logica di questo ragionamento è quella di un sofisma che enuncia una verità (la capacità degli animali di provare emozioni), dimostrandola all'interlocutore con la propensione umana a interiorizzare l'emozione altrui, per poi imporre una conclusione che sembra ragionevole (il diritto degli animali). Una volta posto il «diritto degli animali» come verità immanente, allora agli autori basta aggiungere: «Questi interessi e questi diritti implicano l'esistenza dei nostri obblighi morali verso gli altri esseri senzienti». Chi dice «doveri» sottintende persone e organizzazioni per dettarli e punire i trasgressori. Insomma, domanda da un centesimo: chi formulerà, rappresenterà e difenderà il diritto degli animali? Ma certo, la risposta è evidente: gli antispecisti e altri gruppi animalisti! Gli estremisti che vogliono conquistare il potere oggi devono passare per la causa animale. Un tempo si impugnava la causa degli operai e degli schiavi per incarnarla e prendere il potere...

Il gioco torbido dell'abuso di significato continua con un riferimento storico sbandierato all'inizio della spiegazione:

> I filosofi del XVIII secolo utilizzavano questo concetto per distinguere la capacità di pensare (la ragione) dalla facoltà di sentire (senzienza). Nella filosofia occidentale contemporanea, la senzienza designa la coscienza fenomenica: la capacità di vivere esperienze soggettive ed emozioni, che in filosofia della mente chiamiamo anche *qualia*. Nelle filosofie orientali (come la filosofia buddista), la senzienza è una qualità metafisica che implica rispetto e sollecitudine («Wikipedia»).

Ebbene, non mi attarderò sull'astrusità di questa costruzione transtorica che punta a far credere implicitamente che la suddetta senzienza sia un concetto condiviso dai grandi pensatori di tutte le civiltà. Ora, non è un caso che questa voce non citi fonti (libri, testi, filosofi), poiché la parola "senzienza" non esiste nei vocabolari dei filosofi di quell'epoca, o almeno dei più noti. Sempre nella voce di «Wikipedia», la citazione del filosofo inglese Jeremy Bentham (1748-1832)[1] fa parte del trucco, creando una grande storia del termine "senzienza". Mi sono procurato l'opera, in inglese, da cui questa citazione è tratta: un'arringa per il riconoscimento della sofferenza, ma mai una volta la parola "senzienza".

Siamo davvero in presenza di una manipolazione ideologica del campo semantico. Allora, mi sono spinto oltre per sapere chi avesse scritto questa voce su «Wikipedia». È stata pubblicata online il 23 agosto 2013 da Pierre Sigler, redattore e archivista della rivista «*Les*

1 «I francesi hanno già scoperto che la scurezza della pelle non è affatto un motivo per cui un essere umano dovrebbe essere abbandonato senza aiuto ai capricci di un aguzzino. È possibile che un giorno si riconosca che il numero di gambe, la pelosità della pelle o la terminazione dell'osso sacro sono ragioni altrettanto insufficienti per abbandonare un essere sensibile allo stesso destino. Quale altro [criterio] dovrebbe tracciare una linea invalicabile? La facoltà di ragionare, o forse la capacità di parlare? Ma un cavallo o un cane adulti sono, al di là di ogni paragone, animali che ragionano di più, ma anche che hanno più relazioni sociali, di un neonato di un giorno o di una settimana, o addirittura di un mese. Ma se la situazione fosse stata diversa, cosa cambierebbe? La domanda non è: "Possono ragionare?", o: "Possono parlare?", ma: "Possono soffrire?"» (Bentham, 1823, p. 236).

Cahiers antispecistes» [“I quaderni antispecisti”, NdT], coautore di *La Revolution antispeciste*, di Bonnardel, Lepeltier, Sigler (a cura di), 2018.

Dove porta tutto questo?

Pensare con le parole non corrisponde alla realtà del più quotidiano dei nostri gesti – quello di alimentarsi –, e quindi falsa la nostra visione del mondo. Ci impedisce di riflettere correttamente sull'autonomia alimentare del territorio in cui si vive e, in senso più ampio, sul governo politico di una comunità, di un Paese e delle sue relazioni internazionali. In *La Democratie aux champs*, Joëlle Zask (2016) spiega: «Quello che progressivamente è diventato il nostro ideale di libertà democratica non viene principalmente né dalla fabbrica, né dai Lumi, né dal commercio, dalla città o dal cosmopolitismo, ma dalla fattoria».

La sua dimostrazione sottolinea che l'attività agricola spinge i suoi attori a organizzare il loro rapporto con gli altri, che siano umani o non umani. Ne conseguono una partecipazione degli individui al divenire collettivo e forme di organizzazione politica che tessono una continuità tra sfera pubblica e sfera privata. È in seno alle società agricole che sono nate le prime forme di autogestione, l'aspirazione a una ripartizione equa delle terre e le prime critiche alla proprietà privata. Contrariamente all'idea diffusa che la città, con la scienza e la tecnica, avrebbe portato il progresso ai contadini, sono stati questi ultimi a contribuire alla conoscenza scientifica con: «[...] il lento accumulo di osservazioni e la loro condivisione, gli scambi di sapere e di piante, le cooperative di condivisione e di prestito, gli esperimenti e le conversazioni informali tipo quelle che si fanno spesso negli orti condivisi del pianeta. Quest'agricoltura si mette all'ascolto della natura. Anziché volerla dominare, coopera con lei» (Zask, 2018).

Per Joëlle Zask, questa scienza del terreno:

> [...] organizza le relazioni con l'individualità umana in modo da avvicinarla a quella parte di realismo senza la quale il senso dell'alterità, il rispetto del vivente, la solidarietà tra esseri diversi non hanno più occasione di esercitarsi. Unendo l'arte del giardiniere

all'indipendenza del coltivatore, si rivela coerente con i valori delle democrazie liberali e, in senso più ampio, delle società più giuste, in cui ciascun individuo gode di una possibilità di sviluppo personale e di opportunità di contribuire significativamente ai gruppi ai quali si trova legato (Ibidem).

Sulla falsariga di quest'analisi, Joëlle Zask identifica:

> La distinzione tra l'agricoltura industriale e l'agricoltura tradizionale o familiare (che stando alla FAO[2] oggi produce ancora l'80% delle risorse alimentari mondiali) non è soltanto di scala, ma di natura. Una volta tradotta in campo politico, questa differenza acquisisce una portata etica e normativa. Tanto l'agricoltura industriale esprime un progetto di dominio dell'uomo e di amministrazione dei popoli, tanto l'agricoltura familiare e tradizionale è propensa all'indipendenza democratica delle parti interessate: produttori o consumatori (Ibidem).

È tutto questo tesoro culturale, sociale e politico che l'alfabeto vegano cancella. Un attentato alla memoria collettiva. Basta proiettare le conseguenze delle loro parole, specchio di un'artificializzazione suprema del cibo, per immaginare facilmente il regno di imprese planetarie che danno «la libertà di scegliere» tra i loro prodotti da stampare in 3D nella propria cucina. E nient'altro. Il potere di nutrire non è mai lontano dal potere in sé. Questo potere generato dal connubio biologia di sintesi/intelligenza artificiale/nanotecnologia non può che obbedire alle logiche tecniche della sua creazione. Non approfondirò qui i pericoli degli "aiuti a decidere" forniti dai computer, della raccolta di dati da parte di robot autoapprendenti, della distanza crescente dalla natura[3], della videosorveglianza in nome della sicurezza pubblica, dell'u-

2 Food and Agriculture Organization, o anche Organizzazione delle Nazioni Unite per l'alimentazione e l'agricoltura.

3 Ad esempio, anziché continuare a coltivare le migliaia di varietà di piante addomesticate, che è l'unico modo per conservare le facoltà di adattamento del loro genoma ai cambiamenti dell'ambiente (e se ne annunciano di enormi), è stata presa la decisione a livello internazionale di creare una Banca mondiale dei semi a 120 metri di profondità sotto il ghiacciaio dell'isola Spitzbergen, nell'arcipelago delle Svalbard,

tilizzo dei dati personali per i servizi di sicurezza ufficiali o ufficiosi, del controllo politico delle proiezioni finanziarie, della regolamentazione di tutte le attività della società in nome della razionalità vista con le possibilità di un computer, dell'eliminazione del "fattore umano" dalla produzione in nome della riduzione dei margini di errore, della modificazione – genetica o cibernetica – del corpo umano e poi della sua mente in nome della longevità, della riparazione o dell'efficacia. La lista non è esauriente, e mi scuserete se riassumo: la carne *in vitro* lastrica la strada al transumanesimo verso il postumanesimo. Per il momento (o già), i vegani parlano di agricoltura postanimale e di bioeconomia postanimale (Isha Datar, 2015). Il vocabolario della transizione transumanista esiste già.

Forse pensate che esageri e che sia un tantino paranoico? Mi piacerebbe che fosse così, ma la realtà dell'inchiesta conferma la mia visione. Perché le più grandi società di carne del mondo iniziano a chiamarsi «società di proteine» se non per innescare una svolta con la dissociazione delle proteine dalla loro origine animale? Vale anche per i vegetali: le piante diventano "minerali" proteici. Minerali da cui possiamo sempre più affrancarci grazie alle proteine ricombinanti prodotte per modificazione genetica di lieviti o di batteri. Bell'esempio di dissimulazione e di dissociazione, con queste proteine ricombinanti presentate come identiche a quelle naturali, mentre sono prodotte per modificazione genetica. Anche qui il nuovo vocabolario travisa la realtà. Non c'è un solo ingegnere di biosintesi che oggi parla di modificazione genetica del vivente: espressione che rievoca obbrobrio popolare, manifestazioni e disobbedienza civile. Non esiste più la modificazione genetica del vivente: solo «ingegneria genetica». Non si altera più la qualità originaria del DNA – ricordiamo che si tratta della base della vita –, ma si «corregge un gene», lo si «ripara», lo si «disattiva»! È bastato trovare altri metodi per snaturare il DNA – radiazioni, mutagenesi diretta, CRISPR-Cas9 – per portare avanti questa «ingegneria». Che sfacciataggine linguistica! In ambito vegetale, questa fornisce «nuove

con un finanziamento pubblico-privato (Governo norvegese-Bill Gates). È presentato come un progresso… e intanto continuiamo a distruggere la biodiversità addomesticata e selvatica.

tecnologie di selezione delle piante» e varietà rese tolleranti agli erbicidi (VRTH): una denominazione che gli permette, a seconda delle legislazioni, di sfuggire alle regole di autorizzazione, di precauzione e di controllo relative agli OGM[4]. In maniera elegante si parla di «edizione del genoma». Un sottinteso letterario sul genio artistico di scrivere la vita, come un romanzo. A suo piacimento. La rottura filosofica e ambientale è terribile: l'essere umano affronta la vita così com'è, come tutti gli esseri viventi, o si estrae totalmente dalla natura per decidere il percorso di quest'ultima e quello del proprio corpo? Non siamo più sul piano dell'inquadramento del "selvaggio", dello sfruttamento economico delle ricchezze naturali, del dominio della Natura da parte dell'essere umano. La produzione di sostituti della carne – vegetali e *in vitro* – ci allontana dalla Natura come mai ne siamo stati lontani. Con delle distorsioni ecologiste volontarie (clima, biodiversità, salute), il veganismo e i suoi rappresentanti ci conducono alla soglia di una post-natura. Non c'è niente di più inquietante.

La mente e la legge

Il linguaggio entra in gioco anche nell'elaborazione delle leggi e delle regole. Il lancio del cibo artificiale sul mercato deve essere inevitabilmente soggetto ad autorizzazione. Nulla è dato per scontato. Se per esempio un organo pubblico di valutazione, sostenendo la necessaria sterilità delle coltivazioni di cellule, la qualità farmacologica dei prodotti nutritivi (proteine, ormoni, zuccheri vari) o l'origine medica del processo di moltiplicazione delle cellule *in vitro*, decidesse di classificare questi prodotti alimentari come «farmaci», sarebbe difficile per l'industria dei surrogati di carne rendere rapidamente redditizi i propri investimenti, poiché l'autorizzazione di un farmaco richiede anni e molti studi per l'impatto sanitario a lungo termine delle varie molecole che lo compongono.

4 In Francia, nonostante la sentenza della Corte di Giustizia europea, questi OGM nascosti sono sempre coltivati senza ritegno, come le varietà di girasole Clearfield e di colza Express Sun.

In ogni caso, più plausibile, per le carni coltivate sarà una strada dura se il processo di valutazione sulla commercializzazione richiede studi sugli effetti a lungo termine degli ormoni usati per nutrire le colture di cellule animali. O studi sul degradamento – statisticamente possibile – della moltiplicazione cellulare: in pratica, la possibilità che in una determinata coltivazione si formino cellule cancerose durante la produzione. È possibile, probabile e, dato che si parla di materia morta, non pericoloso per il consumatore.

In previsione di questi ostacoli, l'offensiva delle start-up di surrogati è iniziata molto prima del successo dei prototipi di carne sintetica. Battaglia giuridica in corso nel Missouri, in Arkansas e in Mississippi sull'impiego di parole ispirate all'agroalimentare da parte dei produttori di sostituti della carne. I loro avvocati non esitano ad appellarsi al Primo emendamento della Costituzione degli Stati Uniti per, in nome della libertà d'informazione, avere il diritto di utilizzare le parole «carne», «latte», «pollo», ecc. Lobbismo nei corridoi del Congresso americano come nei corridoi dei Parlamenti nazionali europei e in quelli della Commissione europea. Questa pressione si esercita in più modi. Pressione indiretta tramite l'opinione pubblica con le organizzazioni animaliste. Un bombardamento come quelli che precedono un'offensiva di terra e puntano ad assicurare una posizione di vantaggio nell'inevitabile negoziato. Ci si fa riconoscere come l'interlocutore, che in più porta soluzioni, poiché si arriva con proposte di legge e di regolamenti già redatte. Proposte che preventivamente si è avuto cura si diffondere tra i parlamentari (riunioni informative, viaggi di scoperta, cene in centro, donazioni al partito, promesse di occupazione, leggi a proprio nome…).

Il 29 agosto 2019, cinque aziende di punta della carne e del pesce a base di cellule staminali – Memphis Meats, Just, Fork & Goode, BlueNalu, Finless Foods – hanno fondato l'AMPS[5]: una coalizione per difendere e rappresentare politicamente il loro settore. L'AMPS «invita i consumatori, i partiti candidati, i responsabili politici e i legislatori a educare il pubblico sulla carne a base di cellule e a lavorare per assicurare una chiara via d'accesso al mercato». In parallelo, il Good Food

5 AMPS: Alliance for Meat, Poultry & Seafood Innovation (Alleanza per la carne, il pollame e i frutti di mare).

Institute rivendica presso la FDA e l'USDA[6] che le «aziende agroalimentari innovatrici non sono su un piano di parità con le altre». Discute per ottenere per la carne da cellule staminali lo stesso quadro normativo applicato al bestiame e al pollame. Questo vuol dire che rischiamo di dover affrontare la stessa rivendicazione in Europa, con il potere degli studi legali americani.

In Europa, la pressione si esercita sui parlamentari europei tramite le organizzazioni animaliste e il partito omonimo. Il regolamento europeo detto "dei *novel foods*", adottato nel 2015, è redatto in modo da accettare le importazioni di surrogati della carne così come sono. Tornerò più avanti su ciò che accade in Europa. Una cosa è certa: il lobbismo politico e societario precede lo sbarco di carni a base di cellule staminali. Le sovvenzioni da parte di organizzazioni europee tramite la rete dell'altruismo efficace descritto in precedenza rappresentano il segnale che l'offensiva dei surrogati sul suolo europeo è iniziata.

Il buon grano e il loglio

Il loglio ubriacante (*Lolium temulentum*) è una graminacea selvatica che cresce con il grano e l'orzo, intrecciando le sue radici alle loro. All'inizio della fase di crescita, si confonde con i cereali. Vive in simbiosi con un fungo microscopico che provoca gravi disturbi o la morte, descritti fin dall'antichità, da cui la necessità di cereali "non ubriacanti" nella legge ateniese del 374 a.C.

6 FDA: Food and Drug Administration (Agenzia federale americana di sicurezza alimentare e farmaceutica); USDA: United States Department of Agriculture (ministero americano dell'Agricoltura).

15
Il vero e il falso

La forza di questo movimento multiforme, economico e ideologico, è di giustificare la propria esistenza con le risposte presentate come definitive alle cinque domande poste al mondo umano dalle condizioni ambientali del pianeta, dalla demografia e dall'industrializzazione: il cambiamento climatico, la perdita di biodiversità, la capacità di nutrire nove miliardi di persone nel 2050, il benessere animale e la salute. I vegani non sono né i primi né gli unici a porsi queste domande e a volervi rispondere! Dal 1972, con il *Rapporto sui limiti dello sviluppo* (Meadows, Meadows, Randers, 1972), il rapporto ordinato dal Club di Roma, e con *Nous n'avons qu'une Terre* (Ward, Dubos, 1972), il rapporto redatto dal biologo franco-americano René Dubos e dall'economista britannica Barbara Ward per inquadrare la Conferenza delle Nazioni Unite sull'ambiente umano (CNUAU)[1], migliaia di climatologi, ecologi, agronomi, demografi, sociologi e filosofi analizzano, proiettano, riflettono e forniscono a grandi linee delle soluzioni a questi problemi. Le cooperazioni scientifiche internazionali più attive riguardano il clima, l'agronomia e la salute.

Dopo il Summit della Terra a Rio nel 1992, le tre convenzioni dell'ONU che ne sono nate (clima, biodiversità, deserti) e i forum sui social mondiali e poi continentali d'inizio del III millennio, la società civile ha fatto propri anche questi argomenti, collegando l'idea

1 La Conferenza delle Nazioni Unite sull'ambiente, che si è tenuta a Stoccolma, in Svezia, dal 5 al 16 giugno 1972, è stata il primo incontro internazionale sull'ecologia. Ha istituito il Programma delle Nazioni Unite per l'ambiente (PNUA) e sancito i summit mondiali decennali dell'ONU sulla salute del pianeta: i Summit della Terra.

di una Terra casa-rifugio in buona salute e la garanzia della sovranità alimentare alla democrazia e al territorio. Non si conta più sulle ONG che propongono buone soluzioni. Infine, sulla scia dell'Agenda 21[2] e dei summit sul clima, molti attori non statali – città, comunità locali, regioni, aziende, ONG – operano sul campo al di là degli impegni nazionali di ridurre le emissioni di gas serra e di adattamento al riscaldamento climatico.

Nessuno ha aspettato i vegani per agire. Si può addirittura dire che approfittino della mobilitazione dell'opinione pubblica su queste questioni urgenti, che richiedono una visione collettiva del futuro, per intromettersi nel dibattito pubblico con la loro catechesi… e i loro prodotti ad alta tecnologia. Allora, per avere un altro parere su queste cinque sfide, sono andato a parlarne con degli esperti di questi argomenti. Due agronomi, un ecologo, una sociologa, un nutrizionista e un filosofo.

Clima

Prima di analizzare l'impatto dell'agricoltura sul clima, ricordiamo un dato di fatto: l'impatto del clima sull'agricoltura. La buona salute dell'agricoltura e dell'allevamento dipende da quella dei terreni, delle risorse idriche e della biodiversità delle specie vegetali e animali addomesticate e selvatiche. Tutti fattori condizionati positivamente o negativamente dal cambiamento climatico. La crescita dei vegetali dipende dalle temperature, dai nutrienti contenuti nel terreno e dalla disponibilità d'acqua. Il rendimento agricolo è legato alla giusta alternanza di fasi piovose e secche. Temperature diurne elevate, anche soltanto per poche ore, possono portare alla sterilità pollinica di alcune piante come il riso e il grano. I cambiamenti climatici degli ultimi anni hanno già provocato gravi carenze idriche, problemi di erosione, scivolamento dei terreni e perdita dei raccolti (in Francia, la canicola del 2003 ha ridotto del 25% la produzione agricola). In Europa, ci si aspetta una maggiore variabilità di temperature e precipitazioni, con

2 L'Agenda 21 è un piano d'azione per il XXI secolo adottato da centoventi capi di Stato durante il Summit della Terra di Rio de Janeiro a giugno del 1992.

un aumento della piovosità invernale e periodi più lunghi di siccità estiva. In Europa del Sud, un forte aumento dell'evapotraspirazione porterà a una diminuzione delle falde acquifere. Questo determinerà delle restrizioni all'irrigazione durante i periodi estivi, o addirittura il suo divieto, che rimetterà *de facto* in discussione il modello agronomico dominante. Nell'area mediterranea, la desertificazione aumenterà, mentre in Europa del Nord si potrà piantare la vite, approfittare della minore congestione dei terreni e dell'allungamento dei periodi di crescita per ampliare la gamma di coltivazioni. In alcune regioni, la difficoltà di accesso alle risorse idriche potrebbe provocare conflitti e scatenare migrazioni di massa. Secondo le Nazioni Unite, da qui al 2080 seicento milioni di persone in più potrebbero soffrire di insicurezza alimentare per effetto del cambiamento climatico. Con, infine, migrazioni e conflitti.

Le emissioni dell'agricoltura

Secondo l'ultimo rapporto del Gruppo intergovernativo di esperti sull'evoluzione del clima (GIEC) riguardante il periodo 2007-2016 (IPCC, 2019), dalle Attività agricole, forestali e altre attività legate all'utilizzo delle terre (AFÓLU) proviene circa il 13% delle emissioni mondiali di CO_2, il 44% delle emissioni di metano (CH_4) e l'82% delle emissioni di ossido di diazoto (N_2O) derivanti dalle attività umane. Rispetto alle emissioni di gas serra antropico complessive (52 Gt), l'agricoltura contribuisce, in media mondiale, con il 23% delle emissioni, ossia 6,2 Gt di gas serra più 5,6 Gt per l'attività forestale e gli altri usi delle terre. Le emissioni agricole provengono da quattro fonti:

- la fermentazione enterica dei ruminanti, che libera metano (CH_4);
- gli scarichi (liquami, letame), che emettono CH_4, e lo stoccaggio e spargimento degli scarichi nei terreni, con la produzione di N_2O;
- la produzione di alimenti (soia, mais, orzo…), che libera N_2O (fertilizzazione dei campi) e CO_2 (energia);
- il consumo di energia negli stabilimenti di allevamento e a valle, fonte di CO_2.

La parte dell'allevamento

L'intensità delle emissioni varia considerevolmente all'interno di una stessa produzione, in particolare nei ruminanti, e riflette le differenze di condizioni pedoclimatiche, pratiche agricole e gestione delle filiere. L'impatto di una mandria che bruca l'erba dei pascoli europei non è lo stesso di quello di un *feedlot* americano con 15.000 animali ingozzati a mais. Anche l'aggregazione dei dati di questi due tipi di allevamento in una media comune ha poco senso. Secondo il rapporto della FAO, le emissioni mondiali dall'allevamento rappresentano il 14,5% delle emissioni antropiche, di cui il 10% dai ruminanti, il 4,5% dai monogastrici (maiali, pollame, conigli) e meno dell'1% dai piccoli ruminanti (capre, pecore) (Gerber, Steinfeld, Henderson *et al.*, 2013). Quindi non bisogna prendere per oro colato i discorsi dei vegani e degli altri proseliti dei sostituti della carne quando accusano l'allevamento di essere responsabile di un quarto delle emissioni di gas serra del pianeta. È falso! Così come è scorretto dire che l'allevamento in generale emette metano, mentre questo concerne soltanto i ruminanti (bovini, ovini, caprini, camelidi), e tra questi in grandissima parte i bovini.

In effetti, le fermentazioni digestive dei ruminanti sono evacuate nell'atmosfera al 95% per eruttazione e al 5% per flatulenze contenenti metano[3]. Marc Dufumier[4], agronomo emerito (AgroParisTech), lo ammette: «In effetti, i ruminanti ruminano! La ruminazione libera metano, che ha un potere di riscaldamento 25 volte superiore a quello dell'anidride carbonica. Allora sì, producendo carni ricavate da cellule staminali non ci sarà più ruminazione. Bisogna ancora valutare l'impronta di carbonio di questo tipo di produzione».

In effetti, per il passaggio dal laboratorio alla produzione industriale restano ancora da definire la qualità e le quantità di energia uti-

3 Il metano (CH_4) ha una vita media nell'atmosfera di dodici anni, mentre l'anidride carbonica (CO_2) resta per un secolo. Il volume delle emissioni di CO_2 pesa per più di tre quarti sul riscaldamento climatico. In media, in ventiquattro ore, una mucca erutta 500 litri di metano e 1050 litri di CO_2.

4 Agronomo, insegnante ricercatore, successore di René Dumont e di Marcel Mazoyer alla direzione della cattedra di Agricoltura comparata e sviluppo agricolo di AgroParisTech. Autore soprattutto di *50 idées reçues sur l'agriculture et l'alimentation* (2014) e di *L'agroécologie peut nous sauver* (2019).

lizzata, il metodo di alimentazione delle cellule e la necessaria sterilità della struttura di coltivazione. John Lynch e Raymond Pierrehumbert fanno delle precisazioni su questa questione dell'impronta di carbonio della carne *in vitro* nel loro rapporto *Climate Impacts of Cultured Meat and Beef Cattle*, pubblicato il 19 febbraio 2019 in «Frontiers in Sustainable Food Systems»[5]. Riassumono così il loro lavoro:

> In un contesto di consumo mondiale elevato e permanente, all'inizio la carne coltivata apporta un riscaldamento inferiore rispetto a quello del bestiame, ma a lungo termine questo scarto si riduce, e in alcuni casi la produzione bovina porta a un riscaldamento molto più contenuto, poiché le emissioni di CH_4 non si accumulano, contrariamente alla CO_2. Poi, dopo l'analisi dei dati su un consumo elevato, elaboriamo il modello considerando un calo del consumo di carne a livelli più sostenibili e mostriamo che, benché i sistemi bovini producano un riscaldamento generalmente maggiore rispetto alla carne coltivata, l'effetto di riscaldamento diminuisce e si stabilizza al di sotto dei nuovi tassi di emissione dei sistemi bovini, mentre il riscaldamento determinato dalla CO_2 della carne coltivata continua, e prosegue anche quando il consumo diminuisce, superando addirittura la produzione bovina in alcuni contesti. Ne concludiamo che, a prima vista, sul piano dell'impatto climatico, la carne coltivata non è migliore del bestiame; il suo impatto relativo dipende piuttosto dalla disponibilità di produzione di energia decarbonizzata e dai sistemi di produzione specifici realizzati (Lynch, Pierrehumbert, 2019).

La riduzione delle emissioni di metano dei ruminanti è una vera pista della ricerca: «Le emissioni di metano variano in funzione della quantità di cellulosa vegetale consumata. Abbiamo ottenuto dei risultati con l'introduzione del lino nella razione alimentare, ma ci sono ancora grandi margini di progresso» sottolinea Marc Dufumier. Bisogna anche fare i conti con le praterie degli allevamenti estensivi che trattengono il carbonio nei terreni, *idem* con le siepi dei *bocage*.

5 «Frontiers in Sustainable Food Systems» è una rivista scientifica a revisione paritaria.

Teoria di un'agricoltura più inquinante dei trasporti

Per molti militanti antispecisti o sostenitori della carne coltivata, nella classifica degli inquinatori, l'allevamento (14% delle emissioni) potrebbe superare i trasporti (14%). È vero che l'immagine è forte: l'allevamento, con la sua incarnazione della natura, inquina più di un miliardo di automobili, milioni di camion, 50.000 navi commerciali, 80.000 aerei quotidiani. Salvo che è lo *scoop* di chi paragona cose che non possono essere confrontate, poiché le cifre indicate sono ottenute con metodi diversi! Il calcolo per l'allevamento è stato fatto dalla FAO sul modello delle analisi del ciclo della vita, che include allevamenti di varie dimensioni. Mentre il calcolo per i trasporti, fornito dal GIEC, prende in considerazione soltanto i gas serra dei veicoli in circolazione: con il metodo di analisi del ciclo della vita, questo valore sarebbe molto più alto.

Utilizzo delle risorse naturali

Sarebbe meglio utilizzare i terreni per la coltivazione dei vegetali che per allevare animali. I sostenitori dei surrogati di carne dichiarano con orgoglio che «l'allevamento occupa il 70% delle terre agricole», a detrimento delle coltivazioni vegetali. Milioni di ettari che la carne coltivata, eliminando l'allevamento, restituirebbe alle coltivazioni agricole per «nutrire il mondo». Anche qui, c'è un espediente intellettuale che ci spiega Jean-François Hocquette, direttore di ricerca presso l'INRA, laureato in endocrinologia, specialista di bovini: «Prendere una percentuale globale di una superficie, ragionare in ettari, non ha senso. Non fare distinzione tra i terreni non ha senso: in questa cifra globale di 70%, ad esempio, ci sono i pascoli di media montagna come quelli del Massiccio centrale e le steppe della Mongolia o della Russia, dove non si può coltivare il grano, dove soltanto la prateria naturale ha un importanza e un ruolo. Bisogna ristabilire la verità; è una sintesi equivoca». Si capisce subito a chi fa comodo questa sintesi. In realtà, l'allevamento mondiale utilizza circa il 50% delle terre agricole, di cui l'80% sono praterie perlopiù non coltivabili (Mollier, 2017). Attualmente, le terre emerse si dividono in 62% di terre non agricole (città, deserti, foreste), 26,6% di terre agricole non coltivate (praterie, steppe, montagne) e 11,4% di terre coltivate (da Mottet, Haan, Falcucci *et al.*, 2017).

«Andiamo oltre», ci dice Jean-François Hocquette, considerando «l'argomento nel suo insieme, senza focalizzare solo sugli aspetti negativi»:

> [...] più del 70% della razione alimentare dei ruminanti è composta da foraggi (erba, fieno, insilato) non commestibili per l'uomo, e [...] quest'erba proviene dalle praterie, che hanno un alto potenziale di fissazione del carbonio [...] Vari studi condotti con l'INRA mostrano i benefici ambientali delle praterie. I loro suoli sono più ricchi di biomassa microbica e di biodiversità rispetto ai terreni coltivati. Immagazzinano più anidride carbonica, sono venti volte meno soggetti all'erosione e filtrano meglio l'acqua (Mollier, 2017).

Allora, l'orribile bovino che emette metano con eruttazioni e flatulenze sarebbe comunque utile? «Molti progetti di ricerca europei hanno mostrato che lo stoccaggio del carbonio da parte delle praterie compensa tra il 30% e l'80% delle emissioni di metano dei ruminanti» (Ibidem).

Questa qualità di fissazione del carbonio è evidenziata dall'iniziativa «4 pour 1.000»[6], lanciata dalla Francia durante la COP 21 a Parigi, nel 2015. Si basa sulla capacità dei suoli e delle piante di fissare il carbonio. Ogni anno, il 30% dell'anidride carbonica emessa dalle attività umane è recuperato dalle piante tramite la fotosintesi. In seguito, quando le piante muoiono e si decompongono, gli organismi viventi che si trovano nel suolo, come i batteri, i funghi o i vermi di terra, le trasformano in materia organica. Questa materia organica ricca di carbonio è essenziale per l'alimentazione umana, poiché contiene l'acqua, l'azoto e il fosforo indispensabili alla crescita delle piante. Se questo livello di carbonio aumentasse dello 0,4% l'anno nei primi trenta o quaranta centimetri di terreno, l'incremento annuale di anidride carbonica nell'atmosfera sarebbe considerevolmente ridotto. Da cui il nome dell'iniziativa «4 per 1.000: i terreni agricoli per la si-

6 www.4p1000.org/fr.

curezza alimentare e il clima». A titolo informativo, il GIEC valuta la media di CO_2 fissata dalle foreste e dall'agricoltura a 11,2 Gt.

Le praterie accolgono anche una varietà floristica che favorisce le popolazioni di impollinatori. Senza dimenticare che gli alimenti concentrati utilizzati per i monogastrici (maiali, pollame) e gli erbivori valorizzano i residui delle coltivazioni e i sottoprodotti delle filiere vegetali destinate all'alimentazione umana o ai biocarburanti (panelli, crusche, trebbie).

Teoria del manzo che asseta gli esseri umani. Un'altra falsità sull'allevamento riguarda il suo consumo d'acqua: l'esempio simbolico è che la produzione di un chilo di muscolo di manzo richiederebbe un consumo di 15.000 litri d'acqua. Jean-François Hocquette mi spiega le informazioni sull'argomento che ha già messo online sul sito dell'INRA:

> Questa cifra, ottenuta con il metodo del «*water footprint*» ("impronta idrica"), comprende l'acqua blu (acqua realmente consumata dagli animali e dall'irrigazione delle coltivazioni), l'acqua grigia (acqua utilizzata per decontaminare gli scarichi e riciclarli) e l'acqua verde (acqua piovana). Ora, questo metodo è stato concepito per i siti industriali e non tiene conto dei cicli biologici. In realtà, il 95% di questa «impronta idrica» corrisponde all'acqua piovana [che cade per far crescere l'erba brucata da bovini e ovini. Acqua che quindi è] captata dal terreno ed evapotraspirata dalle piante, e che di fatto torna nel ciclo dell'acqua [se togliamo bovini e ovini, la pioggia continua a cadere e l'erba continua a crescere]. Questo ciclo continuerà anche se non ci fossero più animali (Mollier, 2017).

Quindi non è mangiando un chilo di carne in meno che si risparmieranno 15.000 litri d'acqua. Un'altra distorsione vegana. La soppressione dell'allevamento non consente alcun risparmio d'acqua! Ma sappi che in realtà, a seconda delle condizioni di allevamento, occorrono tra 550 e 750 litri d'acqua per produrre un chilo di carne di manzo. Ossia da 20 a 30 volte meno di quanto sostenuto dai vegani.

Quando si parla di «acqua utile»[7], il consumo per un chilo di carne di manzo è di 50 litri.

Deforestazione. Riguardo all'impatto negativo dell'allevamento sulla biodiversità, l'agronomo precisa: «Tutto dipende dal tipo di carne di cui si parla. Qui si tratta di carni bianche: maiali e pollame allevati a cereali – mais per l'energia e soia per le proteine – contribuiscono alla deforestazione della foresta amazzonica. Questa deforestazione aumenta l'effetto serra liberando anidride carbonica, e la biodiversità ne risente. Anche le mucche, quando non si nutrono d'erba, sono nutrite con panello di soia». Quindi l'osservazione dei vegani è accettabile, ma la loro critica è diretta all'allevamento in generale, mentre dietro la deforestazione c'è la produzione industriale di carne. Quest'ultima si basa sulla concentrazione degli animali in edifici, con una selezione genetica e un'alimentazione calcolate sulla massima produttività degli animali. Le conseguenze sono una fragilità sanitaria e la brevità della loro vita. Al contrario, l'allevamento contadino in policoltura e poliallevamento (agrobiologia, agroforestazione) mantiene gli equilibri fondamentali del terreno, nutre gli animali in funzione dei loro bisogni e favorisce la biodiversità. Questa complementarità allevamento-coltivazione è lo zoccolo di un'agricoltura sostenibile e resiliente ai cambiamenti climatici, soprattutto in aree geografico-climatiche difficili (regioni semidesertiche o tropicali).

Nutrire tutto il mondo. Per Marc Dufumier, «questo argomento è nullo: tre volte nullo! L'agricoltura può nutrire assai più di 9 miliardi di persone». La sua dimostrazione è… illuminante: «Abbiamo bisogno di energia – 2.200 kilocalorie al giorno – per consumarla negli spostamenti, al lavoro e altrove. Quest'energia ci viene dal Sole, e non è prevista alcuna penuria di raggi solari prima di miliardi di anni». Raccomanda di «fare un uso intensivo dell'energia solare, facendo in modo che tutti i raggi del Sole non cadano sul suolo nudo, ma su una copertura vegetale più estesa possibile». Così facendo, secondo lui, si può «moltiplicare per tre, per quattro, la produzione vegetale mondiale, e

7 Acqua utile: quantità d'acqua di cui la fonte viene privata (acqua consumata), tarata su un fattore di stress idrico a livello regionale: la perdita di un litro d'acqua non ha lo stesso impatto nel deserto o in montagna, ad esempio.

quindi nutrire gli animali con questi vegetali. Ricaviamo energia dall'alimentazione sotto forma di zuccheri, di amido o di lipidi. Sono degli idrati di carbonio: la pianta prende il carbonio dall'anidride carbonica nell'atmosfera, di cui non temiamo evidentemente la penuria, poiché ce n'è fin troppa: è un gas a effetto serra! I residui della coltivazione possono contribuire d'altra parte a trattenere il carbonio nell'humus del terreno e ad attenuare di conseguenza il riscaldamento climatico». Per l'apporto di proteine, Marc Dufumier ricorda che queste dipendono dall'azoto assorbito dalle piante e che l'aria che respiriamo è composta al 78% di azoto. Neanche qui c'è penuria annunciata. Precisa: «Piuttosto che elaborare concimi azotati di sintesi, che consumano energia fossile ed emettono molto ossido di diazoto (N_2O), possiamo contribuire facendo ricorso alle leguminose, per via biologica».

Infine, per il fabbisogno di minerali, l'agronomo non è molto preoccupato per le risorse di fosforo, regolate dall'agroforestazione: «Con alberi che vanno a cercare i minerali grazie alle loro profonde radici e con funghi micorrizici che permettono alle piante di ampliare il volume di esplorazione nel terreno, e soprattutto di trattenere i minerali intrappolati nelle argille, anche qui non c'è penuria».

Per riassumere, secondo l'agronomo: «In agricoltura si può fare un uso intensivo di ciò che è rinnovabile, gratuito e sovrabbondante: la luce, l'anidride carbonica – si prende il carbonio, questo libera ossigeno, produce l'amido, gli zuccheri, i lipidi, e al tempo stesso si trattiene il carbonio nell'humus del terreno –, l'azoto dell'aria per le proteine e l'apporto minerale, utilizzando metodi biologici che sono l'agroforestazione e i funghi micorrizici».

Fame e politica. Ci sono 800 milioni di persone che soffrono cronicamente la fame e molte altre la cui dieta alimentare è al limite della miseria o della denutrizione. Ricordiamo che nella sola Unione europea 87 milioni di persone vivono al di sotto della soglia di povertà, con le conseguenze che questo implica sulla loro alimentazione. Qual è il rapporto con l'agricoltura industriale? Marc Dufumier fa l'esempio del Brasile, dove «i poveri non hanno accesso al mais e alla soia, o più semplicemente alle terre per coltivare di che nutrirsi, poiché le nostre fabbriche di cibo per il bestiame acquistano i raccolti brasiliani per gli allevamenti intensivi europei. La fame e la malnutrizione nel mondo sono anzitutto un problema di differenza di reddito. Vale per chi frequenta i Restos du Coeur ["Ristoranti del cuore", NdT]; vale per chi vive nelle baraccopoli di Rio de Janeiro; vale per i produttori di caffè e di cacao in Costa d'Avorio. All'origine della fame c'è la povertà». La povertà è un problema politico di ripartizione delle ricchezze, non è un problema agricolo. L'uomo, che ha percorso il pianeta per condividere il suo sapere agronomico con i contadini dei Paesi in via di sviluppo, sottolinea: «Nel mondo produciamo circa 330 chili di cereali o di equivalenti in cereali (patata, manioca, batata) per persona ogni anno, mentre necessitiamo soltanto di 200 chili. In questo mondo c'è già una sovrabbondanza di cibo, ma questo cibo è utilizzato da persone molto ricche che l'acquistano e lo sprecano, e che lo gettano nella spazzatura. Nell'industria agroalimentare, nella grande distribuzione, tutto ciò che non corrisponde ai parametri desiderati è svenduto. È utilizzato anche per nutrire i maiali, è vero. La cosa più grave, soprattutto, è che parte del cibo serve a produrre etanolo, biodiesel da far bere alle automobili e agli aerei». Un recente studio belga precisa quest'anomalia di viaggiare con il cibo: «Nel 2018, più di 800.000 tonnellate di materie prime alimentari sono state consumate per i biocarburanti venduti in Belgio. Questi cereali trasformati in bioetanolo corrispondono al consumo annuale di cereali di 2,3 milioni di persone, e gli oli vegetali trasformati in biodiesel corrispondono al consumo di olio di 17 milioni di persone» (CNCD, 2019).

Questo volume corrisponde a 5000 chilometri quadrati di superficie agricola produttiva, in gran parte sottratta all'agricoltura di sussistenza in aree che ne avrebbero ampiamente bisogno (America del Sud per la soia, Sud-Est asiatico per l'olio di palma). Il colmo è che questi biocarburanti emettono più anidride carbonica della benzina e del diesel che rimpiazzano, come mostra uno studio commissionato dall'Unione europea (Ecofys, IIASA, E4Tech, 2015)...

Per approfondire la comprensione del ruolo dell'allevamento e capire quanto sia disonesto volerlo ridurre agli aspetti negativi del suo impatto sul clima e sull'ambiente, è utile leggere la presentazione dei vari "servizi" forniti dall'allevamento in un territorio e con un metodo agronomico dati (Ladet, 2016). Questo territorio di allevamento è descritto dalle sue caratteristiche: specie, dimensioni delle mandrie, fonti di alimentazione; dall'utilizzo dei terreni (praterie permanenti o temporanee, coltivazioni annuali, coltivazioni perenni); e dalle interfacce: mercati, lavoro e occupazione, mezzi di produzione, ambiente e clima, questioni sociali e culturali (prodotti alimentari, transazioni finanziarie, grani di panello, fiumi, direttive giuridiche, ecc.). Il quadro di informazioni è completato dalla valutazione degli impatti positivi e negativi. Una mucca, una pecora, un maiale e un'aia non si riducono né alla loro impronta di carbonio né alla loro funzione di apporto proteico. Gli animali d'allevamento guidano il corteo delle attività umane che costituiscono la vita rurale… e nutrono la città.

Biodiversità

Per permetterci di capire l'importanza vitale dell'allevamento nei processi naturali, il biologo-ecologo Vincent Vignon[8] traccia innanzitutto il quadro della riflessione che intende condividere: «Tutta la vegetazione del mondo è coevoluta insieme ai grandi erbivori selvatici e poi addomesticati. Ciò significa che le comunità vegetali[9], la loro struttura, la loro produttività e la loro diversità sono direttamente legate agli effetti combinati dell'azione dei grandi erbivori con cui condividono il loro spazio e che le brucano». Nel corso dei millenni, i grandi e piccoli erbivori si sono succeduti seguendo i cambiamenti del clima: «Per esempio, abbiamo avuto grandi specie come gli elefanti nei periodi caldi e i mammut nei periodi freddi. Sia nei periodi caldi che nei periodi freddi, i vegetali hanno sempre convissuto con i grandi erbivori. Bisogna capire bene che le strategie di adattamento dei vegetali sono elaborate soprattutto sulla loro relazione con gli erbivori. Così si comprende un po' meglio ciò che accade nelle nostre praterie». E si capisce anche ciò che lega il vegetale alla carne, la prateria alla bistecca, fin dal tempo dei cacciatori-raccoglitori.

Poi l'ecologo affina l'analisi: «Quando si falcia una prateria, tutta

8 Vincent Vignon, biologo, ecologo multidisciplinare, direttore associato dell'Ufficio d'ingegneria ambientale. Specialista di analisi spaziali in campo ecologico, di grandi ungulati selvatici e dei loro predatori, e dell'integrazione degli allestimenti umani nell'ecologia del paesaggio. Ha pubblicato *Le loup* (2006a) e *La pique-prune* (2006b).
9 In botanica e in biogeografia, una "comunità vegetale" è un'associazione naturale di piante selvatiche con un gruppo principale di specie che permette di caratterizzarla.

l'erba ricrescerà circa della stessa altezza, nonostante la varietà delle piante. Quando un erbivoro bruca, modella la prateria in un'altra struttura: le mucche fanno buchi dappertutto, i cavalli brucano in maniera non uniforme, tralasciando alcune zone, ma non le stesse. Se facciamo pascolare una comunità di erbivori su una prateria, otteniamo una diversità favolosa. Un tempo si faceva così. L'allevamento contadino è stato una fonte di diversificazione straordinaria, poiché utilizzava razze rustiche capaci di consumare vegetali che una mucca contemporanea come la Prim'Holstein[10] non è in grado di mangiare. Quindi le prepariamo l'erba migliore e delle praterie semplici da morire». Le mucche non sanno più e sarebbero del tutto incapaci di brucare la brughiera delle terre bretoni. Tuttavia, «la brughiera pascolata si associa a una varietà di specie a sangue freddo – insetti, rettili – che hanno bisogno di un contesto vegetale in cui possano stare alternativamente all'ombra o al sole».

Questo rapporto fondamentale grandi erbivori-vegetazione, iscritto nella continuità storica, riguarda anche la profondità del terreno: «Gran parte della dinamica dei suoli è legata alla crescita dei vegetali, alle interazioni in superficie e all'"erbivoria", che riassumo come la relazione tra l'erba e i denti dei grandi mammiferi. Questo agisce su più registri: la dinamica dei suoli, le comunità vegetali, la diversità delle specie e anche le strutture e la produttività. Quando si falcia, l'erba ricresce; quando un erbivoro bruca, ricresce appena dietro. La produttività è legata a quest'azione continua». Diversità anche grazie al fatto che «gli animali spostano la vegetazione sotto forma di sterco o di escrementi». Questa «biodiversità associata» oggi si trasforma troppo spesso in un «veleno per gli insetti a causa dei trattamenti antiparassitari delle mandrie». Vincent Vignon ricorda gli escrementi ai quali sparava appena vent'anni fa per divertirsi allo spettacolo delle molte larve di coleotteri decompositori[11], dello sterco, dei ditteri... Oggi, gli escrementi sono dei deserti.

Restiamo sul terreno: cosa accade sotto le zampe degli erbivori e l'erba delle praterie? «Una moltitudine di funghi e di batteri costitu-

10 Prim'Holstein: prima razza da latte al mondo. È la mucca dei sistemi industriali di produzione del latte. 2,5 milioni di Prim'Holstein in Francia, 8,3 milioni negli Stati Uniti, 19 milioni nel mondo.

11 Sull'argomento, si legga l'interessante opera di Jean-Pierre Lumaret (1993; 2016).

isce la ricchezza biologica dei terreni. Sono i due gruppi di specie più numerosi, i meno visibili e tuttavia i più importanti. Le reti di scambio e molti processi chimici esistono grazie ai miceli dei funghi e all'azione dei batteri. Abbiamo la tendenza a ridurre questi componenti della natura a specie problematiche, mentre siamo pieni di batteri e di funghi, e ne siamo circondati. Senza di essi non esisteremmo».

Ad ascoltare Vincent Vignon mi viene in mente una parola: "eterogeneità". Qualifica correttamente le condizioni di esplosione della diversità biologica, floristica e faunistica, e la ricchezza delle associazioni tra comunità vegetali e animali. Eterogeneità dei suoli (umidità, gradiente di acidità, calcare...). Eterogeneità termica di ciascun ciuffo d'erba nella vegetazione strutturata dagli erbivori connessa alle importanti variazioni di temperatura diurne, notturne e stagionali, ma anche agli allestimenti agricoli (pascolo, *bocage*, reti di frutteti, terrazzamenti...). Eterogeneità visiva della "paletta" dei fiori, che in una prateria normale offrono una varietà di colori che fungono anche da «punti di riferimento per moltissime specie: in particolare insetti. Per esempio, nel mese di maggio, quando tutto è verde e un biancospino fiorisce in una siepe, non si tratta solo di bei fiorellini bianchi, ma di un vero e proprio lampione sotto cui gli insetti si danno appuntamento per riprodursi o per nutrirsi». Anche l'eterogeneità olfattiva conta molto, ma deve essere ancora studiata sul piano scientifico.

Gli erbivori a cui dobbiamo tanto non si accontentano di brucare e defecare: bevono. I contadini gli hanno predisposto degli stagni e gli hanno dato accesso ai ruscelli nella misura in cui facendolo non si rovinassero i ruscelli[12]. «La salute della biodiversità riposa su quattro

12 Oggi esistono regole che, in nome dell'igiene, riducono l'accesso degli animali all'acqua. «Sentenza n. 132 del 24 giugno 2014 relativa al 5° programma d'azione regionale per la protezione delle acque dall'inquinamento da nitrati di origine agricola per la regione Pays de la Loire. L'abbeveramento diretto degli animali ai corsi d'acqua è vietato a partire dal 1° settembre 2017, salvo in caso di postazioni specifiche in cui si evitino i rischi d'inquinamento diretto dei corsi d'acqua da parte degli animali. Sentenze del 27 dicembre 2013 che fissano le prescrizioni applicabili agli allevamenti ICPE: i punti di abbeveramento dei bovini al pascolo sono allestiti in modo da evitare i rischi d'inquinamento diretto nei corsi d'acqua. Queste disposizioni possono peraltro essere rafforzate nel quadro della protezione delle opere di captazione, dove gli abbeveratoi allestiti possono essere vietati (rivolgersi alle relative sentenze prefet-

pilastri: l'erba, l'albero, l'acqua e le rocce. Quattro chiavi che l'agricoltura tradizionale sapeva maneggiare». Vincent Vignon insiste sul mosaico di habitat reso dinamico dai punti d'acqua: «Ciò che vive nell'acqua dipende direttamente dalle praterie. Le libellule partoriscono in acqua e si nutrono d'insetti, che cacciano volando sulle praterie e lungo le siepi dei *bocage*, di cui apprezzano il mosaico termico».

Anche se temporaneamente a secco, un pozzo d'acqua o un piccolo stagno contadino servono ancora agli anfibi. In effetti, senza pesci, possono riprodursi senza timore di predazione delle larve. «Conosciamo bene la fase acquatica degli anfibi, ma sappiamo poco di ciò che fanno nel contesto terrestre: è la grande scatola nera. Di alcuni conosciamo il raggio di diffusione, ma non molto dell'eterogeneità dei suoli o delle strutture che determinano la scelta di questi animali di vivere in questa o quella parcella. Come trascorrono l'inverno, e a che profondità si nascondono? Sono aiutati da altre specie? Abbiamo una risposta parziale per le salamandre e le arvicole. Abbiamo trovato delle salamandre alloggiate per l'inverno, ben al caldo, insieme a un'arvicola, in fondo alla galleria di quest'ultima. Ho trovato salamandre e rospi che si erano arrampicati sugli alberi per passare l'inverno nel terriccio boschivo della loro cavità».

Gli alberi dell'agroforestazione beneficiano della promiscuità delle specie e degli habitat. «Nelle siepi, gli alberi sottoposti a potatura da legno[13] sviluppano cavità tre volte più velocemente. L'ho imparato studiando lo scarabeo eremita[14]. Nella Sarthe, ho trovato querce potate da legno di 70 anni e dei salici di 50 anni abitati dallo scarabeo eremita. Nella foresta non esiste un equivalente. Per vedere questo scarabeo nel buco di una quercia di fustaia, come nella foresta vi-

tizie). Il SAGE di Vilain vieta l'abbeveramento diretto del bestiame ai corsi d'acqua e ai punti d'accesso allestiti nel 2015» (DDT Mayenne, 2016).

13 La potatura da legno consiste nel tagliare regolarmente i rami di un albero e conservare soltanto il tronco da cui ripartono nuovi rami. Questo tipo di potatura permette di ricavare regolarmente legna da ardere senza alterare la risorsa. Ha origine dalla condivisione del legno tra proprietari e fattori-mezzadri. Il taglio di legno spetta al fattore-mezzadro; il tronco al proprietario.

14 Il lavoro scientifico di Vincent Vignon sullo scarabeo eremita (2006b) – uno scarabeo a rischio estinzione che serve da bioindicatore della naturalezza di un luogo – è servito a interrompere la costruzione dell'autostrada A28 Alençon-Le Mans tra il 1996 e il 2002, perché si trovasse una soluzione per la sua preservazione.

cino Bercé, bisogna attendere da duecentocinquanta a trecento anni». Stessa constatazione nei frutteti e nei castagneti con alberi innestati tra uno e due metri dal suolo. «Ciò significa che l'habitat sostitutivo creato dal contadino ha moltiplicato in maniera considerevole la presenza di alberi cavi. In Europa, più del 95% dei siti in cui si trova ancora lo scarabeo eremita sono in agrosistemi, non in foresta». Lo scarabeo eremita non è il solo a farsi carico della decomposizione del legno; ad esempio, ci sono i capricorni: «Sono dei veri e propri trapani, e in Francia ne esistono duecentocinquanta specie, di cui molte vivono nelle siepi. Le loro larve consumano il legno tenero tra la corteccia e il legno duro, poi trovano alloggio nel legno duro per la metamorfosi. Da adulti, i capricorni sono perlopiù floricoli. Escono dalle aree forestali coperte per andare a bottinare lungo i sentieri, sul bordo degli stagni, nelle aree picnic e nei *bocage*, dove assaggiano tutte le piante da fiore e da frutto».

Così, l'erbivoria, il pascolo tradizionale derivato da millenni di agricoltura molto diversificata, con le sue strutture annesse, i suoi sistemi idraulici, i suoi piccoli fossati e i suoi muretti, ha lentamente permesso di passare da un habitat naturale a «un habitat di sostituzione, ossia un contesto naturale legato alle attività umane che conserva alcune costanti degli habitat naturali d'origine e in cui si ritrova una parte delle comunità d'origine. È la copia di un originale, ma una bella copia».

Sono stati dei migranti provenienti dal Vicino Oriente a diffondere l'agricoltura in Europa, tra ottomila e diecimila anni fa. Lo sviluppo dell'agricoltura ha accompagnato la domesticazione degli animali selvatici (bisonte, capra selvatica, cinghiale, muflone, pollo selvatico…), innanzitutto per il latte (mucche, asine, cammelle, giumente), poi per la carne, la lana, il cuoio e la forza lavoro. Molto prima dell'agricoltura, tra quindicimila e trentamila anni fa, i cacciatori-raccoglitori del Paleolitico avevano già addomesticato il cane. Con un aneddoto malizioso, Vincent Vignon ricorda che «il muflone còrso è in realtà una pecora addomesticata tornata allo stato selvatico…».

Questi cenni storici mostrano che fin dagli inizi l'agricoltura, allevamento compreso, si è posta in continuità con la natura. L'ecologo sottolinea: «Grandissima parte della biodiversità attuale dei nostri paesaggi è un'eredità dei pascoli le cui radici attingono dai paesaggi tardoglaciali[15]. La biodiversità era dunque considerevole… fino allo schiaffo monumentale successivo alla Seconda Guerra Mondiale…»: il riferimento è all'industrializzazione e alla chimica agricole che si diffondono e s'intensificano nelle campagne a partire dalla seconda metà del secolo scorso. Quindi, dopo aver cantato l'amicizia felice dell'agricoltura e della natura per diecimila anni, il nostro ecologo si scaglia contro lo stato dei luoghi: «Questo patrimonio naturale molto antico, mantenuto e trasmesso dall'agricoltura, è violentemente sconvolto; il degrado degli ambienti naturali è assolutamente terribile». In che modo la sua dimostrazione si basa sulle praterie e l'erbivoria? «Il primo colpo è stato il ribaltamento delle praterie naturali. Davvero una follia. L'aratura porta i funghi in profondità, dove muoiono: tra moltissimi altri, è il danno maggiore. In seguito si qualifica come prateria permanente uno spazio d'erba che ha più di cinque anni: una buffonata! Per un biologo, una prateria interessante ha spesso almeno un centinaio d'anni. Se vogliamo ripristinare una prateria di qualità, non se ne parla fino a meno di cinquant'anni. Certo, dopo cinque anni si possono ammirare le prime orchidee, ma siamo molto lontani dalla complessità e dalla diversità delle antiche praterie». Questo dà un'idea del lungo periodo di tempo con cui abbiamo rotto. Quanto meno abbiamo ancora delle praterie… «Sì, ma le abbiamo danneggiate con concimazioni eccessive che hanno stravolto le comunità vegetali, i funghi e i batteri. Per esempio, le praterie dette "magre", vale a dire su suoli non molto ricchi dal punto di vista agronomico, non convenivano per far pascolare mucche selezionate per produrre da 8000 a 10.000 litri di latte l'anno. Allora sono stati utilizzati dei fertilizzanti per aumentare la produttività delle praterie: così facendo, abbiamo sconvolto comunità vegetali molto diversificate e le abbiamo rese estremamente ordinarie ma produttive». Queste affermazioni si verificano a primavera: le praterie sono fiorite di un bel giallo uniforme: quello delle margherite che crescono sulla vegetazione scartata dalle mucche al pascolo. A parte i montanari, chi conserva ancora una memoria di una prateria veramente fiorita? Una delle conseguenze riguarda il cibo a disposizione degli impollinatori. Allora, gli apicoltori si accalcano a installare le loro arnie in prossimità delle ultime

15 Tardoglaciale (tra 16.000 e 9.700 anni a.C.).

aree fiorite, che sono le siepi... il che spesso priva le api selvatiche del poco nutrimento che gli resta. Ora esistono più di mille specie di api selvatiche in Francia, non abbastanza conosciute e difese. La pastorizia non sfugge alla critica di Vincent Vignon: «La pastorizia oggi è spaventosa: le pecore arrivano in camion, troppo presto, la neve si è appena sciolta e i fiori non hanno avuto il tempo di svilupparsi. Le pecore brucano tutto. Le cavallette sono ancora allo stadio larvale e si fanno calpestare da migliaia di pecore. Dato che le praterie non hanno più fiori, le popolazioni di imenotteri crollano e gli altri insetti sono calpestati. I pascoli – utili per evitare la predazione da parte dei lupi – sono sovraffollati a causa degli effettivi troppo numerosi delle mandrie, e questo provoca l'erosione; anche i sentieri che conducono ai pascoli sono soggetti a erosioni che finiscono per condizionare la stabilità dei terreni e far crollare porzioni di montagna. È ciò che è accaduto l'anno scorso quando la linea Torino-Lione è stata bloccata da una colata di fango causata dal sovrapascolo dell'area soprastante».

Un vegano vedrebbe nelle affermazioni del nostro ecologo tutte le ragioni per eliminare l'allevamento dalla faccia della Terra. Significherebbe mostrare una vera e propria cattiva fede. Dopo la disamina reale sullo squallore della produzione industriale di carne – soprattutto negli Stati Uniti, in Brasile e in Europa –, Vincent Vignon ci ha spiegato chiaramente il legame indissolubile tra biodiversità selvatica e addomesticata. Il legame di coevoluzione tra vegetazione ed erbivori. Reclamare la fine degli animali addomesticati – «l'abolizione della loro schiavitù», come sbandierano i vegani – significa essere certi di alterare la biodiversità terrestre e accelerarne la diminuzione, già innescata dall'agricoltura industriale con le sue «praterie di asfalto verde», come dice Vincent Vignon, i suoi pesticidi, la sua selezione genetica degli animali e dei vegetali. «Un mondo senza allevamento distruggerebbe ancora più rapidamente i nostri contesti e habitat naturali. La foresta riguadagnerebbe sulla prateria, arrivando a una condizione boschiva ma senza il suolo della foresta, la sua storia e la sua ricchezza. In Europa, mancano più le praterie naturali che le foreste, in particolare l'incomparabile ricchezza di biodiversità dei prati e delle reti di *bocage*». Sarebbe un suicidio di biodiversità. È ormai tempo di avviare la riconversione delle praterie artificiali, di ripiantare siepi di *bocage*, di ricostituire reti di fossati e di stagni, di ripristinare il pascolo promiscuo delle razze locali. Non c'è più tempo da perdere: «Non si possono rifare praterie di cento anni in cinque anni».

Salute

La carne sarebbe nociva per la nostra salute[16]. I vegani e gli *startupper* che ho incontrato puntano il dito sulla resistenza agli antibiotici di cui sono vittime sempre più persone a causa del consumo di carne[17]. Ripetiamo che questo argomento non è accettabile se non nel caso delle carni provenienti dagli allevamenti industriali. Riguardo al rischio di sconvolgimento del metabolismo umano a causa degli ormoni della crescita o dell'allattamento animale, esiste soltanto nei sistemi intensivi industriali non europei. Ad ascoltare i miei interlocutori nordamericani, che tornano senza sosta su questo argomento sanitario, negli Stati Uniti non esistono più allevatori degni di questo nome e tutti sono cresciuti con cibo spazzatura… o i miei interlocutori sono in cattiva fede.

Dal suo laboratorio sui muscoli bovini, Jean-François Hocquette s'interroga sulla digeribilità della carne *in vitro*. «È un processo fondato su un gran numero di divisioni cellulari. Ora, la natura non è perfetta al cento per cento. In qualsiasi processo biologico ci sono sempre delle piccole irregolarità. Quando diventa irregolare, la moltiplicazione cellulare può produrre una proporzione minima di cellule cancerose. Ma la proporzione minima di un gran numero di moltiplicazioni diventa significativa. Non esiste rischio sanitario, poiché le cellule che mangeremmo sono morte e digerite dall'acidità gastrica. Ciononondimeno, andate a dire al consumatore che mangerà un po' di cancro di manzo…».

Resta l'allerta sanitaria riguardo al consumo elevato di carne; argomento su cui facciamo il punto con Lylian Legoff, medico ambientalista, autore di *Nourrir la vie*, di *Ceci n'est pas un régime*, di *Manger bio*

16 Nel 2017, in Francia, sono state vendute 759 tonnellate di antibiotici destinati alla salute umana e 514 tonnellate di antibiotici destinati alla salute animale.
17 L'Organizzazione mondiale della sanità (OMS) classifica come «minaccia grave a livello mondiale» la resistenza agli antimicrobici, tra cui gli antibiotici, in un rapporto pubblicato ad aprile del 2014 (OMS, 2014).

c'est pas du luxe e di *Je mange des protéines vertes et ça me fait du bien* (Legoff, Salomon, 2013a; 2013b; Legoff, 2016).

«Vorrei il suo parere di medico sul consumo di carne, le sue proprietà nutritive e la sua importanza per la salute...».

«Indipendentemente dal giudizio soggettivo sulla carne, la constatazione di base è l'aumento radicale del nostro consumo di proteine animali da tra le due guerre e soprattutto durante i Gloriosi trenta. Tra il 1950 e il 2010 abbiamo raddoppiato il consumo di carne, per arrivare a più di 100 chili di carne l'anno a persona e ridiscendere a 87,5 chili nel 2018. Allo stesso tempo, le proteine vegetali da leguminose (legumi secchi) sono regredite del 75%. Queste ultime sono la vera alternativa alla carne; prima della guerra erano la base dell'alimentazione insieme ai cereali integrali o semintegrali, che sono calati del 50%. Questo aumento del consumo di carne si traduce in un aumento delle malattie dette "della civilizzazione": eccesso di peso, cancro e malattie cardiovascolari, che sono collegate all'eccesso di consumo di carne rossa e di carni lavorate (salumeria) poiché portano a introdurre troppi grassi saturi. Il consumo di pollame è meno problematico. Sostituendo una porzione di carne rossa con una porzione di legumi il rischio cardiovascolare cala del 35%, e cala del 15% con una porzione di pollame. Quanto al diabete, c'è una correlazione tra i rischi e la raffinazione dei cereali, che ne aumenta l'indice glicemico. Si può affermare che questa evoluzione radicale a vantaggio delle proteine animali e a detrimento delle proteine vegetali è un problema centrale di salute pubblica».

«Il consumo di carne ha un rapporto con l'età? In altre parole, la carne è utile al corretto sviluppo dei bambini?».

«Non del tutto. È un luogo comune: un'immagine sostenuta dal marketing. Certo, la carne contiene ferro, ma questo si trova anche altrove. Lo stesso ragionamento vale per i latticini cosiddetti indispensabili per il fabbisogno di calcio».

«I salumi sono davvero cancerogeni?».

«Sulla base di uno studio dell'Organizzazione mondiale della sanità (OMS), l'ANSES[18] ha affermato che l'eccesso di salumi è cancerogeno. I media hanno eliminato la parola "eccesso", che evidenzia

18 Agenzia nazionale di sicurezza sanitaria dell'alimentazione, dell'ambiente e del lavoro.

il problema dell'eccesso del consumo di grassi saturi. In più, una caratteristica dei salumi è di contenere conservanti e coloranti come i nitrati e i nitriti, e già questo è molto nocivo, ed è anche cancerogeno. Ma se si mangiano salumi senza eccedere e in aggiunta alle proteine vegetali si corregge il problema».

«E la carne affumicata?».

«L'affumicatura "arricchisce" il prodotto di idrocarburi policiclici aromatici, che sono altamente cancerogeni. Anche qui, è tutta questione di quantità. Sta tutto nella moderazione e nella frequenza con cui si mangia. Mangiare sempre la stessa cosa non fa bene, e bisogna variare le frequenze. La regola aurea è mangiare di tutto un po', e non troppo spesso».

«Il pesce?».

«Il pesce è il cugino acquatico, ed è interessante, a equivalente apporto di proteine, perché contiene altri nutrienti molto diversi: in particolare gli acidi grassi insaturi Omega3, che sono protettivi».

«I frutti di mare?».

«Eccellenti sul piano nutrizionale, come il pesce; ma tutto dipende dalla provenienza: i loro filtri trattengono le sostanze inquinanti…».

«C'è una differenza per la salute tra la carne bio e quella industriale?».

«Sì, nella carne industriale la concentrazione di grassi saturi è molto maggiore. Nella produzione industriale di carne si ritrovano anche tracce di tutto ciò che è legato all'inquinamento, ai pesticidi, ai trattamenti antimicrobici. In genere, gli allevatori dovrebbero utilizzare antibiotici soltanto in caso di necessità… ma è falso: si somministrano preventivamente per evitare perdite di animali dovute alla maggiore fragilità del bestiame sottomesso alle condizioni di allevamento industriale. Di conseguenza, l'ingestione di antibiotici attraverso la carne aumenta i rischi di resistenza agli antibiotici e i rischi di allergie incrociate, ossia la reazione a una certa molecola e alle molecole associate. In Francia, 140.000 persone l'anno sono ricoverate in ospedale per infezioni legate a batteri resistenti agli antibiotici. L'altra conseguenza di cui si parla poco è lo sviluppo di resistenza a causa dei batteri saprofiti dell'ambiente: mutano il loro genoma e possono diventare virulenti, creando nuove malattie classificate come emergenti, ed è un fenomeno molto preoccupante che impegna l'OMS.

Sul piano ambientale, l'impronta di carbonio della carne bio è un terzo di quella della carne d'allevamento convenzionale. L'impronta di carbonio della produzione delle leguminose è di circa dieci volte inferiore rispetto a quella della carne (lenticchie contro carne di manzo). Quanto all'impronta di carbonio di un vegetariano, è di tre volte inferiore rispetto a quella di una persona che mangia regolarmente carne».

«Storicamente, in misura maggiore o minore, la carne è presente nelle diete alimentari: l'uomo ha sempre mangiato carne...».

«Questo è soggetto a varie interpretazioni. Dal punto di vista anatomico, gli animali molto carnivori hanno un tubo digerente molto corto. Gli animali vegani hanno un tubo digerente molto lungo. Sul piano anatomico, l'uomo è tra i due; logico, poiché ha un'alimentazione a base di carne e di verdure: è onnivoro. La nostra anatomia non si è evoluta dal tempo delle caverne».

«La carne favorisce il buon funzionamento del microbiota intestinale?».

«Meglio i vegetali. Lo squilibrio della flora intestinale è ampiamente legato allo squilibrio alimentare. Il buon funzionamento dipende dal contenuto di fibre del cibo. I batteri saprofiti di questa flora si nutrono di tali fibre, ne trattengono una parte e restituiscono il resto. Oggi impariamo a conoscere meglio quanto l'equilibrio del microbiota intestinale sia essenziale per il sistema immunitario, gli equilibri metabolici degli zuccheri e dei grassi, una corretta digestione, la protezione dal cancro del tubo digerente. Per i batteri, occorrono fibre e "microfermenti probiotici" (yogurt, crema di formaggio) che contribuiscono al rinnovamento della flora intestinale. Tra gli elementi protettori fondamentali ci sono le fibre e i composti bioattivi che solo i vegetali possono fornire».

«Allora mangiare carne non è necessario?».

«Ne mangiamo troppa. La carne non è necessaria per avere il giusto equilibrio di proteine buone. Inoltre, uno dei maggiori vantaggi dei vegetali, e che manca all'animale, è l'apporto di fibre e di elementi protettivi, oltre alle proteine. I francesi hanno carenza di fibre, e questo favorisce l'insorgere di malattie da accumulo, malattie metaboliche, diabete, cancro del colon e del tubo digerente. Dal punto di vista nutrizionale come da quello biochimico, non c'è differenza tra proteine animali e vegetali. Nella carne troviamo i venti aminoacidi che formano una catena di proteine, di cui otto sono essenziali. Nei vegetali, manca la lisina nei cereali e la metionina nelle leguminose. Di contro, la soia, la quinoa, il grano saraceno, l'amaranto e il riso selvatico contengono ciascuno tutti gli aminoacidi essenziali. Gli antichi sapevano – indipendentemente dal continente e dalla cultura – associare cereali e leguminose per ottenere per complementarità l'equivalente in proteine di un prodotto animale. Più recentemente, l'apporto di proteine vegetali associate a proteine animali è stato lo zoccolo della nostra cultura alimentare, evidente nelle ricette: cassoulet, petit salé, cuscus...».

«Non mangiando carne, non si rischia una carenza di vitamina B12?».

«È l'unico problema di una dieta integralmente vegetale; non bisogna essere vegani stretti, o allora è necessario consumare anche alghe che ne contengano. La sola riserva che si possa opporre a una diminuzione del consumo di carni è la carenza di vitamina B12. Le uova e i latticini ne contengono, quindi non c'è problema per i vegetariani».

«La salute è preservata se si opta per le alternative vegetariane alla carne o le carni di sintesi che si annunciano presto?».

«Senza alcun dubbio con un'alimentazione vegetariana. Tuttavia, con questo approccio – la biologia di sintesi – si copia una proteina naturale, ma non tutto ciò che l'accompagna: non si sintetizzano le fibre, gli elementi protettivi, gli acidi grassi, ecc. Come in farmacologia, quando si copia il principio attivo dominante di una pianta: si ottiene l'effetto del principio attivo, ma anche gli effetti secondari che, in natura, sono controbilanciati dagli altri componenti apparentemente minori. Nell'alimentazione è la stessa cosa: si producono surrogati delle proteine, ma senza gli altri nutrienti necessari alla fisiologia e all'equilibrio dell'insieme del corpo. Questi prodotti ultralavorati che imitano la carne sono pieni di additivi. Le "bistecche", gli "impasti" e le "salsicce" a base di proteine vegetali sono un'artificializzazione del cibo e non un'alternativa alla carne. L'alternativa si trova già nei negozi, e si tratta di risorse vegetali naturali: lenticchie, soia, fagioli, ecc. Proteine buone per la nostra salute, per il pianeta e per il nostro portafoglio, poiché sono molto più economiche della carne».

«Dica, dottore, esiste una dieta ideale?».

«La dieta ideale è una dieta latte-ovo-vegetariana: con uova e pochi latticini – il kefir fa molto bene –, leguminose, cereali integrali, frutta e verdura. Si avvicina alla dieta mediterranea, in cui rientrano anche alcuni prodotti animali e il vino rosso, che contiene antiossidanti. Soprattutto, non bisogna separare il mangiar bene dal piacere: mangiare bene significa godersi il cibo senza farsi del male!».

Stare bene o vivere bene?

Benessere animale

Quella del benessere è una questione legittima, posta dalle condizioni di vita degli animali, generalmente scandalose, nei sistemi di produzione industriali e dalle condizioni di abbattimento, spesso altrettanto ignominiose. Ancora una volta, è il risultato dei processi industriali a degradare l'animale nemmeno al rango di oggetto, ma di «minerale», come si è soliti definirlo nell'agroalimentare in Francia. Condizione necessaria perché i lavoratori della filiera dei mattatoi riescano ad accettare la ripetuta violenza del loro mestiere, ma condizione non sufficiente per reprimere l'implicita sofferenza psicologica generata da tali pratiche. Questo disagio umano presso gli allevatori industriali e i dipendenti dei mattatoi sottolinea l'inevitabile interdipendenza tra l'essere umano e gli animali. La "disanimalizzazione" è intrinsecamente legata alla disumanizzazione: maltrattare un animale è una fonte traumatica di depressione.

Il "benessere" è uno stato fisico e psicologico la cui valutazione è perlopiù soggettiva. È il motore principale della conversione vegana, dell'attivismo delle associazioni di protezione degli animali e dei partiti animalisti. Soggettivo significa che il modo di intenderlo è sufficiente a riempire biblioteche di opere su quelli che ciascuno considera come gli elementi indispensabili per assicurare il suddetto benessere. Nel caso degli animali, il benessere è più spesso definito dall'"assenza" di fattori (fame, sete, dolore, stress) che ostacolano la buona salute generale e dalle condizioni di vita – addomesticata, selvatica o di allevamento – che permettono il comportamento normale di ciascuna specie. Per gli animali d'allevamento si aggiungono le condizioni di trasporto e di morte. Al di là di questi elementi, si entra nella sfera dei fattori soggettivi e antropomorfici sfocianti in dibattiti insolubili: chi può stabilire i criteri del benessere psicologico di un cerbiatto, di una gallina, di un gatto o di un pesce rosso? I fattori in grado di soddisfare il benessere della mentalità da preda di un cavallo o di quella predatrice del lupo non sono gli stessi, se lo provano. Può una preda non essere mai ansiosa?

Per comprendere il paesaggio della "causa animale" e i suoi seguaci bisogna conoscerne la galassia. Questa si organizza intorno a due grandi famiglie, a loro volta divise in correnti.

La famiglia protezionista si fonda sull'interdipendenza delle relazioni uomo-animale e sulla conseguente responsabilità per l'essere umano di badare al benessere degli animali addomesticati e alla protezione della fauna selvatica. Questa corrente compare molto presto in varie culture, associata a credenze sulla reincarnazione umana negli animali, da cui il rispetto di tutte le vite. I pionieri della protezione degli animali sono i giainisti, la cui religione è comparsa nel subcontinente indiano tra novemila e diecimila anni prima dell'era cristiana. Nella stessa ottica, nel VI secolo a.C., il filosofo e matematico greco Pitagora credeva nella trasmigrazione delle anime, come prima di lui, oltre a essere vegetariani, gli adepti dell'orfismo, che rifiutavano di essere evangelizzati in un sudario di lana[19]. Nella valle dell'Indo, nel III secolo a.C., l'imperatore Ashoka vietava la castrazione e i sacrifici animali. Nel VII secolo della nostra era, l'imperatore giapponese Temmu, influenzato dal buddismo, proibiva il consumo di carne. I cristiani, centrati su se stessi per effetto della loro creazione divina, si considerano i padroni del mondo e si arrogano il diritto di disporre degli animali come meglio credono… come faranno per molto tempo anche dei non cristiani. Arrivano addirittura a celebrare simbolicamente il cannibalismo («Prendete e mangiate, questo è il mio corpo; prendete e bevete, questo è il mio sangue; fate questo in memoria di me[20]…»). Gli ebrei e i musulmani, più cauti verso il legame tra la vita e la spiritualità, accettano di uccidere un animale soltanto per motivi rituali. Si potrebbe dire, dal modo in cui

19 Voce «*Orfisme*», in *Encyclopaedia Universalis*. Disponibile all'indirizzo: https://www.universalis.fr/encyclopedie/orphisme/2-refus-du-sacrifice-sanglant/.
20 Parole di Gesù Cristo, riferite da Matteo, Marco e Luca, durante l'ultima cena con gli apostoli e divenute pilastro dell'"eucarestia" cattolica e della "Santa cena" protestante.

affilano i coltelli per i sacrifici rituali, che mostrano un'attenzione per il benessere animale.

In terra cristiana, bisogna attendere l'inizio del XIX secolo per vedere la nascita della prima associazione di protezione degli animali: la Royal Society for the Protection of Cruelty to Animals, nel 1824, in Gran Bretagna. La Société protectrice des animaux sarà creata in Francia nel 1845, all'inizio per proteggere i cavalli da tiro dai maltrattamenti. Non è un caso che la spinta a tutelare gli animali addomesticati segua il passo dell'industrializzazione della società. È una società che sfrutta fino alla morte cavalli, muli e asini nelle miniere, sui cantieri e nei trasporti. Anche sui campi di battaglia. Nelle periferie operaie, i maltrattamenti toccano tanto le famiglie quanto i cani e i gatti, troppo numerosi da sfamare. Sotto l'effetto dell'alcol, il proletario picchia moglie, figli e animali. Del resto, è nello stesso periodo, e a volte dalle stesse persone, che si sviluppano le leghe della temperanza, create qualche anno prima[21].

A quell'epoca, il maltrattamento degli animali è più urbano che rurale. Nella fattoria e nei campi, il più delle volte gli animali sono trattati bene, poiché rappresentano un capitale e un'assicurazione sociale. Non è raro vendere una mucca per pagare le cure di una persona.

Le rivoluzioni industriali – vapore, elettricità, petrolio, chimica –, i loro ingegneri e il loro messianismo scientifico plasmano una visione tecnica della società. Stando a questa visione, occorre analizzare ogni attività umana nel percorso del mondo dividendola in sezioni, segmenti, gesti ed elementi, di cui bisogna, per ciascuno e separatamente, migliorare l'efficacia produttiva. Allora si rompe con la visione olistica del mondo, con i tempi biologici e astrali, per scivolare, un'invenzione tecnica dopo l'altra, in un mondo in cui l'essere umano diventa (o crede di diventare) il signore del tempo e di ogni cosa. È su questa immensa onda di natura ideologica e industriale che nasce la zootecnia, il cui paradigma è quello dell'«industrializzazione dell'allevamento». Questa passa per il miglioramento e il controllo dell'animale, «macchina vivente dalle molteplici attitudini», il cui funzionamento è trat-

21 Le prime compaiono localmente negli Stati Uniti alla fine del XVIII secolo e all'inizio del XIX secolo; la prima associazione nazionale è creata nel 1826. In Francia, le leghe della temperanza nascono sulla scia del movimento igienista, negli anni Venti del XIX secolo.

tato senza cenni significativi alla sua appartenenza a una mandria né al suo inserimento in uno sfruttamento agricolo (Landais, Bonnemarie, 1996). Parallelamente si sviluppa la protezione degli animali, per proteggere gli animali dalle stragi della violenza industriale e dalle morti scaturite dalla violenza umana.

Oggi le organizzazioni di protezione degli animali sono spesso potenti, multinazionali od organizzate in reti internazionali. Possiamo citare The Humane Society of the United States, People for the Ethical Treatment of Animals (PETA), Compassion In World Farming (CIWF), Sea Shepherd Conservation Society, International Fund for Animal Welfare. Negli anni Settanta-Ottanta, i gruppi britannici e americani per la protezione degli animali guadagnano consensi e diventano attori sociali importanti e potenti lobbisti politici.

La famiglia egualitarista è più recente. È comparsa sulla scia dei libri di due filosofi: *Liberazione animale*, di Peter Singer[22], pubblicato nel 1975, e *The Case for Animal Rights*, di Tom Regan[23], del 1983. Il primo, australiano, crea la sorpresa dando importanza morale agli animali, che vanno considerati in funzione della loro capacità di provare sofferenza. Il secondo, americano, va oltre, e rivendica dei diritti per gli animali capaci di essere «soggetti della loro vita», vale a dire con una memoria e delle intenzioni; in breve: dei mammiferi. Un terzo ladrone, il filosofo americano Gary Francione[24], è ancora più radicale, e reclama il «diritto» per tutti gli animali di non essere proprietà degli umani. Così filosoficamente armata, la famiglia egualitarista milita per ottenere una considerazione degli interessi degli animali pari a quella degli esseri umani. È l'"antispecismo" di Peter Singer, che si basa sul «principio di parità di considerazione degli interessi» dei membri di tutte le specie animali, compreso l'essere umano. Gli antispecisti chiamano «specismo» l'attitudine morale che differenzia gli esseri umani dagli

22 Peter Singer, nato nel 1946 a Melbourne (Australia).
23 Tom Regan (1938, Pittsgurgh-2017), anche autore di *Empty cages: facing the challenge of animal rights*, e di *Animal rights, human wrongs* (2004).
24 Gary Francione, nato nel 1954, autore di *Animals, Property, and the Law* (1995), di *Rain without thunder: the ideology of the animal rights movement* (1996), in cui regola i conti con i protezionisti, e di *Introduction to animal rights: your child or the dog?* (2000), in cui sostiene che tutti gli animali, compresi gli umani, fanno parte della stessa comunità morale.

animali, fondata sulla teoria dell'evoluzione delle specie per selezione naturale formulata dal naturalista inglese Charles Darwin[25]. Agli occhi di questi militanti egualitarsti, lo specismo è una forma di razzismo esercitato dall'essere umano sul resto del mondo vivente. Per loro, «l'animale è una persona»; non c'è distinzione tra animalità e umanità: soltanto capacità diverse. Come esistono differenze di capacità tra persone disabili e persone non disabili. Diamo il benvenuto alle «persone non umane» e agli «animali umani». Da questa visione consegue che qualsiasi lavoro di un animale (trazione, aratura...) e qualsiasi tipo di allevamento (da carne, da latte, da lana...) è una «schiavitù» che sarebbe bene abolire. Tutta la produzione e tutto il consumo di carne, di pesce, di latte, di uova e di miele è un «assassinio». Per lottare contro quello che considerano l'«abominio specista», gli antispecisti invocano la «liberazione animale» e rivendicano un mondo interamente vegano in cui l'allevamento sia abolito e vietato. Da cui il loro soprannome di "abolizionisti". I più coerenti di essi reclamano una parità in tutti i settori (genere, sociale, cultura...). In questo sono vicini alle correnti anarchiche vegetariane della fine del XIX secolo e dell'inizio del XX secolo (Lev Tolstòj, Élisée Reclus, Louis Rimbault...). Del resto esiste un Fronte di liberazione animale vegano e anarchico.

Famiglie numerose. Egualitaristi o protezionisti, le due famiglie convivono con tendenze e gruppi concorrenti. Non mancano argomenti per sostenere le differenze di approccio alla causa. Divergenze sulle modalità d'azione (legali, illegali, violente, non violente...). Divergenze sugli assi della mobilitazione e l'utilizzo dei media (attrici che lanciano allarmi al grande pubblico, agitatori propagandisti nei contesti studenteschi, terrorismo emotivo con filmati scioccanti...). Concorrenza economica, poiché gli appelli alle donazioni, ai lasciti e ai contributi per il benessere degli animali rendono molto: 141 milioni di dollari l'anno per The Humane Society of the United States; 54,2 milioni di dollari per PETA; 47,1 milioni di euro per la SPA; 3,8 milioni di euro per L214; 2 milioni di euro per One Voice; 1,75 milioni di euro per l'Albert Schweitzer Foundation.

25 Charles Darwin (1809-1882), paleontologo e naturalista, autore di *L'origine delle specie* (1859): lavoro scientifico che dimostra l'evoluzione di tutte le specie a partire da antenati comuni e per selezione naturale, intesa come la legge di sopravvivenza di chi si adatta meglio al proprio territorio.

Si notano anche dei camaleonti dell'apoliticismo di facciata. In effetti, è un concetto di apoliticismo che va dall'estrema destra all'estrema sinistra. Gli amici degli animali possono non esserlo degli umani: ricordo la militante della causa animale Brigitte Bardot[26], vicina al Front national, sostenitrice del Partito animalista alle elezioni europee, condannata più volte per le sue affermazioni razziste. L'estrema destra si occupa in particolare della macellazione rituale per diffondere l'odio verso le culture che la praticano. Dall'altro lato della scacchiera politica troviamo i vegani libertaristi, come quelli che rivendicano il proprio ruolo di *vegan straight edge* ["vegani che 'rigano dritto'", NdT], che rifiutano «il consumo d'alcol, di droghe e anche i rapporti sessuali non legati a una relazione sentimentale duratura» e vogliono «partecipare a un processo generale che porti allo sconvolgimento del mondo intero, per far sì che il pianeta ritorni a essere blu e verde», o come le Pantere rabbiose, «collettivo antispecista, anarchico, femminista e antifascista per l'ecologia radicale e la liberazione totale, umana e animale!». Infine, in attesa del loro momento, i transumanisti fanno leva sul crescente allontanamento dalla natura e sulla perdita di qualsiasi sincronizzazione con le regole e i ritmi naturali per distillare meglio le loro soluzioni tecnologiche e i loro «umani aumentati» in grado di trionfare su un ambiente naturale divenuto ostile alla vita. Riassumendo, la galassia del benessere animale reca la panoplia delle passioni umane che cercano una nuova formulazione per conquistare il potere, o per assoggettare la società a un unico dogma ideologico, o per trovare una via d'uscita al loro problema d'identità o un palliativo alla loro incapacità di guardare in faccia la morte, come una compagna naturale e indissociabile dalla vita.

Escludere la morte

La morte cristallizza l'attenzione di abolizionisti e protezionisti. La crudeltà delle condizioni di allevamento è un problema reale, ma in ogni caso qualsiasi forma di allevamento porta alla morte data dall'essere umano agli animali che consuma. Da bambino, in Bretagna, ho assistito personalmente all'abbattimento in fattoria, nel cortile di un macellaio o nella rimessa dove mio padre uccideva e preparava il pol-

26 La Fondation Brigitte Bardot, fondata nel 1986, conta settantamila membri.

lame della nostra aia o il frutto della sua caccia e pesca. Sarò eternamente grato a mio padre di non avermi privato, per via della mia giovane età, della cerimonia di macellazione di un animale. Insisto sul termine "cerimonia" poiché gli officianti – il fattore, il macellaio e il suo garzone – operavano con solennità, in un silenzio imposto a tutti i presenti. Silenzio che avvolgeva i brevi ordini del macellaio, il rumore della mazza o della pistola, il grido altrettanto breve dell'animale. Il rituale preciso per ciascun animale (non si uccide un maiale come si uccide un coniglio o un pollo) e il silenzio sottolineavano la serietà del momento e imprimevano per la vita nelle nostre coscienze di bambini che la morte è un gesto serio, per nulla insignificante ma pur sempre necessario alla prosecuzione della vita. Almeno per gli onnivori. La macellazione era intrinsecamente legata alla gioia dell'arrivo della carne nei nostri piatti, poiché non era quotidiano. Da adulto, ho allevato, ucciso, macellato e cucinato – polli, conigli, faraone, agnelli – per nutrire la famiglia o per offrire da mangiare. Così, aspiro sempre a non dimenticare mai la provenienza del mio cibo e di ciò che devo ogni giorno alla natura.

Oggi la morte scompare dal paesaggio umano. Le persone anziane non hanno più un posto né nel contesto, né nello stile di vita contemporanei. Divenuti inutili all'economia o ai servizi familiari, sono relegati in anonime strutture, dove non gli resta che aspettare la morte. Non si vegliano più i morti. Quanto agli animali, il circuito è più breve: mattatoi industriali e farine animali. Una tale esclusione sociale della morte ha conseguenze sul pensiero e sul comportamento umani.

Sociologa – ma anche allevatrice di pecore di lunga data e zootecnica –, Jocelyne Porcher sottolinea che oggi «pochissime persone, soprattutto in contesti urbani, assistono alla morte di un animale, fosse anche una gallina. Il pollo si vende morto, spiumato, svuotato, senza neanche più le interiora». Questa esclusione della morte arriva addirittura alla scorporizzazione: chi immagina più l'animale intero, vivo, acquistando al supermercato una confezione di petti di pollo o di cosce? «Questo distacco porta logicamente alla carne *in vitro*. I vegani e i sostenitori di questa carne coltivata acclamano il tempo, che sperano vicino, in cui non esisteranno più animali d'allevamento». La direttrice delle ricerche presso l'Istituto nazionale della ricerca agronomica (INRA) ricorda che «dove non c'è morte non c'è vita: mangiare la carne *in vitro* significa mangiare qualcosa in cui non c'è vita. È viva dal punto di vista organico, ma a livello soggettivo e antropologico è morta. La vita e la morte sono le due facce della stessa moneta, dicono gli allevatori che intervisto. Ciò che gli crea un problema è la sofferenza degli animali, non la morte. La morte è la condizione di continuità di un sistema di allevamento: perché l'allevatore si guadagni la vita, è necessario che gli animali nascano e muoiano. È un sistema chiuso, come tutti i sistemi sulla nostra Terra. Noi non siamo immortali, e gli animali neanche. Sia dal punto di vista alimentare che della continuità economica dell'allevamento, la morte è necessaria, ma questo non vieta di concepire per gli animali una vita di lavoro e poi la morte naturale o la messa a riposo. Una non esclude le altre. Non si può escludere la morte dai rapporti di lavoro con gli animali, ma questo non impedisce di pensare di ritardare questa morte. Molti allevatori vorrebbero allungare l'aspettativa di vita degli animali. Prima dell'industrializzazione dell'agricoltura e della zootecnia era più lunga».

Alle radici del disagio

Se la zootecnia[27] nasce poco prima della Rivoluzione Francese, con l'École d'Alfort, diventa una disciplina accademica solo con la creazione della relativa cattedra presso l'Institut agronomique de Versailles, nel 1848. Da allora, spiega Jocelyne Porcher, «gli animali diventano, come tutto il resto del mondo naturale, fonte di profitto. Gli zootecnici dicono: "Cambio di scena: ora, ciò che conta non è che la mucca sia bella, ma quanto può produrre e far guadagnare". Il saccheggio della natura e degli animali inizia in quel periodo, e gli animali pagheranno un alto tributo. La zootecnia partorisce la specializzazione degli animali: la mucca da latte, la mucca da carne, il pollo da carne, la gallina ovaiola, la pecora da latte, la pecora da carne, ecc. L'assenza dell'idea stessa di relazioni tra umani e animali sta all'origine di ciò che accade oggi. Tutti i rapporti di lavoro con gli animali sono considerati derivanti dallo sfruttamento, che si tratti di animali

27 Anche se in precedenza ci erano state ricerche sulla selezione degli animali, la zootecnia come concetto e progetto nasce nel XIX secolo con Émile Baudement, Adrien de Gasparin e André Sanson… che in seguito, nel 1848, istituiscono la cattedra di Zootecnia presso l'Institut agronomique de Versailles.

da fattoria, di cavalli, di zoo, di circhi. Le produzioni animali sono il risultato del dominio dell'industria e del capitalismo sulla natura». A questo stadio della riflessione, Jocelyne Porcher insiste sulla differenza tra "sistemi industriali di produzione animale" e "allevamento in fattoria". Tra "produzione animale" e "allevamento". «I vegani e i sostenitori della carne *in vitro* giocano con le parole: parlano di allevamento industriale per poter condannare l'allevamento in blocco. L'allevamento non ha nulla a che vedere con le produzioni animali! Non è la stessa dinamica storica. L'allevamento è un processo storico antropologico, di cocostruzione degli umani e degli animali tramite la domesticazione e tramite la coevoluzione delle specie. Parliamo di diecimila anni di storia. C'è differenza tra allevare animali e produrli. Parlare di allevamento industriale è un ossimoro. Il problema non è di per sé l'intensificazione dell'allevamento, ma l'industrializzazione dei nostri rapporti di lavoro con gli animali. Questo rapporto industriale con gli animali è legato alla società industriale, legato al capitalismo. Quest'ultimo ha distrutto l'allevamento come ha distrutto altre forme di artigianato. In fondo, l'allevamento è una forma di artigianato: un rapporto di produzione che coinvolge umani e animali e si basa sulle capacità di umani e animali e sulle esperienze di lungo corso accumulate. L'utilizzo delle parole giuste è tanto più importante poiché questa differenza tra l'allevamento e le produzioni animali è cancellata dai liberatori degli animali, che sostengono che queste ultime non sono che il seguito delle forme di allevamento che le hanno precedute. È ciò che dicono anche gli zootecnici e le enciclopedie, come se esistesse una freccia del tempo sulla quale si succedono logicamente la pastorizia, l'allevamento e le produzioni industriali, ciascuno derivante dal precedente. Ora no: con il capitalismo c'è una rottura enorme». Rottura economica, sociale e culturale. È una rottura dello stesso ordine, della stessa importanza che si annuncia con la produzione di «carne coltivata». Per resistervi, per dare un futuro alla relazione di allevamento tra umani e animali addomesticati, Jocelyne Porcher propone di «ripensare tutto il sistema industriale. Per esempio, ripartendo da razze bovine miste[28], si rimette in discussione tutta l'industria del latte.

28 Una razza mista produce tanto latte quanto carne, come le mucche facevano prima di essere selezionate geneticamente per specializzarle.

Bisogna smetterla di pensare agli animali in maniera strumentale». Quindi, se l'innovazione sta nel sessaggio dei pulcini nell'uovo, bisognerebbe lasciare galli e galline padroni della loro discendenza[29]. Il progresso sarebbe ottenere la fiducia nell'animale purché l'allevatore gli assicuri delle condizioni di vita ottimali.

Dono e controdono

Jocelyn Porcher sostiene che «lavorare con gli animali può rendere le persone felici o tristi a seconda dei sistemi, e che per gli animali non è necessariamente fonte di sofferenza; anzi, tutto dipende dalle condizioni di vita sul lavoro. Come lavorano gli allevatori; come lavorano gli animali; cosa fare perché tutto si svolga nel modo migliore tra esseri umani e animali da fattoria? Ecco le domande giuste da porsi. Bisogna far uscire gli animali dai rapporti di sfruttamento e da questo sistema economico: cambiare la società con gli animali. Cambiare il lavoro piuttosto che distruggerlo». Ai suoi occhi, «le mobilitazioni per il benessere degli animali riescono a far produrre leggi, a ingrandire le gabbie e a far perdurare il sistema industriale». Forte della sua esperienza di allevatrice di pecore e delle sue inchieste di sociologa presso centinaia di allevatori sul loro rapporto con gli animali, Jocelyne Porcher suggerisce che «la relazione con gli animali s'inserisce anche in dei rapporti di dono, come li definiva Marcel Mauss[30]. Questo permette di comprendere i rapporti di domesticazione e anche di capire il furore dei vegani: si vergognano di ciò che facciamo agli animali, senza capire che questo disagio viene dal fatto che abbiamo rotto il ciclo del dono con gli animali. Ci siamo allontanati dal nostro obbligo. L'analisi vale per l'atto di "donare la vita" e "dare la morte"; c'è un senso: un inizio e una fine. Allevo degli animali, li uccido e li mangio o li do da mangiare. Lo facciamo da diecimila anni. È un ciclo di dono e controdono. L'industria delle produzioni animali non ha smesso di prendere agli animali senza mai restituirgli nulla. Questo ci mette le-

29 Anche qui si trovano razze miste, che possono produrre sia galline ovaiole che polli.

30 Marcel Mauss (1872-1950), filosofo e sociologo francese considerato uno dei padri dell'antropologia. Celebre per il suo *Essai sur le don* (2007 [1925]), in cui elabora i tratti del triplo obbligo di dare-ricevere-restituire come fondamento del legame sociale e della sua reinvenzione permanente.

gittimamente in posizione di debito o, se rifiutiamo di restituire in proporzione al debito, di inottemperanza».

Per finirla con «il mattatoio che infligge la morte e impedisce qualsiasi rituale», Jocelyne Porcher propone di (ri)dare la morte in fattoria, ad esempio grazie al mattatoio mobile[31]. Un veicolo attrezzato (camion, rimorchio o cassone per semirimorchio a norma d'igiene in vigore) viene alla fattoria con il personale idoneo, stordisce e uccide l'animale scelto dall'allevatore. Bastano pochi secondi per far entrare l'animale e ucciderlo. Nessun trasporto, nessuna ferita, nessuna attesa in un corridoio della morte dagli odori e dalle grida ansiogeni. Neanche il tempo di stressarsi. L'allevatore accompagna il suo animale fino alla fine, e può, com'era abitudine fare prima dell'industrializzazione, dirgli qualche parola di addio, recitare una poesia, dargli un'ultima carezza, riflettere in silenzio su quel momento. Ritualizzare, «dare un senso a ciò che sta facendo, poiché in fondo sa che non è bene, ma lo fa perché ha un senso, e ha bisogno di ricordare quel senso nel momento in cui si uccide l'animale. È ciò che gli umani hanno sempre fatto». Anche il personale del mattatoio mobile ci trova i suoi vantaggi: «Dalle mie inchieste emerge in modo molto netto: per loro, un mattatoio mobile è decisamente un sogno. Guidare un camion, andare a uccidere un animale sul posto, parlare prima un po' con il contadino, prendersi il tempo per fare un lavoro accurato, fare un buon lavoro dalla A alla Z, conoscere a fondo il proprio mestiere anziché essere soltanto gli autori di uno o due gesti nel mattatoio». Questo approccio all'allevamento, dalla nascita alla morte, permette la creazione di circuiti più brevi, in cui i macellai locali trovano il loro posto e i consumatori carne di qualità. A patto che i macellai riallaccino i rapporti con il sapere necessario alla scelta di una bestia sul campo (chissà se glielo insegnano a scuola?).

31 Il mattatoio mobile esiste in Svezia, in Germania e in Austria. In Francia, il principio è stato adottato durante gli Stati generali dell'alimentazione e autorizzato per legge dal 2019. Una decina di progetti sono in fase di studio. È un esperimento autorizzato. È stato istituito per quattro anni, e in effetti almeno una decina di allevatori e di gruppi di allevatori lavorano per organizzare postazioni mobili per l'abbattimento (fonte: https://abattagealternatives.wordpress.com/).

Jocelyn Porcher riesce a immaginare un mondo senza allevamento? «No! L'allevamento è una matrice delle nostre relazioni con gli animali, e il resto del nostro rapporto con il mondo ne consegue. Se, come vogliono i vegani e l'offensiva economica della carne *in vitro*, si eliminassero gli animali da fattoria, sarebbe l'esistenza di tutti gli animali addomesticati a essere rimessa in discussione. Questo movimento ipoteticamente a favore degli animali punta in realtà alla loro esclusione dal legame sociale». Ma vivere con gli animali in libertà, senza sfruttarli e senza ucciderli... «Non possiamo vivere con gli animali senza il lavoro: è ciò che ci ha legato agli animali addomesticati per diecimila anni. Se togliamo il lavoro, non c'è più niente che ci lega. Da una parte, non c'è più il ritorno economico che permette di vivere con gli animali, di nutrirli e di curarli... Dall'altra parte, gli animali sono esseri attivi. Non si può piantare un cavallo in un prato, così, altrimenti resta in attesa e si annoia... Proprio come non si può decidere in base al proprio umore di animale umano di eleggere alcune specie – cani e gatti – cittadini membri della comunità di vita con gli umani e di radiarne altre sgradite con un colpo di penna tipo: "Mi dispiace, nella comunità non ci saranno più mucche", come immaginano con tanta ignoranza quanto originalità Sue Donaldson e Will Kymlicka in *Zoopolis* (2011): una delle bibbie dei liberatori di animali. Gli autori pretendono di liberare gli animali da fattoria, di non includerli più nella nostra alimentazione né nelle nostre vite pur continuando a vivere con cani e gatti, peraltro resi necessariamente vegani. Questa scissione tra animali addomesticati – gli indesiderabili animali da fattoria e quelli desiderabili "da compagnia" – è una teoria inconsistente. Da un lato, tutti gli animali addomesticati sono animali da compagnia, poiché la domesticazione è una forma d'amicizia. Dall'altro lato, ciò che costruisce il nostro rapporto con gli uni o gli altri è il lavoro. Che si tratti della mucca che produce latte o del cane che fornisce un servizio di "compagnia". Ciò che fa resistere i nostri legami da diecimila anni è il lavoro, e la realizzazione di un mondo comune vivibile e sostenibile. È questo che è stato rotto dall'industrializzazione dell'allevamento e che occorre ricostruire».

Benessere pericoloso

Jocelyne Porcher ha ragione a sottolineare il rapporto tra la richiesta di un maggior benessere degli animali e la produzione di leggi.

Questa specificazione mi fa pensare all'"economia del benessere" teorizzata[32] all'inizio del XX secolo, tornata in auge in Europa dagli anni Ottanta. È una versione moderna della classica economia di mercato, per cui si tenta di definire i criteri del benessere delle persone in funzione dell'utilità (la loro e quella dei beni che possono acquistare), e di conseguenza della loro riuscita individuale, nella quale ci si cura di considerare la salute e l'educazione. Ne conseguono delle politiche pubbliche la cui ambizione si limita alla realizzazione di una somma di «felicità» individuali (o stimate tali). Non c'è alcun destino comune, né una visione politica a lungo termine. Penso all'economia del benessere poiché è lo strumento e la griglia di analisi utilizzata da decenni dall'OCSE per unire agricoltura e commercio internazionale, per deviare le politiche agricole comuni europee dalla loro funzione primaria: servire i contadini e i consumatori dell'Unione. L'economia del benessere è l'ideologia che sottende e giustifica la marcia forzata verso accordi di libero scambio in cui i contadini del mondo entrano in concorrenza sleale con le multinazionali dell'agroalimentare. Questo approccio produce esperti a profusione e di ogni genere. Esperti in potere d'acquisto, in marketing, in politica del rilancio e in liberalizzazione. Esperti in statistica. Esperti in pedagogia delle statistiche presso gli attori politici. Esperti in comunicazione delle competenze. Molto più raramente esperti di terreni. Questo esercito delle equazioni – in cui ogni cosa ha il suo posto, e dove ciascuno sta nel proprio ruolo e tutti consumano senza occuparsi del vicino – ha infiltrato gli organi di governo internazionale, da dove si sforza di dettare la sua legge ai Paesi che non condividono la sua visione del mondo degli affari. In generale, questi esperti hanno come interlocutori degli omologhi. Sono persone interscambiabili, e passano dai cosmetici o dall'agricoltura ai gabinetti ministeriali o alle banche. Esperti in nient'altro che nell'arte di ridurre la domanda sociale in cifre, eliminando il fattore collettivo e la politica. Con loro, qualsiasi problema trova una soluzione tecnica, e questo evita di porre la questione della causa. L'ideologia del benessere si accompagna sempre più spesso alla tirannide: ognuno è tenuto

32 Sulla scia delle idee utilitariste di Jeremy Bentham e di John Stuart Mill, l'economista inglese Arthur Cecil Pigou pubblica, nel 1908, *Economics of welfare*: opera che fonda l'"economia del benessere". A Cambridge è stato uno dei professori di John Maynard Keynes.

a essere in piena forma, a non fumare, a non mangiare grassi, a ingurgitare quotidianamente cinque porzioni di frutta e di verdure imbottite di pesticidi, a fare jogging ogni giorno, a lavorare sulla muscolatura, ad avere un consulente personale per gestire gli stati d'animo o aprire i propri chakra, a essere provvisto di flaconi di integratori di vitamine. A colpi di aree relax, di stage, di gestione, di delusioni viste come altrettante opportunità, di assunzioni che escludono i devianti del benessere e di tecnologie che spiano i vostri ritmi biologici, le società giocano sulla colpevolizzazione per farvi entrare nei ranghi del politicamente corretto: i ranghi della gente felice e in buona salute. Guai al commercio all'ingrosso sistematicamente debole, fannullone o un po' sporco; al fumatore minaccioso; all'amante di aperitivi necessariamente alcolici; al dandy iconoclasta un po' troppo libertario; al poeta e al suo spleen comunicativo. Davvero la società tiene tanto alla salute? No. Rassicuratevi: se ne fregano tutti (anche se dovrà pur esserci da qualche parte un calcolo economico della Sicurezza sociale; un bilancio prevenzione/cura): la cosa più importante è essere in piena forma mentale e fisica per la competizione professionale, per essere i più produttivi al lavoro, e anche i più adattabili, poiché con la precarietà...

Allora mi colpisce la simultaneità delle due correnti: l'economia del benessere e il benessere animale. Ancora una volta, l'interdipendenza uomo-animali guiderebbe questi ultimi sui passi socialdemocratici dei primi. Le gabbie saranno più grandi, e non si taglierà più il becco ai pollastri e la coda ai porcellini. E le mucche saranno felici, ben trattate e curate da robot. Il tutto a norma europea. La tecnologia del benessere automatizzerà ogni cosa. Basta con le atrocità umane; non c'è più bisogno di umani nella produzione animale industriale: un controllore davanti a un muro di schermi sarà sufficiente alla felicità degli animali. Se nella profonda campagna restano dei recalcitranti tipo policoltori e poliallevatori biodinamici, agroforestazione e razze locali, i vegani si faranno carico di eliminarli con la legge. Dopo di che non esisteranno più contadini: poco redditizi e brontoloni; per loro è sempre troppo asciutto o troppo umido, e non sono mai contenti. Inoltre, mangiano gli animali che allevano. Dei barbari d'altri tempi: selvaggi. Basta! Circolare! Non c'è più campagna da vedere. In effetti, una campagna senza contadini è una grande periferia, un serbatoio di case di riposo o un parco naturale dove ciascuno viene ad assaporare il proprio diritto a respirare l'aria pura. Nient'altro.

In Francia, l'economia del benessere ha subìto una forte battuta d'arresto con il movimento proteiforme dei gilet gialli. In Europa è sotto violento attacco dell'odio nazionalista. Un'altra forma dell'odio di sé. Al tempo stesso, il veganismo, la carne coltivata e i surrogati di carne a base di piante potrebbero anche segnare la fine del benessere animale, con la chiusura definitiva degli allevamenti.

16
Aggirare la morte

Di fronte all'ampiezza della rottura – tanto tecnica e culturale quando di civiltà e filosofica – che la produzione industriale della carne *in vitro* provocherà, mi è sembrato indispensabile parlarne con un filosofo. Ho scelto Jean-Luc Guichet[1] per due motivi. Primo perché è un filosofo del legame uomo-animale, che è il fulcro del nostro argomento. Secondo perché è anche un eminente specialista del XVIII secolo, il secolo dei Lumi in cui il pensiero tecnico si radica, e il nostro argomento riguarda una metamorfosi della logica tecnica.

«Quali riflessioni v'ispira la carne di sintesi, la carne ricavata dalla coltivazione di cellule staminali?».

«La constatazione del paradosso. Se ne sottolinea il plusvalore etico perché è una carne che non sarebbe legata alla morte. È un modo per aggirare la morte. Una carne prodotta in serie con un procedimento sintetico che apparentemente libera il desiderio di carne da questa macabra ipoteca che gli pesa sopra. Questo mette la carne sullo stesso piano di un qualsiasi prodotto agricolo, come se si producesse grano o mais. Si cancella la differenza tra il vivente biologico e il vivente vegetale.

C'è un plusvalore etico, ma al tempo stesso il sospetto di una collusione col grande capitale. È strano che dei vegani, che si collocano di poco a lato dei disadattati, degli zadisti, degli anarchici bucolici e di chi abbraccia gli alberi, possano essere sospettati di un legame con

1 Membro del Comitato di etica della sperimentazione animale di La Fondation Droit Animal, Éthique et Sciences (LFDA).

la grande industria, con la finanza che investe proprio nello sviluppo della carne di sintesi. Un po' strano rivendicare, da un lato, una naturalità forte che passa da e per la dieta alimentare e, dall'altro lato, usare un tale artificio per avvicinarsi a questa naturalità, poiché non esiste nulla di più artificiale della carne di sintesi.

Per definizione, la carne di sintesi è prodotta in laboratorio. Ciò che colpisce è una simmetria tra l'attuale industria della produzione di carne, in cui l'animale ormai non è altro che un elemento del processo produttivo caratterizzato dall'automazione, dalla standardizzazione e dalla segmentazione, e una produzione indefinita di carne di sintesi. Le due sono stranamente parallele, e ispirano spontaneamente la stessa nausea e lo stesso disgusto che si prova davanti a una produzione che perde il suo valore proprio perché non ha più limiti. Non si attribuisce un valore a qualcosa che si può produrre all'infinito, mentre l'animale vivente ha un valore perché è il frutto non moltiplicabile indefinitamente sia di uno sviluppo organico autonomo, sia del lavoro dell'allevatore. C'è un aspetto non sostituibile, a differenza della carne di sintesi: l'animale ha una singolarità; ciascun animale è un individuo unico che in sé ha una certa rarità».

«Si può chiamare "carne" se non proviene da un animale ucciso?».

«Questa carne coltivata non è un muscolo che ha lavorato all'interno di un organismo. Non è stato connesso a un organismo individuale, carico di emozioni, che ha un rapporto col mondo, che mastica cibi, ecc. È una carne informe che non è stata strutturata dalla vita. È una materia organica di cui ci si può domandare se sia qualcosa di vivente. Il legame tra la vita e la morte sembra essere stato dimenticato, e tuttavia è proprio ciò che fa sì che una vita sia una vita. La vita è una vita perché alla fine c'è la morte. Qui siamo in presenza di una sorta di carne immortale ma che non ha mai vissuto. Si rifiuta la morte – è il plusvalore etico di questa carne –; ma è davvero una carne vivente? È una creazione inquietante e angosciante, poiché apre su un ignoto di cui non possiamo prevedere gli sviluppi futuri. È estremamente paradossale: un po' da apprendista stregone, con, da una parte, una specie di etichetta etica, compassionevole, e, dall'altra parte, un risvolto mostruoso, indefinito, senza valore, senza vita, e che alla fine ci spingerà a consumare senza limiti la carne perché l'avremo dissociata dall'animale vivente».

«Una carne senza animale non è anche una rottura di civiltà?».

«Con la carne di sintesi non avremo più bisogno di allevatori: ciò significa una carne paradossalmente sia senza animale che senza uomo. Questo segna la rottura di quel rapporto essenziale, costitutivo della nostra civiltà, che risale al Neolitico e che si è costituito tramite l'allevamento. All'alba dei tempi, l'allevamento ha profondamente trasformato l'uomo e ha ugualmente trasformato gli animali scelti, in funzione delle loro caratteristiche, per il fatto di vivere in mandrie, per il loro atteggiamento docile, per un sistema di relazioni interno alle popolazioni animali grazie al quale l'uomo ha potuto assumere un ruolo di supremazia sugli animali stessi. La domesticazione è un rapporto di sfruttamento basato sul profilo etologico di alcune specie animali, non tutte. Con queste popolazioni animali selvatiche, l'uomo ha potuto costruire il rapporto di allevamento e questo, con la rivoluzione neolitica, ha profondamente trasformato l'uomo. Anziché essere nomade e cacciatore-raccoglitore, si è radicato a un territorio tramite l'agricoltura e l'allevamento. È l'inizio di una forma di civiltà che è ancora la nostra.

D'altra parte, questo ha aumentato la responsabilità umana, poiché l'uomo ha accettato di farsi carico di un altro: l'animale. Il rapporto con gli animali d'allevamento è divenuto essenziale per la sopravvivenza dell'uomo. Ha sviluppato una preoccupazione per l'Altro. Un Altro totalmente altro. Non un altro uomo, ma un animale; quindi con un coefficiente di alterità particolarmente forte che introduce un concetto dell'uomo come essere aperto che si costituisce in riferimento a un altro».

«Possiamo dire che gli animali addomesticati hanno, da un lato, accettato la domesticazione e, dall'altro, ci si trovano a loro agio?».

«È l'idea di un "contratto di domesticazione". Non è un contratto esplicito, poiché l'animale non ne è consapevole, ma s'instaura una sorta di patto: "Io ti sfrutto e ti condanno a morte, ma fino a quel momento ti faccio sfuggire la precarietà dell'esistenza naturale e ti garantisco la sicurezza che ti consentirà di condurre una vita tranquilla". Una specie di contratto naturale che inquadra un rapporto di sfruttamento dandogli una certa base etica. Ciononostante, è discutibile, poiché non concede la possibilità di una vita tranquilla al vitello o all'agnello uccisi prematuramente.

L'accettazione di un fondamento etico della relazione con gli animali d'allevamento passa per il loro rispetto in quanto individui, e non come popolazione. Quest'etica animale dell'allevatore non può basarsi che su tale contratto di domesticazione che presuppone un rapporto di cura individualizzato tra l'allevatore come persona umana e l'animale come individuo. Un rapporto di protezione. Questo suppone di lasciar vivere l'animale per un certo tempo. Con l'allevamento industriale si rompe completamente questo contratto di domesticazione».

«Cosa ne pensa della teoria antispecista che sottende le argomentazioni vegane e il loro confronto con gli altri esseri viventi?».

«Il loro argomento teorico fondamentale è che saremmo accecati da un egoismo di specie – in maniera inconscia ma comunque con una buona dose di malafede – che ci spinge sistematicamente a rispettare l'essere umano anche se non presenta le qualità che normalmente definiscono l'umano, vale a dire la coscienza, il linguaggio, ecc. Gli antispecisti fanno l'esempio dei "casi marginali", ossia del fatto che si continua a dare un valore umano, con i relativi diritti, a individui che non hanno tutte le facoltà umane, o in ogni caso non le mettono in atto: disabili mentali gravi, anziani affetti da demenza senile e neonati. La storia emblematica è quella detta di "bébé Fae", nel 1984, negli Stati Uniti. Questa bimba nasce con una malformazione cardiaca che la condanna, e un chirurgo le trapianta il cuore di un babbuino. La neonata sopravvive per quasi tre settimane e poi muore. Tom Regan, un teorico antispecista, scrive un articolo contestando la legittimità etica del sacrificio di un animale, che aveva qualità psichiche e comportamentali superiori, per un altro essere vivente, la neonata, che aveva qualità inferiori. Forti di questo esempio, gli antispecisti richiedono l'estensione del diritto agli "animali non umani".

Per rispondere agli antispecisti, noi includiamo i casi marginali nell'umanità, anzitutto perché ci sono rapporti di filiazione. Questi casi marginali sono legati ad altri esseri umani, i parenti, o sono comunque figli dello Stato. Poi c'è una solidarietà oggettiva che si costituisce tra uomo e uomo, poiché l'umanità non è soltanto una popolazione d'individui, né trova la sua unità in una certa idea dell'umano al di là della condizione empirica delle singole persone. Gli uomini, quando si riconoscono reciprocamente in quanto uomini, pensano spontaneamente che la sfortuna che può colpire alcuni non autorizza ad aggravarne la condizione escludendoli dall'umanità.

Seguo una linea darwiniana. Penso che esista una differenza tra l'uomo e gli animali, anche se è semplicemente legata alla storia del vivente. L'uomo è un animale trasformato, e questa trasformazione inizialmente quantitativa è diventata qualitativa. Possiamo ritrovare più o meno tutte le qualità che per molto tempo abbiamo ritenuto specifiche degli umani nelle specie animali: la coscienza, il linguaggio (ma senza grammatica), la cultura, la tecnica, ecc.

Di primo acchito, tra l'essere umano e l'animale non ci sarebbe alcuna differenza. Ma non bisogna dimenticare una cosa molto importante: in ogni specie animale ritroviamo uno o alcuni di questi caratteri, ma non li ritroviamo mai insieme. Soltanto l'uomo è al tempo stesso cosciente, ha un linguaggio articolato, una tecnica molto elaborata e un tipo di socialità che implica la politica. Caratteri, tra l'altro, fissati da una continuità che negli animali non si ritrova. È questo aspetto qualitativo a fare la differenza con l'animale. Inoltre, l'uomo è l'unico essere vivente a porsi domande metafisiche, a preoccuparsi di un ordine superiore del mondo, di una realtà soggiacente, di un ordine simbolico del mondo, di entità, di specie di divinità, di un aldilà dopo la morte... Tutte queste riflessioni sono caratteristiche del ragionamento umano.

Non siamo individui definibili unicamente dalla sensibilità, anche se penso che tutto sia innanzitutto radicato in essa. La nozione di specie – anche se ora si parla di popolazioni animali più che di specie – ha un certo fondamento. Martha Nussbaum, filosofa americana sostenitrice della massima presa in considerazione possibile degli animali, argomenta da una prospettiva specista e aristotelica, cioè considerando la finalità. La finalità di una gallina non è leggere libri di filosofia. La finalità di un essere umano è poter accedere alla cultura libresca e alla cultura in generale. Per Martha Nussbaum, la presa in considerazione della specie è fondamentale per definire i diritti sulla base di un esame concreto delle circostanze, delle comunità e delle specie».

«Si possono accordare diritti agli animali?».

«È il punto di vista dei teorici dei diritti come Tom Regan. Tutto dipende da ciò che intendiamo per diritto: diritti deboli o diritti forti? Chiunque è in grado di riconoscere il diritto alla vita: è un diritto debole.

Spinoza considera assolutamente normale che i pesci grandi mangino quelli piccoli. Parte dal fatto che ciascuno ha un diritto naturale alla vita, ma questo non impedisce di farsi divorare da un altro pesce, che ha a sua volta il diritto di vivere e non ha altra scelta, poiché è carnivoro, che mangiare il pesce piccolo. C'è uno scontro di diritti. Non esiste un diritto superiore che risolve la situazione, salvo se si è in società. Un diritto forte è un diritto accettato e garantito da una collettività. Per Spinoza, il diritto forte, positivo, rafforza il diritto naturale e lo garantisce a chi è capace di entrare in questo diritto positivo, ossia gli umani. Il diritto naturale si fonda sull'esperienza individuale; ciascuno manifesterà il proprio diritto, che non è altro che un desiderio, di vivere e di fare tutto ciò di cui ha bisogno per continuare a vivere. Il diritto forte è un diritto che ha in sé la forza di tutta una comunità: è il diritto positivo.

Possiamo accordare agli animali dei diritti che siano l'equivalente dei diritti che riconosciamo agli umani come membri della comunità umana? Nell'*Encyclopedie*, alla voce "Diritto naturale", Diderot fornisce un'idea efficace del diritto: il diritto positivo è legato alla capacità di dichiarare, e quindi di rivendicare, i propri diritti. Di conseguenza, secondo lui, se gli animali avessero un linguaggio sufficientemente sviluppato per partecipare a un'assemblea, deliberare e battersi per i loro diritti, allora quest'assemblea dovrebbe accordarglieli all'unanimità. Ma visto che non hanno questa capacità, non c'è alcuna ragione per accordarglieli. Questa logica del diritto positivo è legata alla decisione della comunità umana. Questo diritto forte presuppone una reciprocità del diritto, ossia della libertà garantita e dell'obbligo di rispettare questo diritto altrui. I diritti forti presuppongono dei doveri.

Se, come reclamano gli animalisti, il diritto non solo protegge il gorilla (ed è precisamente il caso attuale poiché possiamo essere fonte di obblighi senza per questo essere soggetti di diritto), ma in realtà un soggetto di diritto, e quest'ultimo è difeso o è testimone in un processo, si può pensare di condannarlo se travalica il suo diritto e afferra il giudice per mangiarselo in un boccone? Si vede bene la difficoltà di attuazione di un diritto animale in senso forte. Gli animalisti ribattono che, sull'esempio dei "casi marginali", i diritti giuridici del gorilla possono essere delegati... a un'associazione animalista. Omettono, in tutta malafede giuridica, che la subordinazione e la delega necessaria dei diritti dei minori, dei disabili gravi e dei malati di Alzheimer, in nome delle condizioni di dipendenza, presuppongono anzitutto una privazione sul piano giuridico. Un minore diventerà maggiorenne; un malato d'Alzheimer è stato un adulto in possesso delle sue facoltà; c'è uno stato di privazione che giustifica un altro regime giuridico, mentre questo non è il caso dell'animale.

Ciò non toglie che gli animali, come esseri sensibili, non possono eticamente e giuridicamente essere ridotti a cose indifferenti, e che sono fonte di obblighi e di divieti in quanto noi stessi possiamo identificarci con essi grazie alla nostra sensibilità personale. È ciò che Rousseau, prima di Bentham, al quale si attribuisce spesso questo riferimento alla sensibilità, sosteneva chiaramente nel 1755, nella prefazione di *Origine della disuguaglianza*: la sensibilità è una "qualità che, essendo comune alla bestia e all'uomo, deve almeno dare a uno il diritto a non essere mai maltrattato inutilmente dall'altro". È ciò che chiama "pietà" e che in un certo senso anticipa ciò che noi oggi intendiamo per "empatia"».

«L'altro argomento avanzato dagli animalisti è la senzienza, a lungo sostenuta da Peter Singer...».

«La "senzienza", termine di origine inglese, è una nozione ambiziosa che comprende la sensibilità e la coscienza, una certa facoltà di anticipazione e di fare delle scelte. In effetti è stata molto sviluppata da Peter Singer, con il quale entriamo in un altro universo teorico, quello dell'utilitarismo, la cui logica è discutibile. Peter Singer, e questo spesso è taciuto, non è completamente contro l'uccisione dell'animale, a patto che, dice lui, serva la collettività in maniera indiscutibile. A patto che ci sia un vantaggio collettivo, un aumento del benessere collettivo, determinato dalla somma delle felicità degli "esseri sensibili". Per gli utilitaristi, tutti gli esseri sensibili devono essere presi in considerazione, senza frontiere di specie. Se c'è un vantaggio collettivo, allora questo può giustificare il sacrificio di una parte della collettività o di un individuo. Non è più questione di diritti come per Tom Regan. Il diritto è assoluto: non si fa marcia indietro su un diritto. Con la senzienza, secondo Peter Singer, abbiamo a che fare con un calcolo delle utilità. Anche se l'emozione, il piacere e la felicità (per gli utilitaristi, la felicità è il piacere) si provano a livello individuale, l'utilitarismo è un ragionamento sulla collettività. Quest'azione favorirà il maggior numero di esseri sensibili? Può implicare la morte di un animale, ma è necessario che la morte sia indolore e istantanea: che non possa essere presagita dalla vittima. Difficile da mettere in pratica. Dato che gli animali hanno una capacità di anticipazione poco sviluppata, si può ammettere l'uccisione dell'animale, per esempio per un esperimento scientifico indispensabile per fermare un'epidemia che potenzialmente rappresenta una somma maggiore di infelicità. Di questo passo si può arrivare fino alla sperimentazione su umani classificati come "casi marginali"».

«Peter Singer parla di parità di considerazione per abolire le differenze tra gli animali non umani e gli animali umani...».

«Peter Singer sviluppa un utilitarismo delle preferenze. È individualista: a ciascuno determinare le proprie preferenze. Non è possibile definire le stesse ricette di felicità per tutti. È un utilitarismo del piacere. In questo, Peter Singer rompe con Jeremy Bentham, il padre dell'utilitarismo inglese nel XVIII secolo. Parità di considerazione non significa uguaglianza finale. Bisogna mettere l'uguaglianza all'inizio, senza pregiudizi, senza stereotipi di specie: considerare in maniera uguale tutti gli individui, umani e non umani. Questo non vuol dire arrivare alla parità di trattamento. Ad esempio, gli utilitaristi diranno che i casi marginali hanno una sensibilità elementare, che non hanno facoltà di anticipazione del futuro o capacità di ricordare il passato, che non hanno sviluppato quell'autobiografia individuale che permette di costituire in senso proprio una persona; di conseguenza, possono essere trattati in maniera diversa».

«Nel mondo idilliaco dei vegani, cosa diventa il selvaggio?».

«Mi chiedo sinceramente se sia rispettato in quanto tale. Tra i vegani, c'è una parte di antropomorfismo e un'idealizzazione della natura. Ora, la natura non è un paradiso. Senza per questo aderire alla concezione ideologica della natura ridotta alla lotta di tutti contro tutti, che circolava in Gran Bretagna alla fine del XIX secolo, la natura ospita dei rapporti di forza, dei rapporti di predazione mescolati a meccanismi di solidarietà tra gli individui, dei sistemi di solidarietà molto forti e un'interdipendenza globale. I vegani idealizzano la natura proiettando sull'animale la colpevolizzazione dei danni che la società ha fatto alla natura. In tutto questo, dimenticano il selvaggio in quanto tale.

Il selvaggio ha un'alterità forte che è prezioso preservare. L'alterità del selvaggio gli viene dalla foresta; dall'altro lato del sipario illuminato della civiltà. L'oscura profondità della foresta: questo è il selvaggio. Questo modo di rapportarsi all'Altro nella sua alterità, per me incomprensibile, è assorbito dal movimento vegano e dal movimento zadista, che vogliono ridurre il mondo alla loro idea. Entrambi seguono la stessa logica. Questa causa animale è la cristallizzazione di una contestazione globale, politica di una forma di società liberale. Dietro la causa animale c'è la solidarietà di un movimento molto più vasto, che è quello della critica a una società fondata sul dominio. Dominio sull'animale; dominio sulla donna; dominio sul povero. Logica di dominio globalmente rifiutata, di cui il dominio sull'animale è il simbolo. Quindi trovo un po' strano che dietro questa causa ci sia una sorta di collusione con l'alta tecnologia e il capitalismo finanziario. Nel frattempo, bisogna anche sfumare: alcune ZAD [*zone à defendre*, 'zona da difendere', NdT] hanno per oggetto proprio la preservazione degli spazi di natura selvaggia minacciati dai costruttori o da altri cementificatori. Parlo soltanto delle tendenze globali, ma possono esserci anche altre tendenze che le correggono».

«Il rapporto dei vegani con il mondo selvaggio rappresenta anche una visione statica della storia. Darwin spiega bene l'esistenza di un processo nel caos organizzato e generale della Natura...».

«Sì, c'è una sacralizzazione di una condizione statica della natura».

«È una forma di negazione del processo della vita».

«È per questo che l'etica ambientalista è contraria all'etica animale. Le etiche animali sono fondate sul rispetto dell'animale come individuo, e questo può condurre ad assurdità come una Polizia della natura che dovrebbe impedire al leone di aggredire la gazzella e proporgli un menù vegetariano. Le etiche ambientaliste ragionano in base alle popolazioni e al loro ruolo negli ecosistemi. Per prendersi cura della prateria, non importa che un certo bisonte sia salvato, ma che sopravvivano dei bisonti. Una popolazione vive in un ecosistema che può evolvere. Non esiste una sacralizzazione delle specie, ma una visione più dinamica e anche più informata scientificamente.

Pendo più dal lato dell'etica ambientalista, tranne per l'animale d'allevamento, poiché è totalmente diverso: è un animale individualizzato di cui l'uomo si prende cura. In questo caso, il regime etico è differente: è quello del contratto di domesticazione».

«Il selvaggio, in fondo, è ciò che resta inconcepibile».

«Sì, ma l'uomo contemporaneo ha una visione schizofrenica dell'animalità. Ha tre rappresentazioni dell'animale. La prima è quella dell'animale da consumare, che ritrova nel piatto senza sapere come ci sia arrivato, in una forma che non ne lascia percepire l'origine da un animale vivente. La seconda rappresentazione è quella dell'animale da compagnia, iperantropomorfizzato, iperidealizzato, elevato al rango di una persona. La terza è quella dell'animale selvatico, anch'esso idealizzato e antropomorfizzato, visibile nel successo di film in cui gli animali sono i personaggi centrali, come *L'orso*, di Jean-Jacques Annaud (1988), o *La volpe e la bambina*, di Luc Jacquet (2007), anche se meno in quest'ultimo caso. L'animale è rappresentato apparentemente selvaggio, ma è sufficientemente antropomorfizzato perché lo spettatore ci s'identifichi. Ora, non c'è articolazione tra queste tre rappresentazioni dell'animalità.

Un tempo, la figura dell'animale da fattoria contribuiva a una visione più sintetica dell'animale. L'animale da fattoria conserva un lato un po' selvatico: il gallo nell'aia, l'anatra e il maiale non si lasciano catturare facilmente. Fanno parte della famiglia ma al tempo stesso ne restano al margine. Non sono animali da compagnia: non entrano in casa. Vivono la loro vita, che vediamo scorrere ogni giorno e che termina con la morte. La morte non è data in un'area privata come il mattatoio moderno, ma nel cortile della fattoria o in piena strada. L'embricazione della presenza animale con la presenza umana anche nel cuore delle città dura fino all'inizio del XX secolo: data che segna lo spostamento dei mattatoi fuori città o in degli spazi chiusi.

Dopo la Seconda Guerra Mondiale, l'inizio dell'allevamento industriale separerà lo spazio dell'animale addomesticato dallo spazio umano, tranne per l'animale da compagnia, che resta una specie di isola di sopravvivenza, di resistenza tramite il quale continuiamo a coltivare un rapporto con l'animale, ma privo della visione globale dell'animalità. Questo spiega il fatto che in seguito non si riesca più a sopportare la sorte degli animali d'allevamento e degli animali selvatici, poiché si proietta la nostra intimità con l'animale da compagnia a tutti gli altri animali. Prova di un'incapacità di distinguere i vari piani della relazione con gli animali. Con nondimeno un punto fermo: un aggravamento oggettivo della condizione di vita degli animali nella produzione industriale, divenuta eticamente inaccettabile.

In fattoria, nella movimentazione, in miniera, nei trasporti, la relazione tra l'uomo e l'animale è stata per lungo tempo mediata da un rapporto di lavoro. Siamo passati dall'"animale artigiano" all'"amico animale". Questo necessitava di un addestramento alla voce e ai gesti dell'uomo, al rapporto con il cane, ecc. Esisteva una competenza del rapporto con l'animale. Come sappiamo guidare un'automobile, sapevamo condurre una mandria, cavalcare, dirigere i buoi e i muli. Questa competenza è andata perduta, anche nelle campagne. Oggi, per esempio, negli allevamenti industriali, non si riescono più a gestire molti problemi di comportamento dei maiali. I dipendenti non sono formati. Il rapporto con l'animale è stato dequalificato. Non è più un rapporto di solidarietà per la realizzazione di un lavoro comune: è un rapporto frontale o di affiancamento completamente informale. Un rapporto di affiancamento che può diventare un rapporto frontale, come in esempi sempre più frequenti in cui, in una famiglia, il cane prende il potere e detta la sua legge, come impossessarsi del divano e mordere chiunque voglia sedervisi. Prova di una visione umana del mondo che nega i rapporti di forza, mentre questi restano comunque una componente del reale che non possiamo eliminare totalmente, anche se occorre collegarli per quanto possibile a dei rapporti di valore e di senso».

«Il fatto che in fattoria gli animali rientrassero nella cerchia dei rapporti di lavoro limitava l'intimità, ed era meno difficile ucciderli. Trovo che i vegani abbiano un vero problema con la morte. Sono perlopiù giovani e di cultura urbana, e per loro la morte non ha il posto centrale che occupava negli ambienti rurali ancora cinquant'anni fa, quando si vegliavano i defunti, sotto lo stesso tetto vivevano tre generazioni, si uccideva il maiale in fattoria e la maggior parte delle famiglie aveva un pollaio e una conigliera. La scomparsa della morte dalla nostra vita quotidiana la fa paradossalmente emergere in un aspetto strutturale del veganismo e del transumanesimo. Questi movimenti sembrano voler esorcizzare la morte: gli uni eliminando l'allevamento, ossia eliminando i carnivori, e gli altri lavorando sulla longevità, sull'uomo aumentato, ecc. Gli uni e gli altri riunendo spesso i loro sforzi. Ricollego questa osservazione a ciò che lei diceva sulla singolarità della specie umana. Con gli xenotrapianti, un cuore di scimmia, un fegato di maiale, con tutto ciò che tentiamo d'impiantare nel corpo di elettronico, di nanotecnologie e anche di organi e di arti artificiali, non rischiamo un giorno di modificare irrimediabilmente l'ordine naturale delle specie? Non si rischia (o desidera) una speciazione umana?».

«In effetti si rischia un'interferenza delle frontiere tra le specie, con un incrocio di forme che già si ritrova nell'arte. Da una ventina d'anni, nei fumetti compaiono personaggi con la testa di animali. Nella rappresentazione viviamo già un allentamento delle frontiere tra le specie. Nel *Sogno di d'Alembert* (1769), Diderot parla di capripedi. Per lui, la chimera non è tecnologica come oggi, con dei chip nel cervello per memorizzare l'intera enciclopedia. No, Diderot immagina delle nuove specie ottenute per ibridazione e dalle capacità migliorate grazie all'inserimento di organi animali nel corpo umano, come quegli uomini con le zampe di capra per essere più veloci e più potenti degli uomini ordinari. Queste ibridazioni non sono sempre necessariamente negative, poiché si fondano sulla nostra matrice animale, che soprattutto non va negata, ma è importante conservare un'identità umana globale e non scherzare con giochi troppo pericolosi.

In effetti, la rimozione della morte dalle nostre società induce a ragionare non più come se l'uomo fosse una struttura in cui tutti i componenti sono interdipendenti, ma come se l'essere umano fosse costituito da un kit. Potremmo impiantarvi elementi tecnologici, organi animali, componenti elettroniche per realizzare una connessione tra i cervelli, come dei computer in una rete internet. Alcuni avanzano addirittura l'idea di un'esistenza umana in sola forma elettronica. Una pura coscienza a passeggio sulle reti digitali».

«Un tale desiderio di scorporizzazione non tradisce un odio per il corpo? L'avvicinerei al disgusto che, durante questa inchiesta, ho notato quando parlavo di allevamento in molti dei miei interlocutori, che, sulle deiezioni animali, mi hanno risposto sogghignando e osservando che i surrogati della carne gli risparmierebbero lo spettacolo...».

«Siamo ciò che siamo, ma non tutti l'accettano. Contrariamente all'idea materialista che si fanno di se stessi, c'è un lato idealista in molti teorici vegani e transumanisti. Per noi la materia è il corpo. Pensare che l'intelligenza artificiale potrebbe produrre da sé delle emozioni senza legame con un corpo è semplicemente una sciocchezza. Proviamo delle emozioni e abbiamo un'intelligenza intuitiva grazie a quella che Descartes chiamava l'*union de l'ame et du corps*.

Il legame con il corpo è fondamentale, poiché presuppone la nascita, la crescita, l'appropriazione del mondo attraverso un'esperienza sensoriale, dei tentativi-errori che contribuiscono alla formazione di un'intelligenza naturale, biologica. Per ottenere lo stesso risultato, un'intelligenza artificiale dovrebbe unirsi a un corpo – in teoria, perché no? –, e non concepire idealmente un'intelligenza separata, sfiorando, ma senza mai raggiungerla, l'intelligenza naturale.

La paura della morte è anche una paura della vita. Aggirare in questo modo il rapporto con la morte, questa scelta della non morte, è anche la scelta della non vita: le due vanno insieme. Il rapporto dei vegani con gli animali e la carne di sintesi mi sembra dipendere da una proiezione della loro personale ossessione per la morte».

17
I due volti di una stessa barbarie

Giunto quasi al termine della mia inchiesta, di ritorno in Francia, rileggo i miei taccuini di appunti e il file digitale «UE-Francia», dove inserisco da un anno, via via che arrivano, le informazioni pertinenti e le osservazioni che m'ispirano.

Non dimentichiamo che tutta questa faccenda dei surrogati della carne ha le sue radici nel Vecchio continente. Nel XIX secolo, con il movimento per il benessere animale in Gran Bretagna e il vegetarianesimo libertarista in Francia. Nel XX secolo, in Gran Bretagna, con la nascita del veganismo nel 1944, con il movimento animalista e le sue milizie negli anni Sessanta-Ottanta. Con la ricerca scientifica sulla coltivazione cellulare che inizia in Francia (Alexis Carrel, 1912), poi si sviluppa nei Paesi Bassi con Willem van Eelen (1950) e trionfa con la carne *in vitro* di Mark Post (2013), che dà davvero il via a una corsa mondiale alla carne artificiale.

È stato necessario che queste idee attraversassero l'Atlantico per crescere ed espandersi. Questo per quattro motivi.

Innanzitutto, il terreno fertile di un Paese, gli Stati Uniti, la cui cultura agronomica e gastronomica si fonda sulla quantità, sulla praticità derivata dalla cultura tecnica (confusa con l'efficacia) e sulla massimizzazione dei profitti: un modello in crisi concettuale, ambientale e sanitaria, e quindi una società civile alla ricerca di soluzioni.

Inoltre, la peculiarità californiana di ospitare una concentrazione di aziende, università, centri di ricerca, *think tank* e incubatori di società focalizzati sul digitale, la dematerializzazione, l'intelligenza artificiale e le biotecnologie: concentrazione che orienta ogni ricerca di soluzione in qualsiasi campo verso una tecnologizzazione sempre più spinta.

A complemento logico, una cultura economica e finanziaria basata sull'assunzione del rischio da parte di imprenditori individuali, sostenuta dal capitale di rischio e ricompensata dagli aumenti di capitale o dall'acquisizione da parte di una grande società: le start-up concepite come esternalizzazione dei laboratori delle multinazionali.

Infine, l'allerta climatica e ambientale, che alla crisi del modello alimentare aggiunge la perdita di ogni speranza di poter fare un passo indietro: il clima cambierà irrimediabilmente, e con lui tutti gli ecosistemi, e questo influenzerà i nostri stili di vita. Un fatto che concerne il villaggio globale e permette di esportare a livello mondiale delle soluzioni californiane.

Guerra economica

Allora ecco delle idee – le diete vegetariane e vegane, i surrogati della carne e i diritti animali –, in Europa rimaste confinate nella piccola cerchia dei loro adepti per mezzo secolo, che oggi tornano nelle loro terre d'origine, più aggressive, più organizzate e riccamente finanziate poiché inserite in un processo economico. Le quindici società di sostituti della carne create in Europa, quindi, non rientrano nell'aneddoto. Sono le teste di ponte di un'offensiva economica. Un movimento che cercherà il proprio profitto. Con l'agitazione degli estremisti animalisti, questo movimento beneficia di un preparazione dell'opinione pubblica all'arrivo della carne coltivata e degli altri sostituti a base di piante.

Qui non si tratta di difendere l'indifendibile trattamento degli animali nella catena di produzione industriale della carne, né di intonare un ritornello paranoico su un malvagio complotto contro la carne deciso in un luogo segreto al di là dell'Atlantico. È molto più semplice. L'offensiva è già qui, semplicemente portata dal mercato, ossia dall'esca del guadagno. Una manna di risorse per un'associazione, opportunità di creare un nuovo prodotto per una start-up, possibilità di un nuovo mercato per una società. Va ricordato che la torta da dividere è enorme e stuzzica gli appetiti. Il mercato mondiale della carne è valutato 1400 miliardi di dollari. Nei prossimi dieci anni, gli analisti stimano che il mercato della carne vegana varrà il 10% di questo mercato, cioè 140 miliardi (Gully, 2019). Quanto varrà il mercato degli onnivori attirati da una «carne etica» anche se non è carne in senso stretto? Nessuno lo saprà fin quando la prima bistecca non sarà sul mercato.

Ho parlato di offensiva, come i generali parlano di una guerra, ma l'economia liberale non è forse una guerra, con i suoi conflitti localizzati o generalizzati, di bassa o alta intensità, asimmetrici o con armi finanziarie uguali? Proseguendo nella metafora, la guerra si prepara sfruttando i punti di forza del campo di battaglia.

In Europa, questi punti di forza sono costituiti dalle reti vegetariane e dalle associazioni animaliste. Dopo il 2013, vediamo queste associazioni riprendere vigore con i mezzi finanziari forniti dalle reti già descritte (capitoli 7 e 8), le cui sovvenzioni sono dedicate a oggetti precisi (gabbie per il pollame, agitazioni nelle università, sviluppo della propaganda, lobbismo politico, ecc.). Il bombardamento d'immagini di mattatoi che diffonde lo spavento, le aggressioni alle macellerie, il pacifismo sanguinolento delle manifestazioni e la logorrea che gioca sull'antropomorfismo per suggerire soluzioni sbagliate a fronte di un sentimento giusto sono altrettante fratture e scorciatoie intellettuali che puntano a disgustare la gente per indurla a non mangiare carne. Paura, disgusto, colpevolizzazione e soluzione unica sono le classiche regole del terrorismo ideologico.

Parallelamente e su un altro piano, questi movimenti fanno lobbismo politico: sito web per discriminare gli eletti in base al loro impegno per «la causa animale»; capitalizzazione dell'emozione dei loro elettori. Lotta corpo a corpo nei corridoi dei Parlamenti per influenzare le leggi nazionali e le regole europee. Una strategia in due tempi: prima ottenere avanzamenti sul diritto degli animali; poi ottenere la commercializzazione dei vari sostituti della carne.

Il secondo giro di questa battaglia d'influenza si gioca con gli intellettuali e i media. I colpi di scena degli attivisti fanno nascere e gonfiare una bolla mediatica che ha la vocazione di attirare tanto chi ha qualcosa da dire quanto chi si diverte a raccontare sciocchezze dal balcone o su un blog, come lucciole verso la luce, a patto che ci guadagnino il loro quarto d'ora di eternità. Quelli che non rappresentano gran che, a parte se stessi, ovviamente, prendono tanto spazio quanto quelli che rappresentano o sono portavoce di un messaggio collettivo. La storia ne guadagna dei rosari di assurdità. Questa bolla continua a dilatarsi grazie all'intensa attività dei militanti vegani su internet (siti, blog, giornali online, social network). Ci si scontra, si lanciano invettive e ci si crogiola nel sentimentalismo e nell'antropomorfismo. Le menti si lasciano conquistare al ritmo di un'urgenza mediatica che non lascia alcuno spazio alla riflessione di fondo.

Beneficiando dell'effetto sorpresa, del fatto che le loro denunce sono giuste e della mediocrità dei loro avversari, gli assalitori vincono la prima battaglia dell'opinione pubblica.

La seconda battaglia, già innescata, è quella dell'accettazione giuridica dei surrogati della carne. Qui manteniamo l'allegoria guerriera per ritrovare un preposizionamento sul terreno da conquistare, ossia una falange di laboratori e di società stabilite in Europa, e che sfruttano i fondi europei.

Accaparrarsi il denaro pubblico

Il compito è difficile: identificare i canali da dove può esercitarsi la prodigalità europea verso le società di sostituti della carne. Di certo il sostegno europeo alla carne coltivata e ai surrogati a base di proteine vegetali non passa dal bilancio della politica agricola comune. Passa per Horizon 2020[1]: programma europeo per la ricerca e lo sviluppo, dotato di 80 miliardi di euro di fondi per sette anni (2014-2020). Sotto l'ala di Horizon 2020, troviamo vari progetti in cui s'incontrano attori delle alternative alla carne. Il programma Smart Protein, in cui, sotto l'egida della School of Food and Nutritional Sciences dell'University College di Cork (Irlanda), ritroviamo gli ideologi vegani di ProVeg International e del Good Food Institute (GFI) che si spartiscono 8,2 milioni di euro con Barilla, AB InBev, Thai Union, Fraunhofer e l'Università di Copenaghen. Il progetto FoodSHIFT2030 (7,5 milioni di euro), i programmi dell'European Institute of Innovation & Techno-

1 Horizon Europe sostituirà Horizon 2020 per il periodo 2021-2027, con un bilancio preventivo di 100 miliardi di euro.

logy (EIT), tra cui quelli dell'EIT Food, che sostengono Nova Meat (100.000 euro), una start-up spagnola di stampa 3D dei sostituti a base di proteine vegetali. EIT Food ha finanziato anche la realizzazione di una piattaforma di estrusione per i surrogati della carne con, in particolare, Nestlé, Roquette, Givaudan, Buhler, Döhler e l'Università di Helsinki. EIT Food sostiene la start-up israeliana di carne coltivata Aleph Farms. Nel 2019, un concorso di EIT Food ha premiato un progetto di ricerca portoghese sulla coltivazione di cellule staminali di pesce (100.000 euro). Andando a curiosare, troviamo, sempre sotto l'ombrello di Horizon 2020, senza precisazioni riguardo ai contenuti ma con dei nomi che lasciano immaginare l'oggetto del bottino, programmi come ICT-AgriFood (5.000.000 di euro), Susfans (5.000.000 di euro), NextGenProtein (8.000.000 di euro) e Fit4Food2030 (4.000.000 di euro). In questo Fit4Food2030 ci sono 306.187,50 euro attribuiti all'International Life Sciences Institute (ILSI), su cui avevo indagato nel 2014 (Bové, Luneau, 2014). L'ILSI è il maggior lobbista agroindustriale del pianeta, finanziato dai professionisti del settore (ADM, Basf, Cargill, Coca-Cola, Danone, DowAgrosciences, DuPont, Mondelēz, Nestlé, Syngenta, Unilever...). Sapendo che alcuni grandi attori internazionali dell'agroalimentare schierati nel mercato delle alternative e dei sostituti della carne – Nestlé, Danone, PHW, Cargill, Tyson, JBS – sono membri dell'ILSI, possiamo ipotizzare che il loro talento di cacciatori di fondi e la loro rete di organismi di facciata collettori di denaro pubblico come l'ILSI serviranno, prima o poi, alla causa dei surrogati.

Bisognerebbe anche poter tagliare di nuovo i finanziamenti che gli attori dell'industria dei sostituti della carne ottengono dai fondi europei per la bioeconomia, la biologia di sintesi, le nanotecnologie, e l'intelligenza artificiale, l'alimentazione e la salute.

La democrazia

Per capire come gli eurodeputati affrontano questo dibattito sull'«alimentazione del futuro», mi soffermerò a parlarne con Benoît Biteau: contadino biologico nella Charente-Maritime, dove alleva razze locali (mucche, asini, capre), coltiva in agroforestazione e ha realizzato, sulle sue terre, una riserva naturale. È stato vicepresidente all'agricoltura del Consiglio regionale del Poitou-Charentes. In breve, è un grande conoscitore dell'allevamento, delle transizioni economiche e alimentari e delle politiche agricole. È stato eletto deputato europeo nelle ultime elezioni, con il sostegno del partito Europe Écologie-Les Verts.

«Cosa pensa dei sostituti della carne a base di piante?».

«È una sciocchezza; non ne abbiamo bisogno! Qual è l'interesse a produrre della carne informe a base di cellule staminali o di proteine vegetali di sintesi quando produciamo carne vera, con dei tagli differenziati? È una disconnessione dal territorio; rientra in una logica di standardizzazione. Occorrono delle soluzioni vegetali, ma non quest'abbuffata industriale: è come sostituire i cibi con delle pasticche».

«I vegani e le loro start-up di carne coltivata o a base di proteine di sintesi accusano l'allevamento di contribuire all'emergenza climatica, in particolare con le emissioni di metano dei ruminanti; sostengono che non sarà possibile nutrire 9 miliardi di persone con lo stesso livello di consumo di carne dell'Occidente, che la carne fa male alla salute e che l'allevamento mette a rischio la biodiversità selvatica...».

«Sono d'accordo con la valutazione fatta su tutti i fronti. Bisogna ridurre il consumo di carne nei Paesi sviluppati anche a causa della dipendenza dalle importazioni per nutrire gli animali degli allevamenti industriali. Mettere nella stessa categoria l'allevamento di qualità e l'allevamento industriale è un metodo ingannevole.

Ho fatto misurare dalla Camera dell'agricoltura la mia impronta climatica.

Benché i miei animali emettano metano, ho un bilancio negativo poiché ho siepi, alberi, aree di biodiversità e praterie naturali che immagazzinano il carbonio. Il mio allevamento attenua il cambiamento climatico. Queste logiche manichee antiallevamento sono insopportabili».

«Eppure dicono che fermando l'allevamento potremmo restituire alla natura altrettanti ettari di terreno...».

«Sulla biodiversità si sbagliano. Nella mia riserva naturale, se interrompo l'allevamento, se avvio delle pratiche di inselvatichimento, andremmo verso un crollo della diversità floreale e faunistica».

«Parliamo del suo ruolo di deputato europeo. L'attuale Politica agricola comune (PAC) e quella futura, che è in discussione, tengono conto dell'offensiva economica e societaria dei sostituti della carne?».

«È il mistero totale. Nella PAC non c'è neanche una parola sull'argomento. Noi Verdi vogliamo inserire l'alimentazione nel discorso sull'agricoltura. Ciò di cui sta parlando sono delle start-up alimentari con logiche industriali. Se non vigiliamo, possono accedere a fondi europei non provenienti dalla politica agricola, ma dal sostegno alle strategie industriali».

«Mi dispiace informarla che sono già finanziate dall'Unione europea: senza ostentazione, per non dire in modo opaco, ma è un dato di fatto. Penso che siamo già arrivati a decine di milioni di euro».

«Aggirano la PAC, poiché oggi c'è una forte sensibilità per la preservazione di un'agricoltura familiare e contadina, per l'allevamento di qualità. Se questi vegani passano dalla PAC, probabilmente non l'avranno vinta».

«Passano attraverso linee di credito dedicate all'innovazione e alla ricerca. Con il "piano proteine", davanti a loro si apre un'autostrada. Lei siede alla Commissione agricoltura del Parlamento europeo: ha uno strumento per far ascoltare il suo punto di vista?».

«Certamente! Nel quadro degli accordi sull'Organizzazione comune dei mercati (OCM), resistiamo a un'offensiva sulla possibilità di utilizzare le parole "salsiccia vegana", "hamburger vegano", ossia un capovolgimento del vocabolario specifico dei prodotti a base di carne. Sono contrario; è deleterio; questo indirizza i consumatori verso dei falsi prodotti. Usare il vocabolario della carne per un surrogato vegetale è pericoloso. Ma se ne discute anche nelle file dei Verdi, poiché ci sono dei Verdi vegani».

«Eppure, non c'è niente di più lontano dalla natura del veganismo, e sarebbe il colmo se l'agricoltura si facesse sopprimere grazie ad alcuni Verdi…».

«Con loro posso aprire un dibattito sull'abbattimento, ma resta un discorso filosofico: non si tratta di ecologia. L'ecologia è una scienza ben codificata. Nella mia riserva naturale, ho bisogno dell'allevamento, altrimenti non potrei avere biodiversità, né diminuzione dei gas serra. L'inselvatichimento non è la risposta giusta. L'approccio vegano è filosofico e si scontra con il pensiero ecologista. Bisognerà fare delle scelte…

Certo, bisogna lottare contro la produzione industriale di carne, che non si tratta più di allevamento. Lottare contro l'abbattimento improprio e le pessime condizioni di trasporto. Ma esistono condizioni di allevamento, di trasporto e di abbattimento rispettose degli animali e che sono inserite in una logica economica».

«Come può agire lei da deputato? Unendosi con gli eletti di altri gruppi politici? Cercando una maggioranza trasversale su un argomento?».

«È un aspetto molto delicato, da inserire in una logica di approccio globale. Non bisogna insistere a testa bassa a parlare di allevamento, ma arrivarci attraverso interessi che non siano direttamente collegati all'allevamento – per esempio il clima e la biodiversità –, e constatare che l'allevamento estensivo è la risposta giusta. L'altra maniera di approcciare la difesa dell'allevamento sta nei piani proteici che consistono soprattutto nel fornire proteine sbagliate alle attività di allevamento. L'alternativa è costruire dei sistemi di pascoli che producono proteine, in una strategia di autonomia alimentare. Infine, ci sono gli accordi di libero scambio: se vogliamo continuare a poter dire che la nostra produzione di carne non ha niente a che vedere con quella d'oltreoceano, bisogna imporre una linea di demarcazione per dire che quella carne è meno buona della nostra. Per valorizzare i nostri territori. Questo non si può fare con animali rinchiusi in una stalla e nutriti con mais e soia».

«Tenuto conto della demografia, pensa di poter evitare di andare verso un mondo con due circuiti alimentari: uno per i ricchi, con la carne buona e il latte prodotto dagli allevamenti contadini; l'altro per la grande massa delle persone, con la carne coltivata a buon mercato, che sostituisce gli abomini dell'allevamento industriale?».

«Spesso apro la mia fattoria al pubblico per degli eventi: porte aperte, transumanza e vendita diretta. Ho un piccolo punto vendita dove valorizzo tutti i miei prodotti. Comunico sui social network per dire che ho del vitello, dei capretti o del formaggio. Questo scatena le irruzioni di militanti vegani che ci insultano perché, per avere questa produzione di latte, abbiamo fatto nascere un vitello o un capretto che avremmo ucciso. È falso! Fino allo svezzamento, prelevo il latte solo dopo l'allattamento dei cuccioli. Per fare il formaggio, mi accontento di ciò che lasciano i piccoli. Dopo lo svezzamento, tutto il latte è trasformato. Mi attengo a un ciclo naturale in cui gli erbivori ruminanti si allontanano dal latte mano a mano che cala la formazione di caglio e sviluppano il rumine. Naturalmente, crescendo, il piccolo riduce il consumo di latte. Lascio che la natura faccia il suo corso; non vedo come il latte possa costituire un problema. Quindi mi faccio demolire da L214 sui social network e con lettere anonime. Ci sono reazioni anche quando parliamo delle virtù del nostro modello, ad esempio mostrando delle nascite, per sensibilizzare sul fatto che gli allevatori non maltrattano gli animali. Queste persone ragionano ancora in termini di "allevatore" uguale "schifo".

Il loro primo riflesso è dire: "A cosa serve mostrarci questi bei cuccioli se li ucciderete?". Posseggo soltanto razze locali. Ho dei maschi da riproduzione per ampliare e proteggere queste razze minacciate di estinzione. Al mattatoio non vendo mai una femmina, giovane o vecchia, ma vendo mucche da riproduzione ad alcuni allevatori che hanno la mia stessa filosofia. Ho sempre conservato le mie vecchie femmine finché sono morte di vecchiaia. Ma i vegani mi considerano uno sfruttatore di animali: è difficile fare un dibattito. È una persecuzione. Ho anche subìto degli attacchi: nei miei terreni ho delle arnie, in associazione con degli apicoltori. Per esempio, ho degli appezzamenti di grano saraceno che fioriscono in maniera scalare, e gli apicoltori sono contenti poiché le api hanno fiori da bottinare per più tempo. Sono stato subito considerato uno sfruttatore di api! Un assassino! Uno schiavista! Si va oltre: L214 ha creato un sito web su "animali e politica" con un questionario, il cui risultato stabilisce se l'eletto considerato è più o meno pro o contro gli animali[2]. Riduttivo. Non ho mai risposto al questionario, che non ho ricevuto, e quindi mi presentano come un eletto cattivo. È diffamatorio, per chi conosce le mie convinzioni, la mia pratica del benessere animale e la mia condanna delle fabbriche di carne. Sono metodi di una sfrontatezza inaccettabile».

«Ha avuto un voto negativo per la corrida?».

«No, per il *foie gras*! Io ne mangio, e non ho intenzione di smettere. Quando abbiamo minacciato di sporgere denuncia per gli insulti e le affermazioni diffamanti, è venuta la Polizia, e lo abbiamo comunicato sui social network. Questo li ha calmati un po'».

«Ho anche sentito dire che ha avuto problemi con le pellicce; che sarebbe un convinto sostenitore della pelliccia. È vero?».

2 www.l214.com/politique-animaux-3.

«Nella mia vita scientifica, ho lavorato sullo sviluppo del coniglio Orylag: un coniglio d'allevamento con una pelliccia di qualità superiore a quella del visone. Si tratta di un animale addomesticato che produce una pelliccia di qualità superiore rispetto a tutti gli animali selvatici che si possano allevare. La democratizzazione di questo allevamento fa arretrare gli allevamenti di animali selvatici per la pelliccia. È piuttosto virtuoso, e inoltre l'allevamento non si riduce allo scopo di ricavare pellicce, poiché, una volta abbattuto, il coniglio fornisce anche la sua carne, commercializzata da un marchio di qualità: Rex du Poitou. Produrre questo coniglio è molto redditizio, sia per la pelliccia che per rifornire il settore della carne. Si tratta sempre di una questione di discernimento, come tra la carne industriale e l'allevamento estensivo. Un allevatore sa che la qualità del pelo dice tutto sulle condizioni di allevamento. Ora la gente guadagna con la pelliccia di alta qualità di questo coniglio, e non vuole abbassare la qualità maltrattandolo».

«Da deputato, ha subito pressioni da Eurogroup for Animals?».

«Sì, e ho anche ricevuto dei membri di CIWF, che sembra essere su una posizione più moderata».

«In Parlamento c'è un intergruppo sul benessere degli animali, nel quale siedono dei deputati Verdi, tra cui Yannick Jadot, Michèle Rivasi, David Cormand. Sul sito dell'intergruppo si legge: "La segreteria del gruppo parlamentare è garantita da Eurogroup for Animals". In altre parole, il lobbista è ormai nel palazzo. Per giustificare questo stato di fatto, si precisa che l'intergruppo non riceve lobbisti, né uffici commerciali, né aiuto da altre istituzioni europee... Questo farebbe quasi credere che si tratti di un'istituzione europea».

«Giocano di continuo sulle ambiguità. Ne parlo con i miei colleghi Verdi e gli dico che non capisco la loro strategia di alleanza con questa gente, poiché appena c'è un'elezione adottano la stessa strategia con altri candidati che sono in competizione con i nostri dei Verdi. Dobbiamo sviluppare la nostra strategia personale per il benessere animale anziché assecondare le tesi degli abolizionisti dell'allevamento, poiché cooperare con questa gente non porterà nessun aumento di voti alle elezioni europee. Giocando su entrambi gli scacchieri, si rischia di far fuggire chi ha votato per la lista ecologista proprio perché c'era un allevatore nella lista. Tanto più che gli animalisti hanno sviluppato la loro strategia personale e ci hanno tolto il 2% dei voti. D'altra parte, non nascondono di volersi infiltrare in tutti i partiti. Osservo il lavoro che fanno tra gli Insoumis [letteralmente, "indomati", NdT], che accolgono nella causa animalista. Tanto che alle elezioni europee le tesi di L214 erano molto presenti anche in questo partito. Sono stato testimone dei dibattiti in cui L214 voleva parlare soltanto della causa animale. È grave che gente tanto limitata possa rappresentarci domani per parlare dell'agricoltura».

«È una strategia d'infiltrazione...».

«Sì, e ci si può infiltrare in tutti i partiti, anche se alcuni sono meno ricettivi di altri. I vegani sono molto presenti tra i Verdi. Nel gruppo francese ci sono persone sensibili alla causa animale, ma non dei vegani, ma nei Verdi tedeschi, soprattutto i giovani, sono molto radicali. Abbiamo un deputato portoghese eletto dal Partito animalista».

Degli avversari scarsi

Riprendiamo la nostra metafora militare. L'avversario dichiarato dei vegani – la catena di produzione della carne industriale – e il loro avversario non dichiarato – l'allevamento contadino – sembrano non aver ancora compreso annessi e connessi dell'offensiva. Con molto ritardo, e in maniera disordinata, non possono che rispondere maldestramente sia con la comunicazione, sia annunciando delle riformette, sia proseguendo in silenzio con la loro attività. Mai identificando e annunciando l'unico obiettivo strategico in grado di unire le loro truppe e la società civile: deindustrializzare la produzione di carne e ricollegare il mondo agricolo alla transizione climatica, alimentare e ambientale. Una strategia su due generazioni. Per costruire questo futuro più sereno si può operare soltanto con una massiccia partecipazione sociale e societaria. Con tutto il mondo e dei differenziali nella velocità di esecuzione, ma fissando un solo e medesimo obiettivo: mantenere vivibile il pianeta.

Ci sono segnali indiscutibili. Il 4 settembre 2019, Kellog, gigante dell'agroalimentare americano (un giro d'affari di 13 miliardi di dollari), ha annunciato il lancio sul mercato del suo hamburger Incogmeato con il marchio MorningFarm. Il successo degli hamburger a base di proteine vegetali di Impossible Foods o di Beyond Meat avrebbe dovuto infastidire il colosso dei cereali per la colazione. Invece suona la fine della festa per le start-up. Finora cacciavano in branco, come "mafia vegana", sperando di attirare i capitali di rischio. Spazio alle grandi manovre delle multinazionali e alla concorrenza.

Mentre i magnati dell'agroalimentare mondiale affilano le armi per liberarsi degli allevatori e accrescere il loro dominio a monte e a valle della produzione di cibo, in Francia una parte dei contadini si lamenta per la diffidenza della società nei loro confronti, e cavilla sui centimetri di spargimento dei pesticidi anziché inviare un segnale forte dell'unica svolta possibile: l'abbandono del modello agroindustriale. C'è da chiedersi se siano consapevoli di ciò che gli accadrà... Quando la carne *in vitro* si troverà in bella mostra sugli scaffali dei supermercati, quando il suo confezionamento la farà confondere con la vera carne, sarà troppo tardi. Anche se la previsione del mercato a dieci anni non è che del 10% del mercato globale, è già moltissimo! Oggi il mercato della carne si destabilizza con una sovrapproduzione del 2%. Mi pongo la stessa questione riguardo al governo, che nel capitolo agricolo del suo Grande piano d'investimento prosegue nel solco dell'industrializzazione della produzione di carne. A riscontro, il finanziamento in corso di pollai industriali in una Bretagna già in crisi: 7550 pratiche di ampliamento sovvenzionate dalla Regione, di cui uno che passa da 40.000 a 192.000 polli! La "professione" aderisce sempre al modello che la divora. Sul piano sociologico e psicologico è entusiasmante; su quello economico, sociale e ambientale è tragico.

Ci fa affrontare la verità: il maltrattamento degli animali denunciato dai vegani non riguarda una manciata di vigliacchi da cui sarebbe di buon gusto dissociarsi. No, è inerente al sistema industriale, dove animali ed esseri umani non sono altro che pedine di una catena di profitto: delle variabili di regolazione dell'efficacia. Un sistema tecnico di cui occorre liberarsi come uno schiavo che rompa le sue catene per riappropriarsi della propria dignità e libertà di pensiero.

Cosa indica la definizione di coltivazione cellulare?

In che lingua bisogna affermare, scrivere e gridare la rottura definitiva che si annuncia con la coltivazione cellulare? La rottura con la civiltà umana? Sono sempre sbalordito dai danni dell'ideologia tecnica sui cervelli che contamina.

La carne coltivata è una tappa in più nella segmentazione della produzione. Un processo che applica alla cellula quanto ha applicato agli operai: la frammentazione industriale. Qui ci si concentra sulla base del vivente: si rende schiavo il DNA. È una nuova barbarie. Elimina in un sol colpo l'animale e il contadino. Resta soltanto l'oggetto del beneficio diretto: il muscolo. In questo caso si tratterà della copia di un muscolo. Un falso riproducibile all'infinito. Il risultato della focalizzazione delle menti sull'infinitamente piccolo, il microscopico, e sul mercato mondiale. Sfruttamento locale e dominio globale.

La rottura passa anche per questa riduzione del vivente a un'elaborazione dell'informazione: quella del DNA. Il vivente diventa una materia prima dell'industria dei dati. *Big Data.* Fusione inquietante tra biotecnologie, informatica, nanotecnologie e intelligenza artificiale. L'"economia dei dati", di cui le multinazionali e i governanti sono ghiotti, implica strumenti d'intelligenza artificiale, robot, che captano e riuniscono i dati della vostra vita che voi seminate, a forza di formulari e sui social network, o che si rubano a vostra insaputa, per poi calcolare, prevedere e anticipare i vostri bisogni e desideri. Si corre il rischio di aggiungervi presto i propri dati genetici, che saranno analizzati per individuare predisposizioni comportamentali. In altri termini, sotto una parvenza di benessere, c'è l'annichilimento della vostra volontà, della vostra ricerca di qualcosa, della vostra reazione a un rifiuto. Gli psichiatri vi diranno che è la strada più breve verso la pazzia e la violenza irrazionale. Verso episodi di omicidi; verso la guerra immotivata. Ecco l'oggetto di estasi dei grandi di questo mondo. Abbiamo una gioventù già senza speranze alla quale ci si appresta a rubare i desideri. È questa la barbarie.

La coltivazione cellulare – carne coltivata e biosintesi di proteine vegetali – va al di là della sostituzione di cui parla. Oltre a proporre una copia, vale a dire la vendita di una stampa, sostituisce una parte del lavoro comune – contadino o industriale – grazie alla soddisfazione di un bisogno animale con una razione di proteine calcolata da altri. Per mantenere l'attuale sistema di consumo, si passa all'alimentazione forzata dell'essere umano. Piuttosto che affrontare lo sforzo di un cambiamento dello stile alimentare come ci invitano a fare gli scienziati, si rende artificiale il prodotto, ma in fondo non cambia nulla.

Clima, biodiversità, salute: l'alimentazione forzata è infiocchettata nel politicamente corretto. La normalità – l'allevamento contadino – è marginalizzata ma elevata al rango di nicchia commerciale: si fanno tacere i restii promettendogli ricchezza. L'etica del cibo passa dall'edonismo al politicamente corretto. Purtroppo, gli stessi attori che hanno causato il fallimento del modello agricolo e alimentare tardano a rinnovarsi – altrimenti li accoglieremmo –, e seguono sempre quel progresso tecnico che gli permette di conservare il loro fazzoletto di prato, alle condizioni economiche che ben conosciamo. Allora perché seguirlo ancora?

Come si può sognare un mondo in cui i bambini non sapranno più cos'è una mucca, un cavallo o una pecora? Come si fa a sognare un mondo senza sforzi, né sofferenze, né sacrifici?

Perché i contadini tacciono? Perché non avvisano i cittadini, poiché non si parla più di consumo ma di cittadinanza? Non oso pensare che la loro cooperativa o un qualsiasi anello della loro filiera gli faccia balenare davanti agli occhi un passo in avanti nel progresso grazie a un bioreattore al posto della stalla.

Perché si aggrappano alla logica che li ha condotti a rinunciare al dialogo con la natura,

a non lavorare più per le donne e gli uomini che nutrono ma per una filiera senza volto e senza morale,

a fare di menzogne la loro verità quando restano sordi agli avvisi scientifici che l'infastidiscono,

ad abbandonare la cultura rurale per quella di città,

a desiderare le fattorie vicine per mantenere il profitto, spesso ridicolo, che gli permette di non essere soffocati dalle banche,

a disprezzare il terreno arabile da cui dipende la vita,

a prendere come unica guida della loro decisione il loro consigliere finanziario?

Con il rischio azzardato, per un tale accecamento, di non essere più dei contadini e quasi più degli esseri umani, ma dei postumani.

In questa faccenda, la barbarie ha un doppio volto. Il primo è quello della sofferenza animale e quello delle donne e degli uomini condannati a esercitarla. Per porvi fine, bisogna avere il coraggio politico di volerlo e di affrontare il costo della svolta da prendere. Il Paese l'ha fatto per la chiusura delle miniere; può farlo per salvare l'agricoltura e ristabilire la propria sovranità alimentare. Il primo passo sarebbe avviare uno studio sulla conversione agroecologica della produzione animale e di tutta l'agricoltura a parità di finanziamenti da parte della Politica agricola comune.

Il secondo volto della barbarie è quello del politicamente corretto, del controllo generalizzato dello stile di vita, dell'uomo in kit, della negazione dei desideri, della riduzione del piacere a una dose precisa di nutrienti, del sofisma delle emissioni animali prima di passare, tramite modificazione genetica, a quello dell'aria che espiriamo e a quello delle nostre eruttazioni e flatulenze.

Abbiamo bisogno di tutti i contadini, che sono indispensabili per resistere alla rottura e per contrastare l'offensiva. Sono indispensabili poiché è intorno a essi e agli ecologi che deve strutturarsi il dibattito della società sul nostro rapporto con la natura: perché questo dibattito abbia un senso. Poiché questo dibattito è necessario. Non possiamo lasciare che ci venga imposta a livello mondiale una tale rottura di civiltà da un cartello di multinazionali e una manciata di adepti che strumentalizzano una parte della gioventù. Le persone non si allontanano dai loro figli; gli parlano. Parlarsi è il miglior antidoto alla barbarie. Ormai è diventato urgente creare dei "Parlamenti della natura e del cibo" in cui armonizzare i settori di governo (alimentare, ambientale, climatico, economico, sociale, sanitario, turistico...), con cui reinventare l'agricoltura e dare alla natura "un posto in politica". In cui il contadino ritroverebbe la dignità del proprio ruolo sociale e condividerebbe con i cittadini la propria competenza sul cibo di qualità e la biodiversità. Aprendosi ai vari utenti della natura, le camere dell'agricoltura regionali, oggi maltrattate, potrebbero esserne la sede.

Non permettiamo neanche che il denaro pubblico finanzi il cambiamento dello zoccolo della nostra civiltà e delle nostre regole senza dire una parola. Riappropriamoci della nostra libertà di pensiero e di azione. Scommettiamo sull'intelligenza, sulla complessità, sulla gioia, sull'ignoto e, ancora più divertente, sull'incontro inevitabilmente inatteso con il selvaggio. Alziamo lo sguardo dalla bistecca saporita per inserirla nella visione olistica di una prateria tenuta a *bocage*, proprio al centro del mondo e dell'infinito mistero del suo caos.

Fonti citate[1]

J. Bentham, *An introduction to the principles of morals and legislation*, W. Pickering, London, 1823. *Disponibile all'indirizzo*: https://archive.org/details/introductiontopr02bent/page/n6; trad. it. *Introduzione ai princìpi della morale e della legislazione*, Primiceri Editore, 2020.

N. Boileau, *L'art poétique*, 1674; trad. it. *Arte poetica*, Marsilio, 1995.

Y. Bonnardel, T. Lepeltier, P. Sigler, *La révolution antispéciste*, PUF, Paris, 2018.

J. Bové, G. Luneau, *Hold-up a Bruxelles*, La Découverte, Paris, 2014.

J. Bové, G. Luneau, *L'alimentation en otage*, Autrement, Paris, 2015; trad. it. *L'alimentazione in ostaggio. Le mani delle multinazionali su quel che mangiamo*, Feltrinelli, 2000.

B. Charbonneau, *Tristes campagnes*, Denoël, Paris, 1973

CNCD, *Pas de nourriture dans nos voitures*, 2019, n. 3, settembre. *Disponibile all'indirizzo*: https://www.iew.be/wp-content/uploads/2019/09/Eval_AgroCarbu_190913_web.pdf.

S. Donaldson, W. Kymlicka, *Zoopolis; A Political Theory of Animal Rights*, Oxford University Press, 2011.

DDT Mayenne, *Empecher l'abreuvement direct du bétail au cours d'eau: bonnes pratiques*, scheda informativa, 2016. *Disponibile all'indirizzo*: https://portail-bassins-versants.fr/IMG/pdf/fiche_abreuvement_oct2016.pdf.

M. Dufumier, *50 idées reçues sur l'agriculture et l'alimentation*, Allary, Paris, 2014.

1 Tutti i collegamenti sono stati verificati il 1° dicembre 2019.

M. Dufumier, *L'agroécologie peut nous sauver*, Actes Sud, Arles, 2018.

Ecofys, IIASA, E4Tech, *The land use change impact of biofuels consumed in the EU; quantification of area and grenhouse gas impacts*. Rapporto per la Commissione europea, 27 agosto 2015. *Disponibile all'indirizzo*: https://ec.europa.eu/energy/sites/ener/files/documents/Final%20Report_GLOBIOM_publication.pdf.

J. Ellul, *La tecnica rischio del secolo*, Giuffrè, 1969.

FAIRR, *Factory farming: assessing investment*, rapporto, 2016. *Disponibile all'indirizzo*: https://cdn.fairr.org/2019/01/09115647/FAIRR_Report_Factory_Farming_Assessing_Investment_Risks.pdf.

FAIRR, *Plant-based profits: investement risks and opportunities in sustainable food systems*, rapporto, febbraio 2018. *Disponibile all'indirizzo*: https://static1.squarespace.com/static/59d1440029f1874f709cc95b/t/5a8c7f30f9619a3b63e36945/1519157050945/FAIRR+Report.pdf.

FAIRR, *Appetite for disruption: how leading food companies are responding to the alternative protein boom*, luglio 2019. *Disponibile all'indirizzo*: https://www.fairr.org/article/appetite-for-disruption-how-leading-foodcompanies-are-responding-to-the-alternative-protein-boom/.

FAIRR, *Case study: New Crop capital: ripening $6 billion alternative protein market ready for picking*, in «Fairr.org», s.d.a. *Disponibile all'indirizzo*: https://www.fairr.org/article/new-crop-capital/.

FAIRR, *Engagements. Building sustainable protein supply chains*, in «Fairr.org», s.d. b. *Disponibile all'indirizzo*: https://www.fairr.org/engagements/sustainable-proteins-engagement/.

C. Farr, *Meet the «vegan mafia», a secret group of investors betting on the future of food*, in «CNBC.com», 12 agosto 2017. *Disponibile all'indirizzo*: https://www.cnbc.com/2017/08/11/veganmafia-food-investor-network-includes-bill-maris-kyle-vogt.html?&qsearchterm=vegan%20mafia.

S. Fath, *L'influence de Calvin aux États-Unis; des Peres pelerins a l'affaire Lewinsky*, in «*La Revue réformée*», n. 213, giugno 2003. *Disponibile all'indirizzo*: https://larevuereformee.net/articlerr/n213/l%E2%80%99influence-de-calvin-aux-etats-unis-desperes-pelerins-a-l%E2%80%99affaire-lewinski.

D. Fitzgerald, *Every farm a factory: the industrial ideal in American agriculture*, Yale University Press, 2003, New Haven/London.

G. Francione, *Animals, property and the law*, Temple University Press, Philadelphia, 1995.

G. Francione, *Rain without thunder: the ideology of the animal rights movement*, Temple University Press, Philadelphia, 1996.

G. Francione, *Introduction to animal rights: your child or the dog?*, Temple University Press, Philadelphia, 2000.

B. Friedrich, *«Clean meat»: the «clean energy» of food*, in «GFI.org», 6 settembre 2016. *Disponibile all'indirizzo*: https://www.gfi.org/clean-meat-the-clean-energy-of-food.

B. Friedrich, *Cultivated meat: why GFI is embracing new language*, in «GFI.org», 13 settembre 2019. *Disponibile all'indirizzo*: https://www.gfi.org/cultivatedmeat.

Gallup, *Most Americans practice charitable giving, volunteerism*, in «Gallup.com», 13 dicembre 2013. *Disponibile all'indirizzo*: https://news.gallup.com/poll/166250/americans-practice-charitable-givingvolunteerism.aspxwww.charitynavigator.org/index.cfm?bay=content.view&cpid=42.

K. Gasteratos, *90 Reasons to consider cellular agriculture*, in «Dash.harvard.edu», 2019a. *Disponibile all'indirizzo*: https://dash.harvard.edu/handle/1/38573490?show=full.

K. Gasteratos, *A vision for meat production in 2010*, in «Talks at Google», video, 55'26, 2019b, 26 agosto. *Disponibile all'indirizzo*: https://www.youtube.com/watch?v=Q6xQWavrByQ.

P.J. Gerber, H. Steinfeld, B. Henderson *et al.*, *Tackling climate change through livestock; a global assessment of emissions and mitigation opportunities*, FAO, Roma, 2013. *Disponibile all'indirizzo*: http://www.fao.org/3/i3437e/i3437e.pdf.

C. Gerhardt, G. Suhlmann, F. Ziemßen, *et al.*, *How will cultured meat and meat alternatives disrupt the agricultural anf food industry?*, in «ATKearney.com». *Disponibile all'indirizzo*: https://www.atkearney.com/documents/20152/2795757/How+Will+Cultured+Meat+and+Meat+Alternatives+Disrupt+the+Agricultural+and+Food+Industry.pdf/06ec385b-63a1-71d2-c081-51c07ab88ad1?t=1559860712714.

D.K. Goodwin, *Team of Rivals*, Simon & Schuster, New York, 2005.

M.-H. Gully, *Le marché de la «viande» végane promis a une croissance exponentielle*, in *«Les Échos»*, 25 maggio 2019. *Disponibile all'in-*

dirizzo: https://www.lesechos.fr/industrie-services/conso-distribution/le-marche-de-la-viande-vegan-promis-a-une-croissance-exponentielle-1023444.

M. Gunther, *New Crop; the vegan venture fund fighting for animal rights*, in «The Guardian», 6 april 2016. *Disponibile all'indirizzo*: https://www. theguardian.com/sustainable-business/2016/apr/06/new-crop-capitalvegetarianism-vegan-animal-rights-agriculture-usda-beyond-meat.

S.C. Gwynne, *Rebel Yell*, Scribner, New York, 2015.

R. Heffern, *Bruce Friedrich: advent and factory farms*, in «*National Catholic Reporter*», 15 dicembre 2010. *Disponibile all'indirizzo*: https://www.ncronline.org/blogs/eco-catholic/bruce-friedrich-advent-and-factory-farms.

IPCC, *Climate Change and Land*, rapporto, IPCC, Geneve, agosto 2019. *Disponibile all'indirizzo*: https://www.ipcc.ch/srccl/.

Isha Datar di NewHarvest parla della bioeconomia postanimale al SXSW Eco 2015, in «New Harvest.org», 6 ottobre 2015. *Disponibile all'indirizzo*: https://www.new-harvest.org/sxsw.

V. Jankélévitch, *L'Aventure, l'Ennui, le Sérieux*, Aubier, Paris, 1963; trad. it. *L'avventura, la noia, la serietà*, Lampi di Stampa, 2000.

R. Kurzweil, *The Singularity Is Near: When Human Transcend Biology*, Viking, 2005; trad. it. *La singolarità è vicina*, Apogeo Education, 2008.

N. Ladet, *Rôles, impacts et services issus des élevages européens*, in «INRA.fr», 30 novembre 2016. *Disponibile all'indirizzo*: http://institut.inra.fr/Missions/Eclairer-les-decisions/Expertises/Toutes-les-actualites/Roles-impacts-et-services-issus-des-elevages-europeens.

É. Landais, J. Bonnemarie, *La Zootechnie art ou science*, in «Courrier de l'environnement de l'INRA», n. 27, aprile 1996, p. 26.

L. Legoff, *Je mange des protéines vertes et ça me fait du bien*, Marabout, Paris, 2016.

L. Legoff, L. Salomon, *Ceci n'est pas un régime*, Marabout, Paris, 2013a.

L. Legoff, L. Salomon, *Manger bio c'est pas du luxe*, Marabout, Paris, 2013b.

J.-P. Lumaret, *Insectes coprophages et médicaments vétérinaires: une menace a prendre au sérieux*, in «Insectes», n. 91/4, 1993. *Disponibile all'indirizzo*: https://www7.inra.fr/opie-insectes/pdf/i91-lumaret.pdf.

J.-P. Lumaret, *Traitements vermifuges du bétail et effets non-intentionnels sur la faune coprophage*. Journées d'échanges techniques Natura 2000, Dijon, 9 febbraio 2016. *Disponibile all'indirizzo*: https://www.natura2000.fr/sites/default/files/lumaret_um3.pdf.

J. Lynch, R. Pierrehumbert, Climate impacts of cultured meat and beef cattle, in «Frontiers in sustainable food systems», 19 febbraio 2019. *Disponibile all'indirizzo*: https://www.frontiersin.org/articles/10.3389/fsufs.2019.00005/full.

M. Mauss, *Essai sur le don. Forme et raison de l'échange dans les sociétés archaiques*. Introduzione di Florence Weber, PUF, Paris, 2007 [1925]; trad. it. Saggio sul dono. Forma e motivo dello scambio nelle società arcaiche, Einaudi, 2002.

S.E. Mead, *The nation with the soul of a church*, Harper & Row, New York, 1975.

D. Meadows, D. Meadows, J. Randers, *The Limits to Growth*, Meadows, 1972; trad. it. *Rapporto sui limiti dello sviluppo*.

H. Mendras, *La fin des paysans*, SDEIS, Paris, 1967.

P. Mollier, *Quelques idées fausses sur la viande et l'élevage*, in *Fausse viande ou vrai élevage*, dossier dell'INRA, 20 febbraio 2017. *Disponibile all'indirizzo*: http://www.inra.fr/Chercheurs-etudiants/Systemes-agricoles/Tous-les-dossiers/Fausse-viande-ou-vrai-elevage/Quelques-idees-fausses-sur-la-viande-et-l-elevage/(key)/0.

A. Mottet, C. de Haan, A. Falcucci *et al.*, *Livestock: on our plates or eating at our table?*, in «Global Food Security», vol. 14, pp. 1-8, 2017. *Disponibile all'indirizzo*: https://www.gis-elevages-demain.org/content/download/3521/35922/version/1/file/01+-+GFS+Mottet+2017_FR.pdf.

L. Muehlhauser, *Nick Beckstead on the importance of far future*, in «Intelligence.org», 17 luglio 2013. *Disponibile all'indirizzo*: https://intelligence.org/2013/07/17/beckstead-interview/.

OCSE, *Évaluation de la sécurité des denrées alimentaires issues de la biotechnologie moderne; concepts et principes*, 1993. *Disponibile all'indirizzo*: http://www.oecd.org/fr/env/ess/biotrack/1946121.pdf.

OMS, *Antimicrobial resistance: global report on surveillance*, 2014. *Di-*

sponibile all'indirizzo: https://apps.who.int/iris/bitstream/handle/10665/112642/9789241564748_eng.pdf;jsessionid=B83EC79FA18C22E8C4F5AA5B9C00BF03?sequence=1.

Pesticides, un scandale sanitaire, Actes de la conférence des phytovictimes au Parlement européen, Globalmagazine, 8 dicembre 2016, Paris.

J. Pezet, *Que signifie vraiment «disruption» ou «disruptif» et pourquoi tout le monde en parle maintenant?*, in «Libération», 13 ottobre 2017. *Disponibile all'indirizzo*: https://www.liberation.fr/checknews/2017/10/13/que-signifie-vraiment-disruption-ou-disruptifet-pourquoi-tout-le-monde-en-parle-maintenant_1652618.

A.C. Pigou, *Economics of welfare* Macmillan, London, 1908.

T. Piketty, *Le capital au XXIe siecle*, Seuil, 2013 Paris; trad. it. *Il Capitale nel XXI secolo*, Bompiani, 2018.

J. Porcher, *L'animal d'élevage n'est pas si bete*, in «Ruralia», n. 14, 2004. *Disponibile all'indirizzo* il 1° gennaio 2008: http://journals.openedition.org/ruralia/971.

T. Regan, *The Case for Animal Rights*, University of California Press, 1983; trad. it. *La mia lotta per i diritti degli animali*, Cosmopolis, 2005.

T. Regan, *Empty cages: facing the challenge of animal rights*, Rowman & Littlefield, 2004, Lanham, Maryland; trad. it. *Gabbie vuote. La sfida dei diritti animali.*

J.-J. Rousseau, Prefazione, in *Discours sur l'origine et les fondements de l'inégalité entre les hommes*, 1755; trad. it. *Origine della disuguaglianza*, Feltrinelli, 2013.

A.-C. Sanchez, *Li ka Shing (né en 1928), Hutchison Whampoa: il a profité des booms comme des récessions*, in «Capital», 19 luglio 2010. *Disponibile all'indirizzo*: https://www.capital.fr/economie-politique/li-ka-shing-ne-en-1928-hutchison-whampoa-il-a-profite-des-booms-comme-des-recessions-516472.

A. Sanson, *Traité de zootechnie*, t. 2, Librairie agricole de la Maison rustique (III edizione rivista e corretta), Paris, 1888. *Disponibile all'indirizzo*: https://gallica.bnf.fr/ark:/12148/bpt6k145594p.texteImage.

P. Singer, *Famine, Affluence, and Morality*, in «Philosophy and Public Affairs», vol. 1, n. 3 (primavera), 1972. *Disponibile all'indirizzo*: https://www.utilitarianism.com/peter-singer/index.html.

P. Singer, *Animal Liberation*, HarperCollins,1975, *Liberazione animale. Il manifesto di un movimento diffuso in tutto il mondo*, Il Saggiatore, 2015.

P. Singer, *The Most Good You Can Do*, Yale University Press, 2015; trad. it. *La cosa migliore che tu puoi fare. Cos'è l'altruismo efficace*, Sonda, 2016.

L. Specht, *Alt-Meat trounces animal meat's massive inefficiencies*, in «Wired», 19 agosto 2019. *Disponibile all'indirizzo*: https://www.wired.com/story/alt-meat-trounces-animal-meats-massive-inefficiencies/.

J. Testart, Biographie, in «jacques.testart.free.fr», s.d. *Disponibile all'indirizzo*: http://jacques.testart.free.fr/index.php?post/biographie.

V. Vignon, *Le loup*, Belin, Paris, 2006a.

V. Vignon, *Le pique-prune*, Catiche productions, Nohament, 2006b.

B. Ward, R. Dubos, *Only One Earth*, Deutsche, 1972.

J. Zask, *La démocratie aux champs*, La Découverte, Paris, 2016.

J. Zask, *Les champs de la démocratie*, in «We demain», n. 24, 2018, p. 216.

Indice

INTRODUZIONE 7

CARNE ARTIFICIALE? NO, GRAZIE 13

Premessa 15
1. L'uovo senza la gallina 27
2. Lievita e mangia! 41
3. Cani e gatti vegani 50
4. Nei campi di coltivazione cellulare 64
5. Al ballo dei sostituti 76
6. Punto cruciale 95
7. Ragnatela economica 106
8. Così funziona l'impero del falso 132
9. L'affabulazione efficace 150
10. Sensibile 162
11. Fondamentalista della ricerca 173
12. Un approccio misurato 185
13. Cambiare l'essere umano per cambiare il mondo 194
14. Il nome della cosa 210
15. Il vero e il falso 225
16. Aggirare la morte 263
17. I due volti di una stessa barbarie 276
Fonti citate 291

Stampato da Fp Design s.r.l.
Via delle Baleari, 228 – 00121 Roma
www.fp-design.it
per conto di Lit Edizioni s.a.s.